DONGWU BUSINESS SCHOOL

当代管理理论与实践丛书

区域创业环境形成与作用机理研究

QUYU CHUANGYE HUANJING XINGCHENG YU ZUOYONG JILI YANJIU

李 晶 著

苏州大学出版社
Soochow University Press

图书在版编目(CIP)数据

区域创业环境形成与作用机理研究 / 李晶著. 一苏州：苏州大学出版社，2019.10
ISBN 978－7－5672－2801－6

Ⅰ.①区… Ⅱ.①李… Ⅲ.①创业一研究一中国 Ⅳ.①F249.2

中国版本图书馆 CIP 数据核字(2019)第 086241 号

书　　名：区域创业环境形成与作用机理研究

著　　者：李　晶
责任编辑：周建国
装帧设计：吴　钰

出版发行：苏州大学出版社(Soochow University Press)
社　　址：苏州市十梓街 1 号　邮编：215006
印　　装：宜兴市盛世文化印刷有限公司
网　　址：www.sudapress.com
邮购热线：0512-67480030
销售热线：0512-67481020

开　　本：700 mm×1 000 mm　1/16　印张：16.25　字数：310 千
版　　次：2019 年 10 月第 1 版
印　　次：2019 年 10 月第 1 次印刷
书　　号：ISBN 978-7-5672-2801-6
定　　价：55.00 元

前言

创业是一个复杂的动态活动过程,创业行为和创业活动是在特定的创业环境中产生并发展起来,创业环境是影响创业的核心要素之一。从历史比较的角度看,我国的创业环境还没有得到十分有效的改善。因而研究创业环境的形成和作用机理,对实现我国经济增长和可持续增长都有非常重要的意义。区域经济是国家经济实力的主要内容,区域经济与创业的活跃程度有着密切的关系。从我国各省(自治区、直辖市)创业板上市公司数目可以看出,创业板上市公司主要集中在广东、北京、江苏、浙江、上海等省市,而在西部、西南和东北地区创业板上市公司数目却很少,创业活动在不同省份之间呈现出较大的差异,到底什么样的区域环境更有利于创业活动?区域创业环境包含哪些要素?区域创业环境是如何形成的?区域创业环境是如何作用于创业的?这些问题的解答将有助于塑造适于创业的区域环境,并产生更佳的区域创业活动效果。

社会学习理论强调行为、认知及环境影响三大互动力量,较为全面地阐释了认知与环境互动对行为的影响。从社会认知视角出发所进行的创业研究,有助于将外部环境、个体认知、创业行为及行为的结果联系起来,从而形成创业活动过程分析框架,丰富社会认知理论内涵。从这一研究思路出发,本书尝试从社会认知视角研究区域创业环境的作用机理,基于对以往相关研究的回顾与思考,针对以往研究的局限,探究区域创业环境的形成路径,构建和验证区域创业环境的概念构思及其作用机理,以期回答“区域创业环境形成和作用机理”这一问题。

这一过程主要是通过以下几个研究设计逐步实现的:

研究一,运用扎根理论的案例分析,对苏州工业园区和北京中关村国家自主创新示范区的案例进行分析,得到了两种典型的区域创业环境形成路径:一是“政府主导外向型创业环境演进”,这一路径有三个主要特征:政府政策是区域创业环境形成的源动力;外向型经济促进区域创业环境的形成;协同创新是区域创业活动的持续驱动力。二是“机会主导科技型创业环境演进”,这一路径具有以下三个主要特征:机会是区域创业环境形成的源动力;政府政策促进区域创业环境的形成;创新是区域创业活动的持续驱动力。两种区域创业环境形成路径的源动力和资源传导机制存在差异。两种区域创业环境的演进过程受一些共同要素如政策、创业资源、创业氛围等的影响,而且都通过协同创新形成区域创业生态系统。对这些因素的分析是建构区域创业环境的概念构思有益的准备。

研究二,采用深度访谈和焦点小组讨论的研究方法,对本书的核心概念区域创业环境进行初步构思。在对以往相关研究和理论回顾的基础上,对24名分别来自高校和科研机构、企业、中介服务机构的代表进行了深度访谈,围绕区域创业环境的内涵展开,并在此基础上对区域创业环境的影响结果和过程进行了拓展性的访问。随后运用内容分析对访谈材料进行编码和分析,初步得到区域创业环境的概念构思——区域创业环境是一个系统的多维构思,包括政府政策、创业资源基础、创业网络、创业文化和创业服务五个维度。并以此概念框架为基础,了解创业实践者对区域创业环境内涵和作用的理解,初步了解区域创业环境对创业活动的影响方式。

研究三,围绕区域创业环境构思验证其在不同地区的差异。首先,基于以往相关文献及访谈材料,开发区域创业环境的测量工具,经过专家修订、反复测试,得到具有较好信度、效度的测量工具,为区域创业环境构思维度的验证奠定可靠基础。对问卷数据进行探索性和验证性因素分析,这为区域创业环境的概念构思的结构效度和内容效度提供了可靠的证据。其次,根据各地创业水平指标对我国34个省市自治区进行聚类分析,共分成四个区域:东部沿海地区、京津冀地区、东北部地区和中西部地区,继而运用方差分析探究不同地区区域创业环境的差异。结果发现各地区在区域创业环境各维度上差异显著。从侧面说明了区域创业环境各要素在形成过程中的动态变化,区域环境的递进演化与创业活动的差异性是区域创业环境演化的内在动力。本部分研究可以作为“区域创业环境—创业活动”关系研究的准备。

研究四,基于社会学习理论构建的认知、行为、环境互动因果框架及上述一系列研究,构建和验证区域创业环境对创业活动作用机理模型。采用结构方程建模方法对问卷数据进行分析,对区域创业环境的作用机理进行较为深入的分析。结果表明,区域创业环境对创业活动有直接作用,且对其两维度影响模式有差异,区域创业环境还通过创业效能感对创业活动产生间接影响。本书对这一模型的验证丰富了认知、行为、环境因果互动的理论内涵,为尚未充分研究的创业认知和区域创业环境作用机理提供了有益的思路。

从研究整体构思上看,对区域创业环境的形成与作用机理进行分析是对区域创业环境做动态纵向分析的尝试,区域创业环境系统概念构思的提出与验证，使区域创业环境与创业活动相联系成为可能；对不同地区区域创业环境差异的分析则是横向分析尝试，从而形成纵横交互的立体分析框架。研究发现，区域创业环境对创业活动具有显著的预测作用，这为提高区域创业活动水平提供了明确的努力方向。此外，本书还根据在调研中发现的区域创业环境中存在的问题提出了针对性的对策。总体上看，本书的理论和实证研究结论具有一定的理论意义与实践启示，为创业和创业环境研究提供了新的、切实可行的视角与思路。

目 录

1 绪论

本部分重点阐述本书研究选题的背景与意义，在此基础上提出了本书的基本研究问题，并界定了本书研究的核心概念，介绍了研究拟采用的研究方法与研究流程。

1.1 研究背景

1.1.1 现实背景

创业是推动科技发展、促进经济增长的引擎，全球创业观察(Global Entrepreneurship Monitor，简称 GEM)的研究结果表明，创业活动对一国的经济发展有重要影响，是世界各国经济增长的重要驱动力。同时，人们越来越认识到需要对造成有害环境和社会影响的商业活动进行根本性的改变，实现经济的可持续发展，而创业有促进可持续发展的潜力(Hall 等，2010)。

创业是一个复杂的动态活动过程，一定的创业行为和创业活动是在特定的创业环境中产生并发展起来的，创业环境是影响创业的核心要素之一。《全球创业观察 2016/2017 中国报告》指出，中国创业环境综合指数由 2002 年的 2.69 分(满分是 5 分)提高到 2016—2017 年度的 3.1 分，说明中国创业环境的总体情况在不断改善。但与 G20 经济体中的发达国家相比，仍存在差距。中国在商务环境建设方面亟待加强。[①] 因而研究区域创业环境的形成和作用机理，对实现我国经济增长和可持续发展都有非常重要的作用。

区域经济是国家经济实力的主要内容，区域经济与创业的活跃程度呈现出密切的关系。从我国各省创业板上市公司数目可以看出，创业板上市公司主要集中在广东、北京、江苏、浙江、上海等省市，而在西部、西南和东北地区创业板上市公司数目却很少(具体如图 1.1 所示)。可以看出，创业活动在不同省份之

① 清华大学二十国集团创业研究中心. 全球创业观察 2016/2017 中国报告. [EB/OL] (2018 - 12 - 22) [2019 - 05 - 30]. 人民网. http://finance.people.com.cn/2018/0128/c/004 - 29791128.html.

间呈现出较大的差异，经济发展较好的省份，创业活动也较活跃。王飞绒等(2005)从"全球创业观察"2004年的年度报告中发现，不同国家和地区之间的创业活动存在明显差异，通过分析，他认为这主要与创业者所处的创业环境不同有关。Naman等(1993)也认为区域环境对于解释任何创业现象都是一个合理的出发点，因为成功的创业企业通常与所处的环境和谐共存，从而实现利益最大化，这一点可以很好地解释区域环境的重要性。到底什么样的区域环境更有利于创业活动？区域创业环境包含哪些要素？区域创业环境是如何形成的？区域创业环境如何作用于创业活动？这些问题的解答将有助于塑造适于创业的区域环境，并产生更佳的区域创业活动效果。

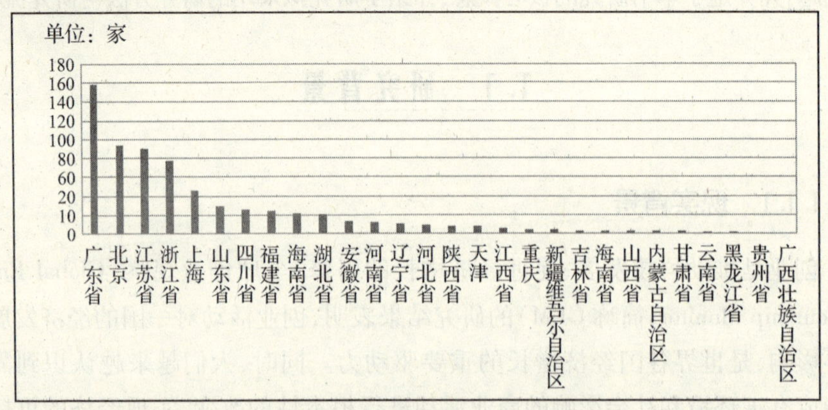

图1.1　2014年我国各省、自治区、直辖市创业板上市公司数

1.1.2　理论背景

随着"管理型经济"向"创业型经济"的转变，学术界对创业领域的研究数量呈指数式增长，创业研究已成为近期发展速度最快的研究领域之一。

对创业外在环境的研究是创业研究的重要内容之一(Ucbasaran等，2001)，现有对创业外在环境的研究有两个主要研究视角：一是资源依赖理论视角，强调创业活动对环境资源的依赖性，在创业理论框架研究中把创业环境作为外生变量，认为人力资本、资金、社会资本、基础设施等创业环境的基本要素对创业机会的产生和创业能力的增强有重要影响(Amabile等，1996)。资源依赖理论视角没有很好地解释为何某些区域创业环境优越但创业活力不强。Goetz和Freshwater(2001)研究表明，创业资源投入与创业活动并非完全正相关，创业资源并非创新精神和创业活动的决定性要素，并指出如果能更深入地探究创业者的生态环境，则能更好地解释创业活动。二是社会生态理论视角，强调创业者生态环境的内生性，认为潜在的和显性的创业者对创业的行为方式、评价准则及其互动关系的整体认知对创业活动有重要影响(江三良，2006)。创业者内生的生态环境,在"种群"水平上表现为创业活动的社会习俗与惯例、文化和价值观,即创业氛围。创业氛围是连接创业者与创业环境的中间环节,也是理解创业环境如何作用于创业者,进而对区域创业活动发挥作用的桥梁,是创业活动的自增强因素(Baron, 2004)。目前国内对创业外在环境研究多集中在资源依赖理论视角,而从社会生态理论视角研究,即对特定区域创业环境作用于创业活动的机理方面的研究相对较少。

社会学研究对区域环境形成的主要观点包括:地域属性论,强调区域的自然物质条件对环境形成的影响;选择—吸引—同化理论,强调区域领导者对环境形成的影响;社会化模式论,强调区域内部成员间的互动对氛围形成的作用(王雁飞、朱瑜,2005)。区域创业环境不仅有内部演化机制,而且还具有外部演化机制,内外机制相互作用,共同促进创业环境的演化发展(张治栋、荣兆梓,2009)。区域创业环境是一个复杂的开放系统,在开放系统中,任何一个因素的变化都会引起其他因素的变化,而其他因素的综合反映又会反过来影响该因素,从而形成一种系统相向作用机制(Gonzalez-Roma 等,2002)。以往研究大多是质性研究,没有很好地阐明区域创业环境这一复杂开放系统中的关键因素及其相互关系,也没有建立区域创业环境形成机理方面系统的理论框架。

1.2 研究问题

从现实背景来看,创业活动通过提供新产品、新生产工艺、新管理模式、更多的就业机会来促进经济增长,创业活动正逐渐成为经济增长的新亮点,创业活动在推动中国社会经济发展的过程中发挥着越来越重要的作用。德鲁克指出,经济的支撑力量是数量众多的创业型企业,创业型企业创造着90%以上的就业机会。要为企业提供好的创业平台,应关注各地区的创业环境,只有环境适合企业建立、生存、发展,才能吸引更多的人力、物力,吸引更多的优秀企业落户。中国创业活动具有明显的发展中国家转型经济特征,转型期间会出现大量不确定因素,环境不确定性是导致创业活动倍增的重要原因。同时区域创业发展不均衡,中西部地区中小企业发展滞后,而东部沿海地区中小企业相对来说数量众多、发展很快,尽管西部大开发以及振兴东北老工业基地等战略在大力推进,但区域发展不均衡的问题在我国依然存在。因此,基于现实背景,尝试提出基本研究问题:区域创业环境如何形成?它是如何影响创业活动的?

从理论背景来看,根据 GEM 报告,处于不同经济发展阶段的国家,其创业活动规律也有所不同,这与各国的国情和创业环境的差异有重要的因果关系。

相比于发达国家,我国创业研究远远滞后于创业实践的发展,而已有的国外研究理论也很难用于指导中国的创业实践。因此,创业研究要紧紧结合中国的创业环境,突出研究的中国特色。此外,以往的研究虽然证实创业环境对创业活动有非常重要的作用,但较少从创业过程本身出发去研究成功创业需要什么样的创业环境,对国家或地区创业环境和条件的描述往往只关注创业环境的某一方面,而不能说明各种环境要素间的相互关系。因此,首先需要解决的问题是,创业环境的各环境要素是如何互动作用的?不同的区域创业环境是如何形成的?这关系到如何理解不同区域创业活动的差异,区域创业环境对创业的意义等方面。其次,还需要考虑区域创业环境对创业活动作用机理如何、是否有中介传导因素。

通过对这些问题的梳理,本书将基本问题分为三个较为具体的子研究:

研究一:区域创业环境的形成机理

(1)研究目的

为什么有的区域产生活跃的创业行为,而有的区域却缺乏创业活动、缺乏创新或者不能容忍创业方面的冒险呢?区域创业环境到底包含哪些因素?区域创业环境到底是如何形成的?本研究旨在通过扎根理论(grounded theory)方法,了解某个区域的创业环境是如何形成的、受哪些关键因素影响。另外,通过分析初步了解区域创业环境的构成要素及其对创业活动的影响。

(2)研究方法

采用基于扎根理论方法的多案例分析。

(3)研究介绍

在对以往有关区域创业环境形成的文献资料进行梳理的基础上,提出研究命题。制定案例选择的标准,并严格依据此标准选择需要进行分析的案例。对选择的案例运用扎根理论方法进行案例分析,具体地通过开放性编码、主轴编码和选择性编码,得到区域创业环境形成的路径,从而对提出的命题进行验证。

研究二:区域创业环境的概念构思

(1)研究目的

区域创业环境内涵的界定和概念构思是整个研究需要解决的关键问题之一。以往关于区域创业环境的研究,多把创业环境作为创业活动的外生变量因素考虑,而没有将其纳入创业系统作为系统内的一个元素来看待,也没有形成区域创业环境统一的、明确的、具体的概念构思。本部分研究尝试将区域创业环境纳入创业活动过程,尝试通过访谈和内容分析方法初步确定区域创业环境的内涵、概念构思及其特点,离析其包含的内容结构因素,并以此概念框架为基础,了解创业实践者对区域创业环境内涵和作用的理解,初步了解区域创业环境对创业活动的影响方式。

(2) 研究方法

采用半结构化深度访谈方法,内容分析技术,焦点小组讨论。

(3) 研究介绍

首先对以往国内外有关创业环境、创业活动等相关文献进行了梳理,在此基础上提出区域创业环境概念结构假设;随后对不同地区相关人士进行半结构化访谈,计划访谈20~25人,期望能从实地深度访谈和焦点小组讨论中发现区域创业环境的关键因素及其对创业活动的影响,以佐证全书的构思框架和逻辑并为后续实证研究奠定基础;最后用系统量化的方法对访谈内容进行编码和解释,结合内容分析技术,初步验证区域创业环境的概念构思。

研究三:不同地区区域创业环境的差异

(1) 研究目的

在分析不同地区区域创业环境的差异之前,本部分研究首先对上一个子研究提出的区域创业环境的概念构思进行验证,因为深度访谈研究虽然使用了内容分析技术对访谈材料进行了量化处理,但仍具有一定的主观性和随意性。本部分研究将通过编制调查问卷的方法,收集有关组织创业气氛概念构思的数据,并使用探索性因素分析和验证性因素分析验证区域创业环境的概念构思,并检验区域创业环境量表的测量信度与效度。

由于经济发展水平、资源禀赋、文化氛围等方面的差异,我国不同地区的创业水平差异比较明显,创业活动与环境间的互动演化导致不同地区区域创业环境上也存在差异。尽管大多数研究者认为不同地区区域创业环境存在差异,但对此基本上是理论描述或案例小结,很少有实证数据的支持。本部分研究拟运用方差分析技术对不同地区区域创业环境的差异进行比较。

(2) 研究方法

主要采用基于问卷调查的实证研究方法。

(3) 研究介绍

以访谈结果和以往研究为基础,开发区域创业环境量表,并选取样本进行测试,根据试测结果进行探索性的因素分析,并进一步修订为正式问卷。用修订后的正式问卷再次进行测量,对概念构思进行验证和分析。对测量问卷进行信度和效度的检验,并在此基础上对实证数据进行方差分析,以对比不同地区区域创业环境的差异。

研究四:区域创业环境对创业活动作用机理

(1) 研究目的

区域创业环境形成的开放系统理论观点强调个体与环境之间的相互作用。

创业活动与环境的互动过程形成了区域创业环境,而这种互动关系是动态的,随着外部环境的变化、创业主体自身条件的改变,两者之间又需要新的匹配。新创企业应重视塑造自己的创业机制以适应不确定的环境(柯兹纳利用非均衡市场的观点),同时也应创造新的不确定环境(熊彼特制造市场不均衡的"创造性破坏"观),以获得企业成长。社会学习理论强调认知、行为、环境的互动因果关系,从理论上看,效能感受到环境的影响,也是行为的有效预测指标,高效能的人对任务有更多的内在兴趣,更愿意努力工作,在面临困难时也更可能坚持,结果运作更有效。创业效能感作为效能感的一种具体表现形式,对创业活动也应产生作用,这一观点得到一些实证研究的支持(De Noble 等,2007;钟卫东等,2007)。区域创业环境是否对创业活动产生影响,创业效能感是否在"区域创业环境—创业活动"关系中有中介效应,这都是需要进一步探讨的问题。

创业意向是潜在创业者形成创业行为的必要前提,总体上可以用于预期个体选择创业的概率。新创企业成长是创业行为的结果指标。当从特定区域的背景考察创业活动的发展特征时,上述两个层面的概念都将嵌入区域的创业情境分析中,因而本研究将创业活动分为创业意向和新创企业成长。

(2) 研究方法

主要采用问卷研究方法,兼用多案例研究方法。

(3) 研究介绍

本部分研究主要针对"区域创业环境—创业活动"的关系,以及创业效能感在此关系中的中介作用。以此尝试厘清区域创业环境对创业活动的作用机制。本部分首先基于理论回顾探讨创业效能感的概念框架问题,作为研究其他关系的基础,并通过文献梳理和实地访谈的多案例讨论提出研究假设,继而通过编制各变量的问卷进行测量,分析大样本数据来检验研究假设。

1.3 研究方法

1.3.1 规范研究

1. 文献收集与整理

系统地查阅并梳理国内外与创业、创业环境、区域创业活动相关的文献,在深入分析的基础上,聚焦本研究的切入点和拟要验证对象的关系,通过理论回顾和逻辑推理,构建本研究的理论框架,并以此为基础提出相应的假设。

本研究主要通过以下渠道收集相关文献:国内外电子数据库,主要有中国学术期刊全文数据库、中国优秀博硕学位论文全文数据库、万方数据资源系统、维普中文科技期刊全文数据库、EBSCO 全文数据库、Elsevier(SDOL)电子期刊、JSTOR 西方过刊数据库、PQDD 博士学位论文全文数据库;纸质期刊,主要查找没有包括在上述数据库中的期刊,如 Applied Psychology 等;相关专业会议,通过参加第八届中国科技政策与管理学术研讨会、2013 IEEE International Technology Management Conference & 19th ICE Conference(荷兰)等学术会议,获取学术前沿文献;网络搜索国外创业及区域经济研究领域比较有名的研究机构如百森(Babson)商学院等,得到一些有价值的讨论稿(working paper)。此外,本课题主持人 2012 年 2 月至 8 月在芬兰阿尔托大学创业研究中心访学期间也收集了一些与本课题相关的国外文献资料和素材。对这些文献资料进行分类、比较、总结和综合,形成了比较清晰的理论脉络。本书正是在文献梳理基础上,确定了研究切入点,并在原有理论的支撑下尝试研究创新。

2. 多学科综合交叉

鉴于创业研究、区域经济研究理论背景的差异,本书在研究过程中,广泛借鉴和整合了区域经济学、生态系统理论、产业集群理论、战略理论各流派等多学科领域的理论。多学科交叉开拓了本书的研究思路、丰富了研究内容、拓宽了研究适用面。

1.3.2 实证研究

规范分析则是回答"应该怎样"和"该不该"的问题,而实证分析是回答"是什么"和"能不能"这类问题,不涉及价值判断。实证研究包括访谈研究、案例分析、问卷调查和结构方程建模(SEM)。在现有文献的基础上,借助深度访谈和扎根理论,设计研究的基本框架假设,并设计适合本研究的调查问卷。通过大样本正式调查方式获得第一手数据,并以此调研数据为分析基础,运用 SPSS 进行相关统计分析和假设检验,运用结构方程建模方法和数据包络分析对所构建的理论模型进行验证与修改。

1. 专家访谈与企业访谈结合

参加所在大学不定期举行的专业学术研讨会(Seminar),及学院邀请国内外专家的讲座,利用出国交流的机会广泛参加各类学术研讨会。一方面,通过参加这些研讨会,了解研究领域最新动态、拓展眼界和思路、激发出潜在思想火花。运用 Email、MSN 等网络工具,与国内外该研究领域的专家交流,获得调查量表等非常珍贵的资料,并得到研究上的启迪。另一方面,通过对部分典型地区的企业访谈获取本研究所需的第一手数据和资料,以便对本研究的理论分析加以佐证。

2. 统计软件运用时将 SPSS 与 AMOS 软件相结合

用 SPSS 17.0 软件主要进行初步的数据处理,包括数据质量检验、描述性统计、变量相关分析、测量的信度分析、探索性的因子分析(Explorative Factor Analysis,简称 EFA)、聚类分析(Cluster Analysis)、方差分析(Analysis of Variance)等统计分析技术。

运用 AMOS 7.0 进行验证性因子分析(Confirmative Factor Analysis,简称 CFA)、中介效应检验、验证模型的适配度(fitting),以及进一步验证研究的结构效度(construct validity)、聚合效度(convergent validity)和判别效度(discriminatory validity)等。最后对假设模型进行筛选,验证假设,确定最优模型。

1.4 研究流程

1.4.1 技术路线

本书在研究过程中,始终坚持规范理论研究与实证研究相结合,定性分析与定量分析相结合的原则,力争做到每一个观点、每一个结论都有稽可查、有据可考。研究的技术路线图如图 1.1 所示。

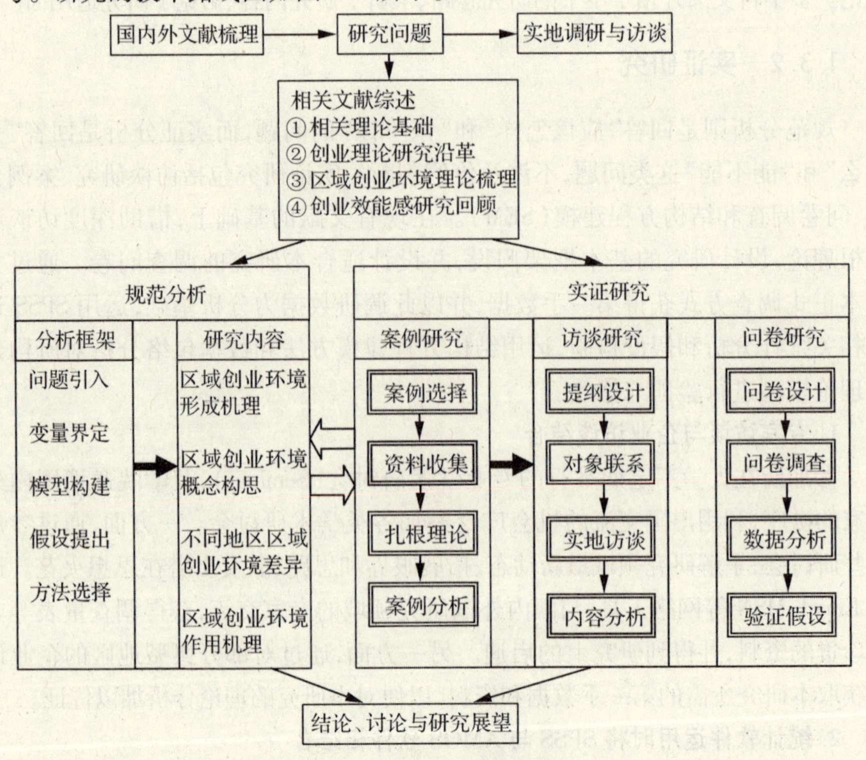

图 1.1　研究的技术路线图

1.4.2 结构安排

本书在写作过程中基本遵循了上述技术路线，在内容上基本体现了技术路线的作用。本研究的逻辑思路与内容安排如图 1.2 所示。

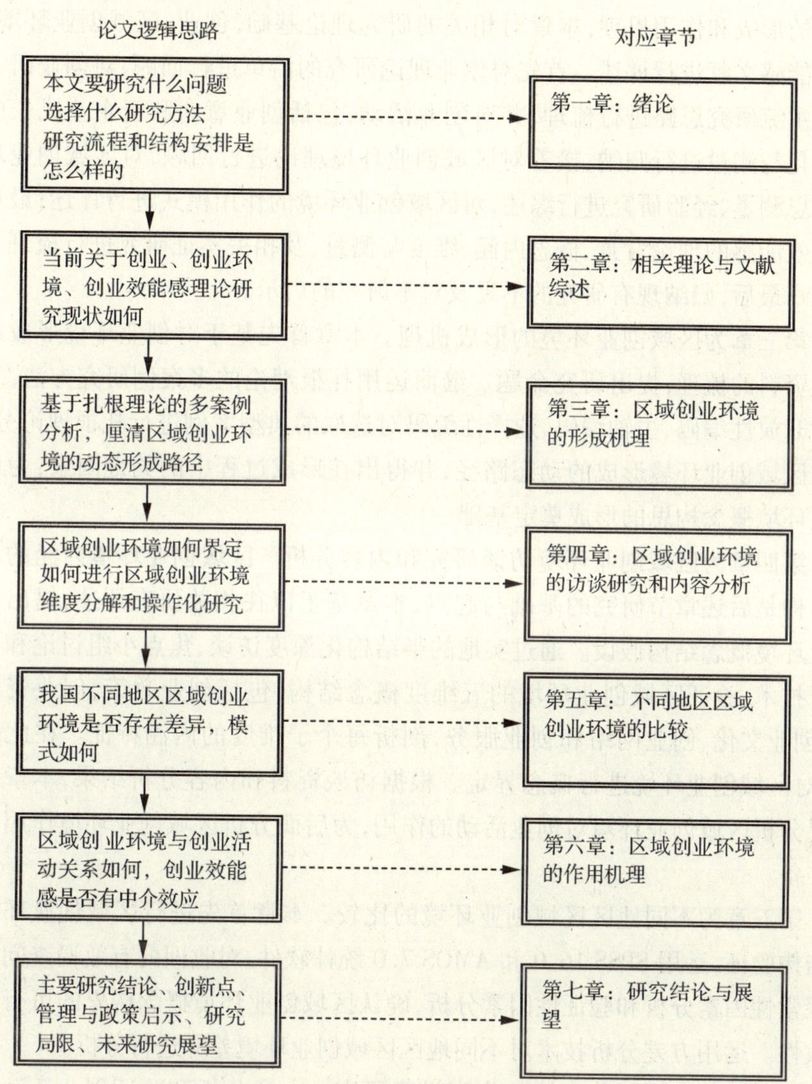

图 1.2 研究逻辑思路与结构安排

按照以上研究技术路线和逻辑思路，本书对应章节安排如下：

第一章为绪论。从现实背景和理论背景出发，阐明本书所要研究的基本问题，即区域创业环境是什么，它是如何形成的，又是如何影响创业活动的。在对这一基本问题思考的基础上，提炼出 4 个具体的子问题：① 区域创业环境的形成机理;② 区域创业环境的概念构思;③ 不同地区区域创业环境差异;④ 区域创业环境对创业活动的作用机理,及创业效能感在这一关系中的中介效应。针对这些子问题,绪论部分提出了相应的研究方法和研究流程。

第二章为相关理论与文献综述。围绕全书研究的主旨问题——区域创业环境的形成和作用机理,本章对相关的研究理论基础,创业、区域创业环境、创业效能感文献进行评述。首先对创业理论研究的沿革进行回顾,对创业研究领域与主流研究思路进行梳理,并对创业活动,包括创业意向和新企业成长的概念演化与测量进行归纳;接着对区域创业环境理论进行回顾,对区域创业环境的构思测量、经验研究进行综述,对区域创业环境的作用模式进行评述;最后对创业效能感的理论背景、概念内涵、维度与测量,及相关实证研究进行梳理。并在本章最后,归纳现有研究的不足及对本研究的启示。

第三章为区域创业环境的形成机理。本章首先基于对创业环境形成相关文献资料的梳理,提出研究命题。继而运用扎根理论的多案例研究方法,具体通过开放性编码、主轴编码、选择性编码对选取的典型案例进行扎根理论分析,得出区域创业环境形成的动态路径,并得出在形成过程中的关键因素,为区域创业环境概念构思的形成奠定基础。

第四章为区域创业环境访谈研究和内容分析。区域创业环境内涵的界定和建构是后述章节研究的基础与起点,本章基于以往相关研究评述,提出区域创业环境概念结构假设。通过实地的半结构化深度访谈、焦点小组讨论和内容分析技术,验证区域创业环境的五维度概念结构,包括创业政策、创业资源基础、创业文化、创业网络和创业服务,剖析每个子维度的内涵特征。在此基础上,对区域创业环境进行概念界定。根据访谈资料和内容分析结果,本章最后简要分析区域创业环境对创业活动的作用,为后面分析区域创业环境作用机理做准备。

第五章为不同地区区域创业环境的比较。本章首先进行区域创业环境内容结构验证,运用 SPSS 16.0 和 AMOS 7.0 统计软件,对收回的有效调查问卷进行探索性因素分析和验证性因素分析,确认区域创业环境概念构思的可行性和有效性。运用方差分析技术对不同地区区域创业环境差异进行分析。

第六章为区域创业环境的作用机理研究。本章分析和验证创业活动的维度与测量,运用结构方程建模技术,对区域创业环境与创业活动的关系及创业效能感对此关系的中介作用进行检验。

第七章为研究结论与展望。本章阐述和总结主要研究结论、理论贡献及对管理者的启示,同时指出本研究可能存在的局限与不足,并提出未来研究方向。

2 相关理论与文献综述

本章首先对研究的理论基础——资源依赖理论、生态系统理论、新制度经济理论和社会网络理论进行回顾。继而,对创业相关研究进行综述,探讨创业内涵及其研究领域、创业研究的主流思路和主要概念框架等。接下来对区域创业环境相关文献进行梳理,包括其内涵界定、特性研究、构成要素、构思测量和相关实证研究等。最后对创业认知理论进行回顾,对创业效能感内涵界定、内容结构和相关实证研究等进行评述。本章旨在厘清本研究的理论背景和渊源,已取得的主要理论进展以及有待进一步探究的问题,为随后的研究奠定理论基础。

2.1 本研究的理论基础

任何学术研究都离不开前人研究成果的积累,创业研究也不例外。创业研究因其研究问题的复杂性、广泛性和重要意义,正吸引着越来越多的不同研究领域的学者参与其中,不同学科研究成果的相互吸收和交流显得尤为重要。因此,创业研究的相关理论也较复杂,本章仅选择与本研究主要内容最为相关的几个理论作为理论基础,主要包括资源依赖理论、生态系统理论、新制度经济学、社会学习理论和社会网络理论。

2.1.1 资源依赖理论

1. 资源依赖理论的产生及内涵

资源依赖理论是组织理论中系统学派三大分支理论之一。资源依赖理论可以追溯到 Thompson 和 McEwen(1958)对于组织关系的研究。他俩通过研究发现组织间存在三种合作关系:战略联盟、合作谈判以及共同的选择,他俩强调了组织间的相互依存关系。菲费弗与萨兰奇克的《组织的外部控制:资源依赖性的探索》(1978)一书是资源依附理论的主要代表作,对资源依赖理论进行了较全面的阐释。在该书中,他们提出组织的生存有赖于其保持良好关系和获得资源的能力，与关键资源的提供者保持良好的关系是组织存在的关键，利益相关者对企业影响或控制的程度取决于其所提供资源的价值，资源依赖的程度决定了利益相关者在企业中的地位。

资源依赖理论的基本假设是：没有什么组织是能自给自足的，所有组织都在与环境进行资源交换，并由此获得生存与发展。由此，资源的缺乏带来了组织对其他组织的需求，如何解决资源矛盾，最好的方法就是通过组织在边际效益的基础上利用资源互补来实现组织与组织之间的交易。该理论主要围绕组织和环境的和谐关系，强调组织对外部环境的资源依赖。组织对环境的依附程度取决于资源的稀缺性与重要性。能否获得必要的资源以及这种资源在组织间的分配状况是组织生存的一个重要条件。因而，资源依附理论对组织的分析主要分为两个过程，第一个过程是确定组织的需要及需要的来源；第二个过程是寻求满足这种需要的关键资源的获得途径。

表 2.1　资源依赖理论的主要内容

主要内容	基本观点	代表学者
研究对象	组织与外部环境的关系	Pfeffer 和 Salanick，1978； Bruno 和 Tyebjee，1982； Gartner，1985
基本假设	组织资源稀缺	
基本特征	资源依赖； 组织依赖； 环境依赖	
基本问题	组织如何获取资源	
解决方法	资源的水平和垂直集成	
建立网络联系的目的	信息的渠道； 确保有利资源的交易； 减少不确定性	

资料来源：根据 Pfeffer & Slancik（1978）等相关学者的观点整理而得。

资源依附理论的主要观点涵盖两个方面，一是组织间的资源依赖产生了其他组织对特定组织的外部控制，并影响了组织内部的权力安排；二是外部的限制和内部的权力构造构成了组织行为的条件，并产生了组织为了摆脱外部依赖而维持组织自治度的行为（张捷，2010）。资源依赖理论认为组织有能力与环境交换，并有能力对环境做出反应，表现在管理人员对环境和组织的管理，特别是对环境的管理上。该理论的重要意义在于使人们认识到组织的主观能动性，组织不仅为了适应环境而采取行动，还可以采用多种战略改变自己以选择环境、改变环境。该理论的不足之处在于仅从资源的单一角度分析复杂的组织行为，这缺乏充分的解释力。

2. **资源依赖理论在创业研究领域的运用**

资源依附理论是创业研究领域的重要理论基础之一，它解释了创业过程中创业主体与环境之间的关系，以及资源在这一关系中的作用。研究表明，环境中资源的可利用性影响新创企业的生存与发展，同时也影响新创企业融入环境的能力。Brown & Kirchhoff(1997)修正了 Covin & Slevin(1986)所构建的创业行为模型，加入了资源可获得性的战略概念。基于资源理论的缺陷，他们指出“环境友好”(环境中重要资源存在的范围)，以及资源获得性的自我效能感(获取需要资源的能力)在塑造创业导向过程中有重要作用。

资源依附理论强调组织与环境的关系，认为组织需从环境中获取必要的资源，组织的生存有赖于其获得资源的能力，而与关键资源的提供者保持良好的关系则是组织存在的关键。该理论认为，可以把创业企业看成一个组织，它与外部环境密切相关，外部环境可以保证企业在自身资源不足时获取所需要的创业资源，而这就要求创业企业与外部环境能提供这些资源的主体建立密切关系，才能保证企业的顺利创建和发展(蔡莉等，2007)。

从上述分析可以看出，资源依赖理论的基本前提是，组织是一个开放系统，以组织赖以生存的资源作为变项，它通过组织和外界环境间的资源交换及能量流动进行分析，研究组织的运作行为。Kazanjian(1988)将创业过程描述成四个阶段，即概念阶段、市场化阶段、成长阶段和稳定阶段。不同阶段所需要的资源也是不同的，而新创企业是否能获得必需的资源是企业创建、生存与发展的关键。根据资源依赖理论，新创企业由于资源基础较为薄弱，更需要与外部主体保持良好的关系，从而获得所需并利用所需的外部资源。因此，对资源依赖理论的运用有助于揭示外部环境主体和新创企业间的内在联系，对于深入分析创业活动有指导性的作用。

2.1.2 生态系统理论

1. **生态系统理论的产生及内涵**

早在古代，中国的哲学家就阐发了“天地与我并生，而万物与我为一”(《庄子·齐物论》)的重要的生态哲学思想，其中以老子和庄子为代表的道家学派对人与自然的关系进行了深入探讨。“生态系统”一词，最早是由英国的生物学家 Arthur Roy Clapham 提出，意指由物理因子与生物所构成的整个环境。1936 年 Arthur Tansley 明确提出了“生态系统”的概念。他认为，生态系统是指在一定的空间内生物成分或非生物成分通过物质循环和能量流动而互相作用与互相依存所构成的一个生态学功能单位。[①] 生态系统这一概念一经提出，就为我们研究个体与环境间的关系提供了新的观点和理论基础。

生态系统简称ECO，是英文ecosystem的缩写，指在自然界的一定的空间内，由生物与环境构成的统一整体，在这个统一整体中，生物与环境之间相互影响、相互制约，并在一定时期内处于相对稳定的动态平衡状态。生态系统的范围可大可小，相互交错，最大的生态系统是生物圈；最为复杂的生态系统是热带雨林生态系统。人类主要生活在以城市和农田为主的人工生态系统中。生态系统是开放系统，为了维系自身的稳定，生态系统需要不断输入能量，否则就有崩溃的危险。许多基础物质在生态系统中不断循环，其中碳循环与全球温室效应密切相关。生态系统是生态学领域的一个主要结构和功能单位，它属于生态学研究的最高层次。[②]

生态系统理论是把生态系统作为研究对象，研究它的结构、组织要素和功能以及发展和演替，还研究其所受人为因素的影响以及其自身调控机制的生态科学（肖勇军，2012）。生态系统理论主要研究的是生物之间、生物群落之间和生物群落与其周围的环境间的关系。近年来生态系统理论衍生出了一些新的子理论，如生态因子理论、生态位理论、关键物种理论、食物链及食物网理论、生态系统的多样性理论等。根据研究需要，本书将对生态因子理论和生态位理论进行简要的阐释。

（1）生态因子理论

生态因子是生态学中极为重要的基本概念，它是指对生物的生长、发育、生殖、行为和分布有着直接或间接影响的环境要素，如温度、湿度、食物、氧气、二氧化碳和其他相关生物等（尚玉昌，2002）。所有生态因子的总和构成了生物的生态环境，特定生物体或群体的栖息地的生态环境称生境。生物成长发育所必需的那些生态因子则称为生物的生存条件。

一般来讲，因子可分为三种类型，环境因子、生态因子和限制因子。生态学家们给环境做出了定义，认为生物有机体周围的所有相关影响因素的总和就是环境，而环境中包含的每一个影响因素都是一个环境因子。在所有的环境因子中，能够明显影响生物有机体的环境因子就是生态因子（Lund et al.，2002），如光因子、土壤因子、水分因子、相关生物因子等。生物要生存下去，必不可少的

① Hatcher, Bruce Gordon. Coral Reef Primary Productivity: A Hierarchy of Pattern and Process In an Earlier Review[J]. Trends in Ecology and Evolution, 1990(5).

② [EB/OL].（2014－07－22）[2018－09－10]. http://baike.baidu.com/view/24042.htm? fr = aladdin.

条件就是生态因子。在所有的生态因子中，任何阻止生物的生长、繁衍或者扩散的因素，以及接近或者超过生物的耐受性极限的因素就是限制因子。在诸多生态因子中，有时会出现多个因子对生物起限制作用（肖勇军，2012）。

生态因子理论研究发现，生态因子具有一些作用特性：第一，综合作用。在生态系统中，每个生态因子对生物都有非常重要的影响，只有当各种生态因子相互配合在一起才能发挥应有的作用。在各个生态因子相互作用的系统中，某个生态因子发生了变化，必然会引起其他因子发生变化。第二，主导因子作用。对生物起作用的众多因子并非等价的，其中必有 1～2 个因子是起主要作用的。对某个生物而言，主导因子是可变的，而非绝对不变的。第三，不可替代性和补偿作用。对生物作用的诸多生态因子虽非等价，但都不可缺少，某个因子缺失了，不能用另一个因子来替代。但在一定的条件下，当某一因子的数量不足，可以依靠相近生态因子的加强得到补偿，而获得相似的生态效应。第四，有限制作用。一个生态系统内，各生态因子之间是存在一种平衡关系的，任何外来的物种或物质侵入这个生态系统，都会破坏这种平衡。某种平衡被破坏后，可能会逐渐达到另一种平衡关系。但如果生态系统的平衡被严重地破坏，可能会造成永久的失衡。

（2）生态位理论

1910 年美国学者 R. H. 约翰逊第一次在生态学论述中使用“生态位（niche）”一词。1917 年格林内尔的《加州鸫的生态位关系》一文使该名词流传开来，但他当时侧重从生物空间分布的角度解释生态位概念，后人称之为空间生态位。1927 年，艾尔顿所著《动物生态学》一书，首次把生态位概念的重点转到生物群落上来，认为动物的生态位是指它在群落中的食物和天敌的关系，即它强调的是功能生态位。1957 年，哈钦森建议用多维空间来描述生态位。例如，一个物种只能在一定的温度、湿度范围内生活，摄取食物的大小也常有一定限度，这个物种的生态位就可以描绘在一个三维空间内，如果再添加其他生态因子，就成为多维空间。[①] 1983 年，E. R. Pianka 从另外一个角度定义生态位，一个生物单位的生态位（包括个体、种群或物种生态位）就是该生物单位适应性的总和。

可以看出，生态位是指一个物种在生态系统与生物群落中的其他物种相互联系的特定的时间、空间位置和它自身的功能与地位，用来描述某个生物体单元在特定生态系统与环境相互作用过程中所形成的相对地位与作用。物种的生态位是用来表示物种的生存环境属性特征的向量集对该物种本身所具有的

① 梁嘉骅，范建平，李常洪，等. 企业生态与企业发展——企业竞争对策［M］，北京：科学出版社，2005：20－32.

属性特征数集上的映射关系（王刚，1984）。

生态位理论是生物学中研究生物体之间的竞争性、生物对环境的适应性、生态系统的多样性和稳定性等问题的重要范畴（安树青，1994）。生态位理论认为，自然界中的任何生物单元都具有“态”和“势”两个方面的属性。“态”是指生物单元的状态，如个体数量、生物量、资源占有量、适应能力、能量、科技发展水平、经济发展水平、智能水平等，是个体生长、学习、社会经济发展和与环境相互影响积累的结果；“势”是指生物单元对环境的影响力，如生物增长率、占据新环境的能力、能量和物质交换速率、经济增长率等。生态位是某生物单元的“态”和“势”两方面属性的综合。任何生物单元的生态位主要取决于两点：一是主体与环境的物质、能量、信息的交流转换状况；二是主体自身的新陈代谢即主体内部各个部件运行及相互协调状况（王刚，1984）。生态位的态势理论既适用于自然界，也适用于人类社会，是自然科学和社会科学的高度综合。

2. 生态系统理论在管理科学中的应用

20 世纪 90 年代，生物学、生态学与经济管理学科的交叉发展尤为活跃，极大地促进了企业生态学、产业生态学、品牌生态学等多个交叉学科的创立与发展，“组织生命”成为管理学思想发展的新方向。生态因子和生态位理论在提出后，被管理科学广泛应用。运用生态学原理构建的企业生态学，研究企业发展与环境变化之间的互动关系。它把企业环境视为一个有机的、相互关联的、网络连接的、复杂的生态系统，而非机械的、封闭的、单线的、相互独立的体系。

钱辉（2004）利用生态位因子理论对企业的生态位因子和企业之间的互动关系与规律进行了研究，并在对生态因子影响下的企业演化路径特征的研究中运用了突变理论，构建了企业生态位评价模型。

企业生态位是企业生态环境研究的重点。虽然任何企业都表现出与自然界中的生物体相类似的性能，但是它们之间存在本质区别。这是因为自然界中生物体的生态位是由生物体机体自身生理状态及生物体机体同环境之间的关系而定的；而企业的生态位是企业市场竞争的结果，取决于企业经营管理者的管理智慧和全体员工的共同努力。万伦来（2004）基于企业仿生学原理对企业生态位问题做了研究，提出了企业生态位的定量评价方法，这为企业管理者像评价自然界中的生物体的生命力那样来直观评价企业生命力的强弱态势提供了一个有用的工具。

生态系统理论在创业领域的创业环境研究中也有应用。张文涛（2006）运用组织生态理论的一般研究路线，对我国当前的创业环境因子进行了立体解析，并就其优化路径进行了初步的探讨。区域创业生态环境是一个典型和开放的复杂系统，作为区域创业生态系统的一种特例，科技园区创业环境由创业系统中众多的创业结点与大量不同层次、类型的生态资源相互作用而形成（肖勇军，2012）。

2.1.3 新制度经济理论

1. 新制度经济学的产生与发展

新制度经济学派是在20世纪70年代凯恩斯经济学对经济现象丧失了解释力之后兴起的。一般认为，新制度经济学是由1937年科斯的《企业的性质》这篇文章所开创的。该文提出了交易费用问题，指出交易活动是需要成本的，需要一定的制度来提高交易的效率。①

正如科斯所说，新制度经济学（new institutional economics）就是用主流经济学的方法分析制度的经济学，包括制度的构成、演化以及在经济发展中的作用。后来在以诺斯、德姆赛茨、威廉姆斯等为代表的经济学家进一步发展下，形成了以制度和产权为主要研究对象的新制度经济学。新制度经济学的主要研究问题是：制度的形成和发展，制度的变迁与经济发展的关系（卢现祥、朱巧玲，2007）。迄今为止，新制度经济学的发展初具规模，已形成交易费用经济学、产权经济学、委托—代理理论、公共选择理论、新经济史学等几个支流。

2. 新制度经济学的主要理论

（1）交易费用理论

交易费用是新制度经济学最基本的概念。一般认为，狭义的交易费用是指一次交易所花费的时间和精力；而广义的交易费用则包括协商、谈判和发行协议所需的各种资源费用的总和。威廉姆森认为，交易费用的存在取决于三个因素：受到限制的理性思考、机会主义、资产的专用性，若以上三个因素不同时存在，交易费用就不会存在。

科斯从资源配置效率的角度阐释交易费用，交易费用理论表明交易是稀缺的，市场的不确定性导致交易是有风险的，交易就有代价或者说成本，从而也就存在如何配置交易的问题。资源配置问题就是经济效率问题，因而制度必须提高经济效率，否则将被取代，制度分析被真正纳入了经济学分析之中（弗鲁博顿、芮切特，2012）。

（2）产权理论

阿尔钦指出，“产权是一个社会所强制实施的选择一种经济物品的使用的

---

① [EB/OL]. (2014-07-28) [2018-09-10]. http://baike.baidu.com/view/488171.htm? fr = aladdin.

权利”,提示出产权不是指人与物之间的关系,而是指由物的存在及使用所引起的人们互相认可的行为关系。

产权理论研究的中心问题是只要存在交易费用,产权制度就会对生产和资源配置产生影响。科斯认为,产权界定能使双方通过交易便可达到资源的最佳配置状态。这就是著名的科斯定理。新制度经济学家认为,产权安排直接影响资源配置效率,一个社会的经济绩效如何,最终取决于产权安排对个人行为所提供的激励。

(3) 企业理论

市场和企业都是一种配置资源的手段,且可以相互替代,采用哪种配置资源的方式,完全取决于交易成本的比较。交易费用的节省是企业生存以及替代市场机制的唯一动力。企业规模不可能无限扩大,其限度在于,利用企业方式组织交易的成本等于通过市场方式组织交易的成本。新制度经济学将企业看作为产出物,是关于投入与产出的生产函数。一个国家的经济增长与发展,就是市场和企业这两种资源配置方式相互替代并趋于均衡的制度创新的过程。

新制度经济学企业理论主要包含对企业本质的认识、公司治理理论、产权理论等。其中委托代理理论是公司治理研究的重要支持理论,也是企业理论的重要研究要素,主要关注在信息不对称情况下的委托—代理关系。

(4) 制度变迁理论

制度(institute)是一系列用于规范人们在社会生活中行为的准则,包括各种社会、经济、政治等体制。诺斯认为,在决定一个国家经济增长和社会发展方面,制度具有决定性的作用。制度的变迁与社会以及经济是密切联系在一起的,制度变迁的原因之一就是相对节约交易费用,即降低制度成本,提高制度效益。制度变迁是由主体对于获取更大潜在利益的渴望所致,是对社会利益格局的重新调整。如果对于所有参与者来说预期收益大于原来制度的收益(制度更替的成本),参与者才会推动制度的变迁。制度变迁实现了技术和人口的变化并改变政府对稀缺资源的控制(卢现祥、朱巧玲,2007)。制度变迁理论有助于理解我国自改革开放以来的经济制度转型。

根据新制度经济学理论,不同区域因为制度差异,其市场环境和经济活动也存在较大的差异,因此也对其创业活动产生不同的影响。制度经济学理论有助于理解我国不同区域创业活动的差别。

2.1.4 社会网络理论

1. 社会网络理论的引入与变迁

社会网络的研究起源于人类学家对复杂社会中人际互动的研究,20 世纪

60年代英国著名人类学家布朗(Burt)首次使用了"社会网络"的概念,其对社会网络的界定主要着眼于文化如何约束有界群体内成员的行为,认为社会网络是"特定的个人之间的一组独特的联系"。帕森斯和斯梅尔塞的《经济与社会》的出版,是现代经济社会学的开端,社会网络开始进入经济、管理等领域,并迅速成为新经济社会学研究的热点。

表2.2 社会网络的内涵

界定角度	社会网络的内涵	代表学者
社会关系	一群特定的个人之间的一组独特的联系,包括血缘、地缘和业缘三大类	Mitchel(1969); Laumannn (1977); Adler & Kwon(2002); Kilduff & Tsai(2007)
社会结构	将社会成员联结在一起的关系模式	Coleman(1988); Wellman(1997); Smith(2008)
社会体制	通过对"体制化关系网络"的占有而获取实际或潜在资源的某一集合体	Bourdieu(1986); Johannison(1996)
社会资源	嵌入于某种社会结构中的可以在有目的的行动中获取或动员的资源,包括三种成分:嵌入于某种社会结构中的资源,个人获取这些社会资源的能力,通过有目的行动中的个人运用或动员这些社会资源的	Johannison(1996); 林南(2005); 黄海云、陈莉平(2005); Scott(2003)
社会组织	一种组织特点,如信任、规范和网络等	Buchanan(2002)

资料来源:笔者根据相关资料整理而成。

本书将社会网络的代表性内涵界定列如表2.2所示。可以看出,尽管各位学者对社会网络的定义各不相同,但都强调特定时间、特定空间范围内相对稳定的某种个人之间或组织之间的相互关系,形成一种结构特征。而这种结构又为行为培育了特定态度,建立了规范。社会网络为网络中个体提供支持、信息和帮助渠道。

社会网络的基本理论可以归纳为:网络结构观、强弱关系、嵌入性理论、结构洞理论、社会资源理论。这几个代表理论的主要研究内容可以从两个角度反映,即基于结构视角的观点或基于关系视角的观点。基于结构视角的理论主要是指布朗的"结构洞理论",而Granovetter在对"嵌入性"理论进行论述时,也指出社会网络结构对于人类经济行为存在制约作用。基于关系视角的社会网络理论主要指弱联系理论、嵌入理论和社会资源理论等。Granovetter是弱联系理论的主要代表人物。林南在Granovetter弱联系理论的基础上提出了社会资源理论,认为弱关系是摄取社会资源的有效途径,并推导出著名的三大假设(参考表2.3)。结构视角与关系视角的社会网络理论最重要的区别是,结构视角强调的是行为主体在网络中所处的位置;而关系视角强调的是行为主体与其他网络个体的相互关系。

表2.3 社会网络基本理论

基本理论	基本观点	代表学者
网络结构观	任何主体(人或组织)与其他主体的关系都会对主体的行为产生影响。	White(1981)
强弱关系和嵌入性理论	① 关系分为强关系和弱关系,认为能够充当信息桥的关系必定是弱关系。强关系维系着群体、组织内部的关系;弱关系在群体、组织间建立了纽带联系。 ② 经济行为嵌入在社会结构中,而核心的社会结构是人们生活中的社会网络。嵌入的网络机制是信任。同弱关系假设相比,嵌入性理论强调的是信任而不是信息。	Granovetter(1973、1985)
结构洞理论	结构洞是指两个关系人之间的非重复关系。结构洞能够为中间人获得"信息利益"和"控制利益"提供机会,从而比网络中其他位置上的成员更具有竞争优势。	Burt(1992)
社会资源理论	社会资源嵌于社会网络中,并可以以社会网络为媒介来间接摄取。社会资源理论的三大假设: ① 地位强度假设——人们的社会地位越高,获取社会资源的机会越多; ② 弱关系强度假设——个人社会网络的异质性越大,通过弱关系获取社会资源的概率越大; ③ 社会资源效应假设——人们的社会资源越丰富,行动的效果越理想。	林南(1981、1982、1990)

资料来源:笔者根据相关资料整理而成。

社会网络理论从社会个体联系的角度强调了网络关系对新创企业资源获取的影响,主要表现在交易成本的降低和创业者对外部环境认识的不确定性的降低上。该理论为研究创业者的创业动机和新创企业资源获得等方面提供了理论基础。

2. 社会网络理论在创业研究中的应用

在Granovetter提出社会网络理论的基本框架之后,一些学者纷纷加入社会网络理论的研究中来,1985年Birley将社会网络理论引入创业领域,提出了两个基本假设(Ostgaard 和 Birley,1996):第一,创业过程包括从外界环境搜集稀缺资源的过程。这些资源不仅包括财务和其他物质资源,还包括信息、观点、建议和意见、顾客等;第二,资源通常是通过创业者的个人社会关系获得的。

社会网络理论在创业研究领域中的应用主要集中在两大领域:一是企业开始创立到初创期阶段,主要研究的问题是如何确保创业成功。社会关系是创业者的关键资源,创业者嵌入在关系复杂的网络中,他们的社会关系使创业者识别和利用机会、承担风险和创新成为可能,即社会关系联结了资源和机会(Johannisson,1996)。Sexton 和 Bowman(1991) 强调了社会关系在信息交换方面的价值和重要性,他们提出"社会网络通过信息沟通来促进资源的积累和机会的识别"。因而,嵌入在不同社会网络中的创业者在创业过程中会产生不同的结果(Aldrich 和 Zimmer,1986;Butler 和 Hansen, 1991)。二是创业者社会网络如何向创业企业社会网络的让渡,进而实现创业企业在创建后的快速成长,其主要思想是拥有广泛社会关系网络的创业者将会成功,创业者的网络结构或网络支持与创业企业组织绩效之间存在正向关系(陈钦约,2010)。

创业过程是创业者识别机会、整合资源并将商机转化为新产品或新服务的过程。社会网络是创业者与新创企业获得信息、资源以识别和利用机会的途径。基于社会网络理论的创业研究,从社会网络联系的角度强调网络关系对创业活动的影响,主要表现在交易成本的降低和创业者对创业环境认识不确性的降低等方面。为了解创业者的创业动机以及新创企业创建与成长过程提供了新的视角。

2.2 相关文献综述

2.2.1 创业理论研究沿革

1. 创业内涵和创业研究领域

熊彼特于 1910 年归纳康替龙(1730)、萨伊(约 1810)和马歇尔(约 1890)有关创业者的论述,明确地提出了创业的概念,他认为创业的本质就是发现、推动新生产要素的组合,创业主要在创造社会经济要素,是经济增长的动力之一。

1999 年,Meyer 在管理学会的创业部门成立了"创业领域博士生教育的特别小组"。这个特别小组面对的重大挑战之一就是为创业研究确定一个学术领域描述。这个负责确定学术领域描述的小组由 Meyer 和 Gartner 以及 Venkataraman 组成,他们将创业界定为关于创新的行为,因此,创业研究领域应该包括:

新企业和新组织的创建;关于产品和服务、生产方式、市场和供应来源新组合的创建;对新出现和已经存在机会的识别与利用;利用新出现的与已经存在机会的认知过程、行为和行为模式。创业研究就是对下列要素所进行的考察:创新努力、参与创新的个人和团队、新企业和新组织的出现,以及在创新过程所采用的独特战略;同时进对这些创业努力所产生的宏观效果进行考察,这种宏观效果包括可能的工作机会和财富创造。创业研究要根据背景环境的不同而发生变化,比如对于新企业和新组织、既有企业、家庭企业、特许经营企业以及新国际企业来讲,它们的创业活动都有差异。至此,学者们对创业研究领域争论暂告一段落,学者将更多精力放在对创业理论的研究上。

2. 创业研究的主流思路

本书认为,创业是创业者通过发现和识别商业机会,组织各种资源,提供产品和服务,以创造商业价值的过程。这一过程的中心在于整合各种必要的资源、利用资源并创造价值。这一定义包含以下几个要素:创业者、商业机会、组织、资源。创业研究者大体上按照这几种构成要素进行研究,并形成了相应的研究思路,具体如表 2.4 所示。

表 2.4 创业研究的主流思路

理论基础	核心概念	创业成功因素	核心问题	学者及提出年份
人类学	创业者	创业者心理特质	谁是创业者	McMilland, 1961; Rotter, 1966; Kirzner, 1971; Casson, 1982; Bird, 1995
认知心理学	创业机会	机会的感知能力、对机会的把握以及对机会的组合与整体引领	什么是创业机会	Stevenson 等, 1985; Venkataraman, 1997; Timmons, 1997; Shane 和 Venkataraman, 2000; Singh, 2001
资源基础观	创业资源	对各类资源有效组织及利用	什么是有价值的创业资源,如何识别和获取	Drucker, 1985; Morris, 1998; Alvarez 和 Busenitz, 2001; Hoang 和 Antoncic, 2003; Ulhoi 和 Bollingtoft, 2005
组织理论	创业管理	有效的组织	创业不是天赋是可以学习的;创业管理与一般管理的差异	Drucker, 1985; Stevenson 和 Jarillo, 1994; Catherine, 2002

资料来源:笔者整理。

“特质论”研究强调创业者具有的某些心理特质是导致其选择创业或获取

成功的关键,如成就需要、风险承担、控制倾向等。创业者是整个创业活动的中心,是具有主观能动性的要素,是推动整个创业活动的关键所在。但在随后的研究中,这一论点遭到了理论及实证方面的严峻挑战。Gartner(1985)指出,创业者间心理特质的差异实际上远远大于创业者与非创业者之间的差异,因此根本就不存在典型创业者心理特质,更没有必要浪费精力去寻找所谓会影响创业决策或创业成功的心理特质变量。另外,Kamm 和 Shuman(1990)指出,50%的企业是由创业团队创建的,这主要是由于创业团队创建的企业通常拥有更多样化的技能和竞争力基础,形成了更广阔的社会和企业网络,从而有利于获取额外资源。越来越多的学者开始关注高管团队的构成与特征对创业特别是公司创业的作用,并采用更复杂的理论方法,考虑更多权变因素的影响,而不仅仅从心理特质或者团队特质单一角度来考察其对创业成功的影响。

Singh(2001)认为以往创业研究缺乏清晰的边界和独特的变量,而创业机会的识别和利用是支撑创业这一独特领域的概念,应该成为该领域研究的核心问题。以"机会"为线索的创业研究大体上包括三类问题:① 为什么会存在可以创造商品和服务的机会?在什么时间存在?它是如何存在的?② 为什么有的人能够发现和利用这些机会?什么时间发现和利用机会?如何发现和利用机会?③ 为什么要采用不同的行为模式来利用创业机会?什么时间采用?如何采用?探索影响创业者识别、开发、利用机会的一些关键因素、过程作为"机会论"研究的主要线索和框架(Venkataraman,1997)。以"机会"为线索的研究反映了创业的本质,即通过发现与利用机会而创造价值。

资源与创业者的关系如同颜料和画笔与艺术家的关系那样(Timmons,1999)。如果创业者获取不到创业所需的资源,创业机会对创业者而言则毫无意义。从资源的角度分析创业现象的研究显示,对资源可获取性及其价值的预期是影响创业决策的关键要素之一(Evans 和 Volery,2001);识别并获取人力及组织资源是创业企业不断发展的源动力(Brush 和 Chaganti,1999);开发并转化资源是创业者领导力的一个核心维度,会影响创业的长期绩效(Gupta 等,2004)。其中讨论较多的关键创业资源包括金融资本(Hursti 和 Maula,2007)、人力资本(Haber 和 Reichel,2007)、社会资本(Dimov 等,2007)等。

"管理论"的支持者将探索各类有利于创业成功的创业管理手段作为研究的主要线索和焦点。Stevenson 和 Jarillo(1994)从战略导向、把握机会、获取资源、控制资源、管理结构和薪酬制度 6 个方面对创业管理手段进行了描述;Catherine 等人(2002)研究了创业管理在监控机制、战略型领导两个方面与传统管理的差异。在传统管理与创业管理的关系上发生分歧,出现了"替代说""阶段说""融合说"等不同观点。张玉利等(2004)总结了创业研究领域学者和专家的研究成果后指出:创业管理的核心问题是机会导向、动态性及耦合等,创业管理与传统管理尽管存在很大差异,却可以相互促进,最终呈现融合并形成新的管理理论的趋势。

3. **经典创业模型**

自20世纪80年代以来,由于创业对社会经济增长的重大作用,以及创业实践活动的日益活跃,创业理论研究受到管理学、经济学、社会学、心理学等多个学科的广泛关注,成为一个多学科交叉的新兴研究领域。Shane 和 Venkataraman(2000)明确指出,作为一门社会科学,创业研究必须能够有自己的概念框架,能够解释和预测一系列创业现象,而不是单纯借用已有理论。学者们越来越重视在创业研究领域建立概念框架和理论体系。许多学者提出了独特的见解和经典创业模型,通过对创业研究领域有影响、经典的创业模型进行述评,为研究区域创业环境提供结构性指导。

蒂蒙斯(Timmons)于1974年在他所著的 *New Venture Creation* 一书中从创业驱动力的视角创建了创业过程模型。此模型认为创业是一个高度动态的过程,其中机会、资源、创业团队是创业过程最重要的驱动因素,并认为成功的创业活动就是要在这三者之间找到最合适的搭配。创业初期,商业机会较大而资源较为缺乏;随着企业的发展,企业将拥有较多的资源,但这时商业机会可能就会变得相对有限,创业领导者及创业团队需要不断探求更大的商业机会,进行资源的合理运用,使企业发展保持合适的均衡。这一过程正是新创企业发展的实际过程(姚梅芳,2007)。这一模型强调三要素间的动态性、连续性和互动性,认为由于机会模糊、市场具有不确定性、资本市场存在风险,以及外在的环境变迁等,创业过程充满了风险。因此,必须依靠创业者的领导能力、创造能力与沟通能力来发掘问题,掌握问题的关键要素,弹性调整三个层面的组合搭配(丁岳枫,2006)。

1985年加纳(Gartner)在 *A conceptual framework for describing the phenomenon of new venture creation* 一书中提出了一个包含个人、组织、环境以及创业过程四大要素的概念模型来描述创业现象,其中,创业者个人需要具有一定的特质,创业过程主要包括识别和利用商业机会、攫取创业资源、生产新产品、创建新企业等活动,环境包括影响创业活动的宏观与微观要素集合,组织包括内部机构和组织战略选择等因素。Gartner 认为创业成功的关键就是要有效地管理、协调好这四大要素,使之实现有效配置。这一模型不仅描述了新企业的创建,也适用于单个创业者的创业行为。

Morris(1998)提出了一个创业投入—产出模型,这个模型参考了此前该领域内大多数文献。在该模型中,创业投入包括:机会、个人、组织环境、独特的经营理念以及资源。创业结果(或是产出)包括:一家新企业、价值的形成、新产品或新服务、新的流程、技术、利润和个人利益,以及成长。Morris 提出了不同因变量,这些因变量可以为研究相关问题提供依据。Chrisman 等人(1999)提出的创业绩效函数,则刻画了 Morris 模型的中间部分,即创业投入如何引致创业产出。创业绩效函数表达式为:NVP = F(E, IS, BS, R, OS),其中 NVP 表示创业绩效;E 表示创业者;IS 表示产业结构;BS 表示商业战略;R 表示创业资源;OS 表示组织结构、系统及过程。

Ucbasaran 等人(2001)在回顾了不同类型创业者的行为差异、创业机会的识别和信息搜集、创业者选择的不同组织类型以及外部环境与创业活动实质之间的关系等研究的基础上,提出了比较综合的"创业理论研究框架",涵盖了创业研究领域的基本问题,涉及创业者类型、创业过程、组织类型、创业组织学习和创业结果。Ucbasaran 等人提出的不同变量及这些变量间的关系,可以为研究相关问题提供参考。

2.2.2 区域创业环境理论综述

1. 创业环境内涵界定与特性研究

(1) 创业环境概念内涵

创业环境是创业活动的载体和情境变量,一直是创业领域关注的热点,国内外不同学者对于创业环境内涵的界定也不尽相同。20 世纪 30 年代,韦伯、巴纳德等管理学大师就开始关注创业环境的研究,巴纳德从组织与协作的角度,提出"组织行为可以看作是对环境条件的反应",认为"组织的存在取决于协作系统平衡的维持。这种平衡开始时是组织内部的,是各种要素之间的比例,但最终和基本的协作系统同其整个外界环境的平衡"①。1987 年 *Journal of Management* 杂志开设创业研究专题,自此国内外许多学者对创业环境的概念进行了比较深入的研究。Duncan(1972)将环境定义为个体在决策行为中考虑的所有物理和社会因素的综合体,并将组织环境分为组织内部环境和外部环境。组织内部环境包括个人、功能部门和组织三个层面;外部环境包括供应商、顾客、竞争对手、社会政治以及技术部分等共 13 个部分组成。Milliken(1987)从"感知"角度出发,将环境的不确定性分为三种类型,即状态不确定性、影响不确

① 切斯特·巴纳德.经理人员的职能[M].王永贵,译.北京:机械工业出版社,2007:47-57.

定性以及反应不确定性。状态不确定是指组织所面临的客观环境本身的不确定;影响不确定是指无法预测未来的环境状态和变化将对组织产生什么影响;反应不确定是指无法预测组织可以采取什么办法来应对环境的不确定以及每种应对措施的实际效果。Scott Shane(2001)认为创业环境包括经济环境、政治环境和社会文化环境。池仁勇(2002)指出创业环境是创业者及其企业产生、生存和发展的基础,由创业文化、政策、经济和技术等要素构成,是多层面的有机整体。张玉利和陈立新(2004)将创业环境定义为在创业活动中发挥重要作用的要素组织。

基于国内外学者的研究,陈琪和金康伟(2008)将创业环境的不同观点总结为以下三类:一是平台论,即把创业环境看成是创业活动的一个平台。如叶依广等(2004)认为,创业环境是社会和政府为创业者创办新企业所建立的一个公共平台。二是因素论,即认为创业环境是影响创业行为的各种因素的有机结合。如 Gnywali 和 Fogel(1994)将创业环境定义为,创业者在进行创业活动和实现其创业环境的过程中必须面对与能够利用的各种因素的总和。三是系统论,即认为创业环境是一个包含各种创业环境要素的复杂系统,创业者周边的经济、政策、技术、文化等境况,是创业者与企业建立、成长的基础,该系统是多层面的有机整体。如 Gartner(1995)认为创业环境是指在创立企业的过程中资源的可获得性、政府的政策及制度、区域内的大学以及科研院所,还有人们对创业的态度和倾向等一系列因素所构成的有机体。尽管研究的视角不同,但国内外学者普遍把创业环境当作一个多维概念。

基于以上不同学者对创业环境的不同定义与讨论,结合本书的研究视角,笔者将区域创业环境界定为,一定区域内影响企业创建及成长整个过程的一系列外部因素及其相互作用共同组成的有机整体,它是一个多维的概念。

(2) 创业环境特性研究

多样化与自然选择是达尔文"进化论"的核心,生物演化不是封闭地自我进行,而是由环境自然选择过程决定的。创业活动作为社会性的过程,不仅受到外部环境的作用,还应加上人的有意识选择和决策活动。在组织理论的研究中,不确定(uncertainty)是一个重要概念,尤其是在解释组织活动与环境间关系上。环境不确定性对企业来说是一个挑战,但也可能有助于企业进行机会选择(Doh 和 Pearce,2004)。

从外国学者对中国创业活动的研究来看,大多数外国学者都将研究重点集中在我国转型经济背景下文化、社会、经济环境对创业活动的影响方面。转型期间会出现大量不确定因素,环境不确定性是导致创业活动倍增的重要原因,变化、创新、机会认知、快速响应、灵活性、不确定性、风险和动态能力等诸如此类的概念,成为我国当下管理理论与实践的关注焦点。我国的创业活动具有明显的发展中国家转型经济的特征,如创业环境的动态性和复杂性程度远远高于发达国家,特别是动态性表现得尤为明显。中国自2002年起参加全球创业观察项目(GEM),GEM的创业研究构架不只显示环境、创业机会与创业行为等创业要素间的关系,更强调以环境和过程为导向而着重显示创业主体、创业环境和创业过程之间的动态关系。

难以用概率表示、缺乏因果关系、无法预知结果是不确定性事件的特征。不确定作为组织环境的一个重要特征,对组织决策、战略选择、组织结构设计等都有重要影响。经济学家从风险的角度理解不确定性,系统理论研究从复杂性的角度认识不确定性,认为不确定性之所以与复杂性不同是因为其具有动态的特性,它着眼于说明事物的属性或状态是不稳定的、无法确定的、无法准确预测的(王益谊等,2005)。环境不确定性来自外部环境,也与决策者的能力和知识相关。不确定性不是一个一维的概念,而应被看作是一个多维的概念或者一个概念框架。环境不确性是针对企业经营环境中的信息变动性和复杂性而言的,所以不确定性是动态性与复杂性的函数。环境动态性是指环境变化的速度和幅度;环境复杂性是指环境构成要素的扩散和多样化(Duncan,1972)。另一个在实证研究中被用到的维度是竞争性,它反映了环境资源的稀缺和约束程度(Wholey 和 Brittain,1989)。

现有研究结果表明,创业环境的基本要素会对创业活动产生重要影响,促进创业机会的产生和增强创业能力,创业机会和创业能力相结合就会产生创业活动。Miller 等人对一系列有关环境不确定性与创业活动的关系研究分析后发现,环境的动态性和复杂性与企业创业态势和创新显著相关。创业导向直接与不确定性等外部环境变量相关,环境不确定性对创业活动与企业绩效间关系具有调节作用(Lumpkin 和 Dess,1983)。环境不确定性是企业的巨大挑战,创业导向型战略决策模式是最理想的应对策略,而被动应对行为则可能导致绩效恶化(Luo,1999)。学者们对环境不确定性与创业活动关系的研究已经取得了很多成果,但其中不少结论还需要更多的实证研究支持。

2. 区域创业环境构成要素

从创业环境的界定可以看出,创业环境是由多因素组成的复杂系统,有很多学者对创业环境构成要素进行了研究,本书将一些代表性的研究列出,具体如表2.5所示。

表 2.5 创业环境的构成要素

代表学者	构成要素	要素数量
Bruno 和 Tybjee (1982)	风险资本可用性、有经验的创业者存在、技能娴熟的劳动力、供应商的可接近性、消费者和新市场的可接近性、政府的干预、周边的大学、土地和设施的可用性、交通便利性、人们的创业态度、支持服务的可用性、人们的生活水平	12
Porter(1980)	进入壁垒、现有竞争者的竞争状态、替代产品的威胁、购买者的还价能力、供应商的还价能力	5
Gartner(1985)	Bruno 和 Tybjee(1982)、Poter(1980)所提出的所有要素,另外加上 5 个要素:人口中近期移民的高比例、较大规模的城市区域、雄厚的工业基础、金融资源的可用性、工业专业化程度	22
Gnyawali 和 Fogel (1994)	创业服务环境、政策环境、融资环境、文化环境	4
GEM	金融支持、政府政策、政府项目支持、创业教育与培训、研究开发转移、商业环境和专业基础设施、国内市场开放程度、实体基础设施的可得性、文化与社会规范	9
Luthans (2000)	政治环境、经济环境、法律环境和文化环境	4
Saxenian(2000)	以地区网络为基础的工业体系、密集的社会网络、开放的人才市场、地区的社会文化氛围	4
Markley(2002)	社会氛围、公共基础建设、政府支持	3
Deborah(2002)	社会文化氛围、公共基础设施、政府支持	3
Baten(2003)	工资水平、个人财富、政策、产业聚集程度、区域专业化程度	5
Scott(2003)	政治环境、经济环境和社会文化环境	3
Grundsten (2004)	感性环境要素、理性环境要素	2
Thai 和 Turkina (2014)	经济机会、治理质量、宏观资源和能力、社会文化支持	4
张玉利和陈立新 (2004)	政府政策与工作程序、社会经济条件、创业与管理技能、金融与非金融支持	4
叶依广(2004)	经济景气指数、鼓励、支持、服务、保护和综合成果	6

续表

代表学者	构成要素	要素数量
朱仁宏(2004)	一般环境和创业环境	2
蔡莉、崔启国和陈巍(2005)	技术环境、融资环境、人才环境、政策与法制环境、市场环境和文化环境	6
周丽(2006)	自然环境、社会环境、经济环境、政策法律、金融服务、智力技术、社会服务、产业支撑	8
杜跃平(2006)	宏观环境、中观环境和微观环境	3
朱至文(2009)	软环境、硬环境	2
池仁勇和朱非白(2010)	经济基础、人才基础、资本基础、科技基础、文化基础、制度基础、政府管理基础、企业管理基础	9
苏喜军(2010)	自然环境、经济环境、政府服务环境、创业服务环境、科教支撑环境、文化环境	6
肖勇军和崔晓云(2012)	基础设施、园区管理环境、融资环境、服务环境、政策环境、技术环境、人力资源环境、创业文化环境	8

资料来源:笔者根据相关资料整理而成。

创业环境构成要素的研究是对创业环境进行的系统性研究,对于揭示创业环境的构成体系具有指导意义。目前对于创业环境要素的理论研究,可以概括为两大基本学派:资源依附学派和种群生态学派。

(1) 资源依附学派

由于资源的稀缺性,获取企业创建和成长所需的资源对于创业者而言非常重要,创业主体需要关注与外界环境的互动,获取企业成长所需的各类资源。这一学派比较有代表性的是 Gnyawali 和 Fogel(1994)提出的创业环境五维度模型,分别为政府政策和规范、社会经济条件、创业和管理技能、创业资金支持、创业的非资金支持,并指出上述环境因素必须与创业主体所拥有的资源有机结合。蔡莉、崔启国和史琳(2007)提出,创业环境是指创业者创办企业的整个过程中对其产生影响的一系列外部环境因素及其所组成的有机整体,主张以经济学供需理论和资源依附理论为基础来构建创业环境的研究理论框架。可以说,创业企业的战略目标决定创业资源的需求;比较资源需求与现有资源间的差距,从环境中寻找可以弥补资源缺口的有效途径,所以创业企业应该主动去适应创业环境。

(2) 种群生态学派

这一理论学派是以整个组织群落为研究对象,关注的重点是种群内部各成员之间的相互作用以及种群和其他种群之间的相互作用,外部环境和种群增长率间的联系主要是通过种群内部群密度和外部有限的环境条件限制方面去进行相关的研究。种群生态学派关注的重点在于,如何对影响创业成功的不同利益相关者相互之间的关系加以管理,进而确保新创企业健康成长。Austin 等人(2006)把创业环境定义为不受创业者的控制,但是会影响到企业创业成败的因素,包括税收、规则结构、宏观经济环境以及社会政治环境,关注的是对外部经济各种利益主体的关系管理,它们都可能会影响新创企业将要面临的机会以及可能会遇到的风险。

(3) GEM 模型

前文已述及,GEM 是全球创业观察项目。GEM 模型是由英国伦敦商学院和美国百森商学院发起的一个研究创业活动的全球创业观察项目,用来研究创业活动对国家经济增长起促进作用的分析模型,也是分析一个国家或地区创业环境的工具。GEM 模型综合了资源依附学派和种群生态学派的分析思路,提出了新的国家经济增长模型,这个模型将促进经济增长的条件分成一般的国家条件和创业条件,前者是现有大中小企业发展的基础和环境,后者是创业活动的基础和环境。开发了金融支持、政府政策、政府项目支持、创业教育和培训、研究开发转移、商业环境和专业基础设施、国内市场开放程度、实体基础设施的可得性、文化与社会规范九大环境因素来衡量一个国家或地区的创业环境。

通过对创业环境构成要素的回顾可以发现,现有研究存在三方面的局限:第一,大部分研究没有从创业过程本身出发去研究成功创业需要什么样的创业环境。创业环境研究应着力关注创业者需求与环境供给间的相互关系,即回答创业者需要什么,环境如何满足创业者需求,以激励和增强创业的愿望,从而促进创业活动。第二,对国家或地区创业环境和条件的描述往往只关注创业环境的某一方面,不能说明各种环境要素间的相互关系。第三,具体指标选择在理论界没有形成共识,这主要有几点原因:一是各个城市有差别,指标可移植性差,如深圳的指标搬到上海,可能就会出现排斥现象;二是行业有差别,高科技创业环境相对于其他行业,肯定有其独特的行业特性,也不能进行简单的复制。

3. 区域创业环境相关实证研究

对组织环境的实证研究主要有“环境决定论”和“战略选择论”。“环境决定论”重点强调从外部环境到组织行为的联系机制;而“战略选择论”重在强调组织行为对外部环境的反馈机制。两种理论尽管观点存异,但都强调组织与外部环境间的关系,现在学者更主张将两者结合起来分析环境与组织的作用反馈机制。在前文对经典创业模型的回顾中,也可以看出,在所有的经典创业理论研究模型中创业环境都是一个重要变量嵌在各个模型分析当中。新创企业管理者在制定战略决策时不可避免地受到环境的影响,同时创业者所处的环境对创业者个体行为产生影响。众多研究者运用实证分析的方法,研究了区域创业环境与其他变量间的相互关系,本研究将一些对区域创业环境的实证研究结果列出,具体如表 2.6 所示。

表 2.6 区域创业环境相关实证研究

代表学者	区域创业环境测量	研究对象	变量	主要方法或结论
Dimitratos 等人(2004)	环境特性测量	152 家希腊跨国公司	调节变量	环境在创业和国际绩效关系中起了正向调节作用。
买忆媛和甘智龙(2008)	GEM 创业环境 9 维度测量模型	我国 13 个典型城市	自变量	金融支持、政府政策、政府项目支持、创业教育和培训、研发转移、商务环境及专业基础设施、国内市场开放程度、实体基础设施的可得性、文化与社会规范这 9 个创业环境因素越优良,创业机会越多,创业者创业能力实现程度越高。我国创业文化、创业教育与培训、金融支持、研发转移和商务环境这 5 个因素所构成的经济与文化环境对创业机会与能力的影响程度要高于其他 4 个环境因素所形成的政府与行业环境。
石峰和赵锡斌(2010)	GEM 创业环境 9 维度测量模型	我国内地 31 省(市、区)	自变量	不同地区的创业环境对不同类型的创业活动分别有不同的吸引力,应充分看到不同地区的创业环境分别有自己的特色。
范钧(2010)	在 MD 国际竞争力评价体系中区域软环境测量内容基础上修改而成	170 个制造业中小企业	自变量	具体分析六大区域软环境要素对中小企业竞争优势各要素的作用机制。
张捷(2010)	GEM、Gnyawali 和 Fogel(1994)	996 名企业中高层管理者	调节变量	利用“双元”创业环境体系分别对不同区域的创业环境进行了评价。同时,利用聚类分析和回归分析技术对我国“双元”创业环境类型,以及不同创业环境类别的企业创业导向与绩效之间的关系分别进行了检验。

续表

代表学者	区域创业环境测量	研究对象	变量	主要方法或结论
Kim 等人（2011）	面板数据	美国	自变量、调节变量	大学、行业和政府的相互关系是创业活动的重要决定因素。行业 R & D（研发）支出对促进区域企业创建有直接影响，学校和政府交互作用对区域企业创建有间接影响。
徐彪、李心丹和张珣（2011）	中国城市竞争力报告	中国 52 个城市规模以上工业企业为样本	自变量、调节变量	人力资源环境和制度环境作为创新要素直接影响创新绩效；人力资源环境和文化环境正向调节 R&D 投入与创新绩效之间的关系，影响创新效率；基础设施环境对创新绩效没有影响。
Gupta 等人（2012）	Busenitz 等人（2000）	韩国和阿拉伯联合酋长国	自变量	制度环境包括规则制度、认知制度和规范制度，制度环境对创业活动有非常重要的影响。
于东平和段万春（2012）	范钧（2010）	585 名云南中小企业中高层管理者	自变量	区域软环境对中小企业绩效（无论是总绩效，还是长期、短期绩效）具有显著的正向直接影响作用，但各环境要素的短期影响作用并不显著，企业家能力在区域软环境与短期（长期）绩效关系间起完全（部分）中介作用。
肖勇军（2012）	已有文献 + 作者总结	512 个新创企业	自变量	在科技园创业环境中，基础设施环境、区内管理环境、创业文化环境、融资环境、人力资源环境、技术环境、政策环境与科技园的创业绩效正相关；而在科技园创业环境中，服务环境只与科技园区市场绩效相关，与财务绩效、创新绩效关系不明显。
Galindo 和 Mendez（2014）	面板数据	13 个发达国家	自变量	一些环境因素与创业活动正相关，包括货币政策和社会氛围。此外，经济发展也会促进创业活动。

续表

代表学者	区域创业环境测量	研究对象	变量	主要方法或结论
胡玲玉、吴剑琳和古继宝(2014)	市场资源环境、制度规范环境(题项来自 GEM 量表)	384 名个体	自变量	市场资源环境和制度规范环境越宽松,个体的创业意向越强。对于创业自我效能水平不同的个体,两类环境的影响效果存在差异:创业自我效能正向调节制度规范环境和个体创业意向之间的关系,而负向调节市场资源环境和创业意向的关系。

资料来源:笔者根据相关资料整理而成。

我们对区域创业环境相关实证研究进行归纳,可以发现已有研究结果基本表明,创业环境的基本要素会对创业活动产生重要影响,良好的创业环境促进创业机会的产生和增强创业能力,创业机会和创业能力相结合就会产生创业活动。已有研究具有如下特点:

(1) 研究内容主要集中在区域创业环境的作用模式探讨

第一,主效应模型。从环境维度的角度出发研究创业环境与创业活动之间的关系的研究,学者们主要从以下几个角度出发:创业环境对创业企业生存概率的研究(如买忆媛和甘智龙,2008);创业环境特性对于创业企业成长发展的影响研究(如于东平和段万春,2012);创业环境对创业活动和创业导向的研究(如 Gupta 等,2012)。

第二,调节效应模型。研究主要对围绕以下几方面进行:不同环境特性的变化对企业绩效的调节作用(如 Dimitratos 等,2004);创业环境与创业者决策制定和创业企业战略之间的关系(如张捷,2010);创业环境与企业产品创新之间的关系(如徐彪、李心丹和张珣,2011);创业环境对创业企业研发的影响(如 Kim 等,2011)。

(2) 研究方法多选用问卷调研

区域创业环境相关实证研究一般采用企业实地访谈和问卷调研方法,特别是有关中国转型经济创业活动的研究更强调访谈对问卷设计的作用,如肖勇军(2012)等。在区域创业环境的测量上,主观测量较客观测量更常被使用,但越来越多的学者主张更多地使用客观测量(徐彪等,2011;Galindo 和 Mendez,2014),或者主客观两种测量方法同时使用(Kim 等,2011)。在区域创业环境的维度划分上,大多研究者将创业绩效当作一个多维指标。其中比较常用的维度是从9个GEM创业环境架构中选取的全部或若干因素,9个创业环境因素包括金融支持、政府政策、政府项目支持、创业教育和培训、研发转移、商务环境和专业基础设施、国内市场开放程度、实体基础设施的可得性、文化与社会规范。

2.2.3 创业效能感研究回顾

创业效能感是创业领域学者运用社会认知理论的成果之一,是自我效能感概念在创业领域的具体表现,属于创业认知的范畴。自我效能感的概念产生于班杜拉的社会学习理论,该理论在本质上是一种行为理论体系。

1. 创业效能感内涵的界定

自我效能是社会学习理论的核心概念。自我效能是个人调动控制事件必需的动机、认知资源、行动路径的能力(Wood 和 Bandura,1989)。从理论上讲,自我效能是指个体组织和执行某个目标活动所达到的水平或从中表现出来的能力。但在实践上,这种能力是一种潜在的主观因素而不是一个确定值。所以,在个体的行为等机能活动产生影响的,不是这种能力本身,而是主体对它的感受,即自我效能感(Perceived self-efficacy)(Bandura,1993)。在社会学习理论看来,人与环境的互动过程及其结果,向个体显现出大量不同性质的信息。其中,与个体互动效验有关的信息称自我效能信息,自我效能感正是通过对这些信息的认知加工而形成的。作为一个极具影响力的主观信念,自我效能感在诸多情境中都影响人们的思维模式和情绪反应:它影响人们对行为的选择;影响人们对完成任务所要付出的努力;影响人们在面临挑战时的坚韧性,也使人们对眼前的任务感到焦虑或自信。可以说,自我效能感是主体自我系统的核心动力因素之一。因为自我效能判断的界定和测量独立于行动表现,它们为预测行为的出现、概括性和持续性提供了基础。在拥有相应知识、技能和目标时,自我效能感就成了行为的决定因素,换言之,自我效能感可以是行为的预测变量。

效能理论适用于创业领域研究的原因在于:其一,特定的任务框架。自我效能理论帮助解决了早期创业特征研究缺乏具体性的问题(Brockhaus 和 Horwitz,1986;Gartner,1990)。其二,创业效能感较任务效能相对宽泛。因此,相对稳定但非不可变的。创业者可以通过与环境的持续互动获得、完善和提升创业效能感。其三,效能感与行为、行为意愿密切相关(Boyd 和 Vozikis,1994),它可以被用于预测与研究创业行为选择、坚持和有效性。其四,效能感与行为的关系在风险与不确定性挑战性环境中能得到最佳的表现,而这是创业行为典型环境(Chen 等,1998)。

创业自我效能感(Entrepreneurial self-efficacy,简称 ESE)是基于自我效能感

体的概念发展而来的,创业自我效能感的核心是指创业者对其通过自身行为影响环境获得创业成功的信心和信念(Luthans 和 Ibrayeva,2006)。Scherer 等人(1989)将创业自我效能感定义为一个人能够成功扮演和完成创业者角色任务的信念的强度。Boyd 和 Vozikis(1994)认为创业自我效能感是决定创业意向和创业强度及其导致创业行为可能性的一个重要解释变量。Krugger 和 Brazeal(1994)将创业自我效能感锚定在他们的创业潜能理论模型中,并且认为创业自我效能感是潜在创业者的关键先决条件之一。创业自我效能感指个人对其成功承担创业角色,实施创业任务信心的强度,它包括 5 个因素:营销、创新、管理、冒险和金融控制(Chen 等,1998)。创业倾向、意愿和绩效研究中越来越强调自我效能的作用(Boyd 和 Vozikis,1994; Gartner,1989;Scherer 等,1989)。

2. 创业效能感的维度与测量

在以往对创业效能感的实证研究中,一些学者支持创业效能感的单维测量。王才康等(2001)在对 Schwarzer 等 1981 年编制的一般自我效能感量表(General Self Efficacy Scale,简称 GSES)检验时发现,GSES 的 10 个项目和总量表分的相关都在 0.60 以上,探索性因素分的有关结果也证明 GSES 只包含一个主要因素。袁登华(2005)在研究成就目标导向对创业行动效能的影响时,在探索性因素分析中,用主成分分析方法只抽取到一个因子,10 个条目(item)的内部一致性系数为 0.948,它能够解释总变异的 69.98%。因而有理由认为它们测量到的是同一种特质,即创业者自我效能感。Luthans 和 Ibrayeva(2006)在研究转型经济背景下创业者个人特征和环境特征、创业效能感对绩效的影响时,对 Shere 等人(1982)的自我效能感单维量表进行了检验,得到量表的内部一致性 $\alpha=0.88$,支持了创业自我效能感单维观点。Wilson 等人(2007)基于深度访谈研究开发了 6 个问项的单维创业效能感量表,这 6 个所感知的效能分别是获得别人赞同、定义核心目标、领导和激发他人为共同目标努力、开发核心人力资源、理财与金融控制、解决问题。钟卫东等(2007)在对创业自我效能感、外部环境支持与初创科技企业绩效关系的研究中,其对创业自我效能感的测量主要依据 Lucas 与 Cooper 开发的量表,并参照陆昌勤等人构建管理者自我效能感量表的思路对具体的问项进行了修改。在反映创业自我效能感的 11 个问项中,虽然有两个因子的特征值大于 1,但第一主因子解释了变异量的 47.58%,第二主因子的特征值解释的变异量仅为 9.53%。通过验证性因子分析,得到单维结构创业自我效能感的测量模型的各参数均较好,这说明单维测量模型是基本合适的,并且创业自我效能感所有因子负荷均大于 0.5,说明这 11 个问项主要测量的是同一个概念。

另一些学者则主张对创业效能感进行维度划分，考虑到创业过程的多面性，对 ESE 的测量也应包括多层面问项（Chen 等，1998；DeNoble 等，1999）。Chandler 和 Jensen（1992）研究虽然没有直接提及创业效能，但研究显示更多成功的公司创始人都认为自己具备识别商业机会、可以进行有效管理和具备适当的知识和技能。Chen 等人（1998）在对以往 Long（1983）三大重大创业和创业能力议题（不确定性、相应管理能力和创新机会）以及 Miner（1990、1993）定义的内在于创业任务系统的 5 种角色指令（自我实现、回避风险、结果反馈、个人创新和未来计划）进行有选择的吸收，在对 5 位当地创业者深入访谈的基础上，通过探索性因子分析将 ESE 分为市场营销、创新、管理、风险和金融控制 5 个维度，其内部一致性 α 值达到 0.89，各维度的内部一致性也达到 0.65 以上。Drnovesk 和 Glas（2002）在斯洛文尼亚和捷克转型经济的背景下进行了与之类似的研究，验证了 Chen 等人（1998）提出的 ESE 框架。Forbes（2005）测量个人对其实施与新创企业管理相关任务能力的信念，检验创业者的 ESE 水平是否受到企业战略决策方式的影响，进一步验证了此框架。De Noble 等人（1999）基于 Q-sort 程序和创业者的分类，选择了 6 个理论测量维度。其 6 个核心维度为：① 冒险和不确定性管理技能；② 创新和产品开发技能；③ 人际关系与网络管理技能；④ 机会识别；⑤ 获得和配置关键资源；⑥ 发展和维持创新环境。该研究的探索性因子分析结果显示，这 6 个因子共解释了变异量的 61.9%，在验证性因子分析中，这一测量模型各检验参数都较为理想。创业效能感中营销效能、风险容忍、管理效能、创新效能、金融效能对于创业行为都是非常重要的，而在这些因素中，营销效能受到最大程度的重视（龚志周，2005）。

3. 创业效能感相关实证研究

按照 Bandura 的三方互惠理论，效能感存在于与个人行为和环境的互动的关系中，也就是说效能感影响其他两个因素并受其他两个因素的影响。创业效能感受行为绩效和环境的影响，并反过来影响行为绩效，它潜在地对创业者如何运用其创业才能产生影响，一些实证研究验证了这一观点，本书将其中一些实证研究列举出来，具体见表 2.7。由表 2.7 可以看出，将创业效能感作为前因变量和结果变量的实证研究并不多，大多数学者都将其作为中介变量置于整体研究框架中。

表 2.7　创业效能感相关实证研究

代表学者	创业效能感测量	研究对象	变量	主要结论
Chen 等人(1998)	22 条款五维度量表:市场、创新、管理、风险、财务	商学院学生、创业者、小企业管理者	自变量	控制个人与公司背景变量,结果显示 ESE 与成为创业者可能性之间正相关,验证了 Boyd 和 Vozikis(1994)对效能与创业职业意愿之间关系的提法;验证了 ESE 与控制点的聚合和辨别效度。
De Noble 等人(1999)	通过头脑风暴和 Q-sort 得出的 35 条款 6 维度量表:风险与不确定性管理、创新与产品开发、人际与网络管理、机会识别、资源获取;营造创新氛围	272 名大学生和 87 名 MBA 学生	自变量	创业意愿是创业效能感和创业行为的中介变量,并非所有 ESE 维度都能导致创业行为。
Drnovsek 和 Glas(2002)	Chen 等人(1998)的量表	商学院和 MBA 学生(220 名来自斯洛文尼亚,82 名来自捷克)	自变量	斯洛文尼亚和捷克检验转型经济背景下验证了 Chen 等人(1998)的创业效能感框架,结果表明,在后社会主义经济中创业效能感依然是创业行为有效的预测指标。
Wilson 等人(2007)	6 条款量表,α 值分别为0.79(中学生)和0.82(MBA)	4292 名中学生,933 名 MBA 学生	自变量	性别对创业效能感具有影响,创业效能感与创业意愿之间的关系受到性别的调节,并支持了早前对自我效能与职业倾向的研究。
Tierney 和 Famer(2002)	13 条款量表,α 值分别为 0.83(制造业)和 0.87(服务业)	制造业公司员工 584 名,服务业公司员工 158 名	因变量	工作时间、工作自我效能、监管者行为、工作复杂性都对创新效能产生影响。
Forbes(2005)	Chen 等人(1998)	95 家新创企业	因变量	控制了企业规模和过去的创业经验等变量,得出结论为:战略决策过程分别通过分散化、外部参与者人数、综合性、实时信息应用四个维度影响创业效能感四大来源,即直接经验、观察经验、社会鼓励和情绪态度。

续表

代表学者	创业效能感测量	研究对象	变量	主要结论
Walumbwa等人(2004)	Riggs等人(1994),α值为0.74	来自中国和印度银行与金融机构的420名员工	中介变量	变革型领导和组织承诺与工作满意正相关,与工作紧张和工作退出负相关;群体效能感对变革型领导与工作退出的关系有中介作用,对变革型领导和组织承诺和工作满意度关系有部分中介作用。
Luthans和Ibrayeva(2006)	Shere等人(1982)量表,α值为0.88	哈萨克斯坦75名创业者,吉尔吉斯斯坦58名创业者	中介变量	高效能的创业者在转型经济中每天面对持续的问题时,更可能投入和坚持。创业者拥有越多的经验,从其他创业者那里学得越多,创业者们越可能相信自己能影响和克服环境中的障碍,并能良好运作。其研究表明,在转型经济中环境和心理认知同样都起着重要的作用。
钟卫东等人(2007)	参照Lucas和Cooper(2005)、陆昌勤(2001)设计的11条款的单维量表,α值为0.8872	141名中国初创科技企业创业者	中介变量	创业自我效能感对初创科技企业绩效产生直接的积极影响;外部环境支持从总体上对初创科技企业绩效也会产生积极影响,但其直接影响并不显著,该影响主要通过创业自我效能感间接施加;创业自我效能感对初创科技企业绩效的影响作用较为独立,外部环境支持对该影响的调节效应并不显著。
丁明磊等人(2009)	参照De Noble(1999)访谈和案例研究以及其他相关研究,运用创业者角色理论模型确立了12条款的Likert量表,α值为0.734	河北、天津四所高校640名在校本科生	自变量	创业自我效能感对创业意向具有显著的正面影响,行为控制感在创业自我效能感影响创业意向的过程中起着部分中介作用。

续表

代表学者	创业效能感测量	研究对象	变量	主要结论
段锦云和简丹丹(2012)	De Noble(1999)和Forbes(2005),共19个条款,机会识别效能感(α值为0.82),关系效能感(α值为0.84)、管理效能感(α值为0.84)和风险容忍效能感(α值为0.86)	苏州地区307位农民工	中介变量	农民工的自尊心理一方面直接对其创业意向产生影响,另一方面通过风险容忍效能感的中介作用对创业意向发生间接影响;创业知识会直接提升农民工的创业意向,它也通过机会识别效能感的中介作用间接影响创业意向。
赵浩兴和张巧文(2013)	未报告,α值为0.810	浙江等7个省份708个返乡农民工	中介变量	农村微型企业创业者人力资本对创业绩效具有显著影响,并可以通过创业效能感的中介作用对创业绩效产生间接影响。
吴晓波等人(2014)	未报告	363名中国高校在校大学生	中介变量	创业效能感在社会网络对创业意向的影响中起到显著的中介作用。社会网络规模和网络异质性对创业者创业意向的影响是部分通过创业机会识别效能感和创业风险容忍效能感来实现的。

2.3 本章总结

本书研究的基本问题是探究区域创业环境的形成和作用机理,主要包括区域创业环境的形成机理、区域创业环境的概念结构、区域创业环境的作用机理。本章的主要任务是对与本课题研究问题相关的理论和文献进行回顾与必要的述评,围绕创业、区域创业环境、创业认知及创业效能的研究脉络进行了梳理。按照本研究报告的体例,每一章都是一个课题的子研究,每一章都会根据具体子研究的研究问题,进行更加有针对性的文献梳理。

2.3.1 以往研究的小结

综观以往相关文献与理论研究,可以得到以下主要结论:

第一,区域创业环境是一个复杂的多维变量。如上文所述,学者从不同视角来整合区域创业环境要素,总体上看,以往的研究者都倾向于把创业环境作为多维概念构思进行测量和研究。区域创业环境作为一般性的环境变量,在不同的研究背景下，区域创业环境测量的内容会有所不同。从理论上看，不同区域创业环境维度以非线性的方式相互作用和关联，可由建构方法获得。本书尝试将创业活动与区域环境进行耦合，测量焦点从检验单独的环境维度转向相互作用的环境维度的类型与系统，以期得出比较科学的区域创业环境概念构思，并对区域创业环境的动态形成机理进行探究。

第二，区域创业环境的研究层面。从上文对已有研究结果的回顾，可以看出创业环境的研究从研究层面上可以分为外部环境、组织内部环境和环境特性三个层面。创业研究朝着两个不同方向发展：横向，以企业为起点，对外部重点考察个人创业者创业的过程、社会资本、战略联盟，甚至向企业家型社会方向发展；纵向，深入剖析企业内核，探讨公司创业与组织结构、企业文化、公司治理等组织环境要素之间的关系（李晶，2010）。很多学者研究了环境特性对创业者行为和创业企业绩效的影响。用动态性（顾客和竞争者的不可预见性，市场变化率，产业创新和 R&D）、敌对性（竞争的程度、竞争维度的数量和法律限制）和异质性（市场营销和不同市场上产品需求的不同）这三个维度来描述环境，研究环境特性对个体创业者行为和创业企业战略行动的影响。本书的区域创业环境研究层面是外部环境层面，而非组织内部环境和环境特性的研究。

第三，潜在创业者创业意向和新创企业成长是区域创业环境领域研究的主要结果变量。从上文论述可见，在很多区域创业环境的研究中创业者创业意向和新创企业成长作为效标出现，基本的研究结论是区域创业环境会对潜在创业者的创业意向和新创企业成长产生重要影响。创业意向是个体创业者创业行为的重要驱动因素。许多外部因素，如一个国家或地区的社会、政治和经济环境，会影响个体的创业意向及早期的创业行为。新创企业成长用以评价新业务创建的效果，是组织水平上的结果指标，是创业领域研究的主要落脚点和结果变量。“新创企业成长”的操作定义从现有实证文献中看，主要包括以下两个方面：其一，财务指标的增长，如销售增长、利润增长，企业过去的成长能够促进未来的成长，并且对小企业的持续发展能力起着非常重要的作用；其二，获利潜能的增长，如市场份额、员工人数增长等。很多初创企业出于市场战略定位的需要，往往在开始的相当长时间内处于非盈利状态，但实际上却具有市场竞争力，若只用表面的财务增长数据衡量则难以说明其真实状况，因此可以考虑用这类指标来反映企业未来获利能力。对新创企业成长的测量主要有客观测量和主观评价两种方式，虽然主观评价包含随机误差，但实证研究表明两种测量方法没有显著差异（McMillan 等，2001）。

2.3.2 有待进一步研究的问题

第一，区域创业环境概念构思。区域创业环境是创业活动与区域环境的耦合，如上文所述，由于区域创业环境的复杂性，以往研究并没有对其内涵做统一的界定，而明晰的概念界定和内容结构是探讨变量间关系的基本前提。因而有必要在以往研究基础上，通过实地访谈研究对区域创业环境的概念内涵进行深入探究。另外，研究表明，中国特定的经济发展时期、特有的文化背景，也必然会对区域创业环境的形成和作用机制产生影响。国内管理学领域涉及区域创业环境的研究大多选用西方学者比较成熟的量表，这可能会降低研究的测量信度和外部效度。国内对区域创业环境的研究起步较晚，基本上是在借鉴国外已有理论和研究方法的基础上进行的。如何通过深层访谈和内容分析的方法，确定适合中国实际情况的区域创业环境维度，开发出本土化的区域创业环境测量工具，是科学研究的前提。

第二，区域创业环境形成机理的探讨。目前将区域创业环境作为因变量的实证研究几乎没有，也就是说，很少有研究运用实证研究方法探讨区域创业环境的形成过程。创业环境研究整体上基本能形成一个有机体，能融入各种创业环境要素，一定程度上能从创业者的角度解释创业活动的发生。由于区域创业环境的不稳定性及难测度性，以往研究大多是从方法上考虑其评价指标，如利用层次分析法、模糊评判法对罗列要素进行分级测评，而对于区域创业环境各构成因素是如何产生的、其形成机理如何却鲜有探讨。随着研究的进展，一些学者提出对区域创业环境自身演进的探究，将有助于更好地理解其对创业活动的影响，也将改变理论上只重视横向截面研究的现状。创业环境是一系列概念的集合体，是各种因素综合的结果，进一步明确创业环境系统的影响因素，引入创业企业家等相关利益群体进行分析，才能掌握打开区域创业环境形成机理的密钥，构建理论上比较完整的区域创业环境模型。

第三，不同区域创业环境比较分析。无论是区域创业环境研究的资源依附学派，还是种群生态学派，都强调外部环境与创业活动的相互关系。越来越多的学者强调创业主体和创业活动对外部环境的反馈机制。各地经济基础、产业结构、社会文化、创业活动等方面存在差异，从逻辑上推演不同地区区域创业环境应有差异，而区域创业环境哪些要素在不同地区有差异、有何差异，这需要进一步分析。对不同地区创业环境差异的比较分析，将有助于进一步地探究区域创业环境的演进规律，能更好地了解区域创业环境纵向动态转换规律，为提出有针对性的政策建议提供科学依据。

第四,认知视角的区域创业环境作用机理研究还有待深入。从文献回顾可以看出,现有的对区域创业环境作用机理的研究主要是定性研究,定量的实证研究主要分析主效应和调节效应,探析区域创业环境对创业活动作用机理的研究还比较少,也鲜有从创业过程来剖析区域创业环境作用机理的研究。认知观为创业过程研究提供了重要的视角。因而,本书将尝试从认知视角对创业过程进行探讨,并基于社会学习理论框架,探究区域创业环境对创业活动的作用机制。

3 区域创业环境的形成机理——基于扎根理论的案例分析

卓越的区域创业环境可以源源不断地催生新企业和新产业，提高区域的就业率，提升区域的创新能力和经济实力，成为区域经济发展的原动力。本章基于创业、创业环境、生态系统、社会网络相关理论研究，用文献对区域创业环境的形成机理进行旁证佐引，并通过访谈研究和扎根理论研究，深入挖掘区域创业环境的内在逻辑，从而在此基础上探寻其形成机理和所包含的因素。通过分析区域创业环境各构成要素及相互关系，为制定区域经济发展政策和产业结构调整政策提供依据，以实现区域经济的持续快速发展。

3.1 研究目的与假设

3.1.1 研究目的

某区域内的创业活动深受该区域创业环境的影响。创业环境是对创业过程起作用的一系列要素的集合。首先，它指影响人们进行创业活动的意愿和能力的经济、社会文化和政治因素。其次，它指利于创建企业过程的帮助、支持和服务的可获得性。因而，区域创业活动反映了当地的商业文化和创新习惯，而创业的性质和活动范围也受区域创业环境的影响。以往许多研究者从理论层面简要探讨了区域创业环境的构成要素和形成过程，或用定量的方法制定区域创业环境的评价指标，再进行比较研究。对某一区域创业环境内各主体是如何相互作用，并如何形成区域创业环境的，还是理论盲区。了解这一过程，无论是对于区域自身发展，还是对于各创业主体而言都有很重要的意义。

从已有理论和研究成果来看，创业生态环境中包括政府、大学（研究机构）、公共服务部门、中介机构、金融机构等社会主体，这些主体协同作用，为区域创业系统服务，共同发展创业能力。现实情况却是，很多区域都具备这些创业主体，但为什么有的区域产生活跃的创业行为，而有的区域内部却缺乏创业活动、缺乏创新或者不能容忍冒险呢？关键在于该区域缺乏一种能够支持创业行为和创新精神的创业环境，或者该区域内部存在阻碍创业活动的因素。

区域创业环境到底包含哪些因素？区域创业环境到底是如何形成的？本书旨在通过扎根理论（grounded theory）方法，了解在某个区域内创业环境是如何形成的，并受哪些关键因素影响，也就是通过分析初步了解区域创业环境的各构成要素及其对创业活动的影响。

3.1.2 研究命题

创业环境是一个以吸引创业投资、实现创业主体协调发展为目的的复杂开放系统。生态系统中的每一个生命体都需要不断的养料供给才能维持生存和发展，如果把区域创业环境视作一个创业生态系统，那么该生态系统中的各生命体也需要一个资源供给机制来维持该生态系统的运作，促进创业活动的形成，这些资源包括物质资源、人力资源、知识资源、金融资源以及其他社会资源等。创业生态环境中的各主体既是资源的提供者，也是其他资源的受益者（肖勇军，2012）。生态系统内部各主体间相互作用，为其他主体提供资源并获取自己所需资源。资源供给的充足程度对创业活动水平有直接影响。某个地区是否拥有创业所需的资源，似乎成了该区域创业环境形成的起点。从资源的视角来讨论区域创业环境的形成，就需要分析区域创业资源是从哪里来的，资源是如何运用于创业的，资源在各主体间是如何传导和产生价值增值的。

对于区域创业资源从哪里来这一问题，资源禀赋理论给出了直接的解释，由于地理或历史的原因，某些地区比另一些地区确实更加具有资源优势。研究表明，资源驱动型的创业主体更愿意向这些具有资源优势的区域聚集，特别是传统的资源依赖型企业。研究集群的理论者发现，当某一地区因资源禀赋出现了一些创业企业之后，另一些企业也会因集群的规模经济效应而集聚，不仅如此，而且该价值链上的相关企业也会聚焦在此共享资源，产生范围经济效应，并进而形成某一区域特定产业的创业企业集群。我国就有很多这样的区域，例如常熟的服装产业集群等。

但并不是所有的区域都有这样的资源禀赋。如何获取资源？从制度经济学的角度看，制度被认为是社会中的“游戏规则”（Peng，2002；Williamson，1998）。一国的制度环境包括引导和限制经济活动中的态度和行为的相对稳定的规则、社会规范和结构（Scott，2003）。个体基于规则、规范与价值观来协调自己的期望。制度环境塑造了社会中经济、社会和政治利益的结构，因而同时限制和利于行为与选择（Scott 和 Meyer，1991）。个体和组织的行为都需要符合制度要求,包括正式和非正式的规则要求。制度经济理论认为,制度效率的改善将会刺激经济发展,而经济发展将增加人们的资源和能力。因而,政府对某一区域的政策将会影响该区域的资源获取情况,决定了创业主体能否以较低的交易成本获取创业资源,如土地资源、金融资源、较低税赋等。

获取创业资源之后,创业主体就要选择是否进行创业。创业者被视为经济中主要的生产者,他们能够识别经济中最有利的机会,他们是劳动机会和工资的创造者;创业者被视作套利者,平衡经济中的供给与需求,他们不仅对经济中的机会做出反应,同时也为经济系统提供平衡;创业者也被视为创新者,通过创造新组合和寻找新机会来推动生产可能边界。根据理性经济人假设,在创业决策中,创业者是理性的,需要权衡投资风险与报酬。创业者之所以会选择创业是出于对创业回报的乐观预测,其创业行为是基于这样的假设,即创业投资报酬高于创业的机会成本。创业预期成功率是显性或潜在的创业者对之前创业行为及后果观察、预测的结果。由此可以推断,区域创业环境的形成与创业者创业行为的成功概率和投资报酬高度相关。

命题 1:区域创业环境是一个复杂的生态系统,它的形成是一个由多个创业主体相互获取并传导资源的过程,由于各区域资源禀赋和传导机制存在差异,所以区域创业环境的形成过程也存在差异。

3.2 研究方法

3.2.1 扎根理论方法

本部分研究采用扎根理论指导的质性研究方法,在此对扎根理论做一个简要的介绍,并解释为何要选用扎根理论来分析区域创业环境形成机理。

1. 扎根理论简介

作为方法论,扎根理论是由两位美国社会学者 Barney Glaser 和 Anselm Strauss 最早于 1967 年发展出来的。他俩希望通过搜集资料和分析资料间的微妙关系,发展出与理论相关的经验性研究,这是一种将理论与经验、抽象与具体联系起来的方法,是从具体实际出发归纳抽象出理论的方法,即扎根理论方法,该方法期望解决传统学术理论建构与经验研究间的鸿沟。

扎根理论是一种质性研究方法,是系统地收集资料与分析资料的研究理论和方法程序。扎根理论是通过归纳的方法,对观测到的现象与资料进行归纳分析,从而达到对现象进行挖掘、发展成理论的一种方法论(Strauss 和 Corbin,

1990)。资料的收集和分析,与理论的发展是彼此相关、彼此影响的。[①] 由此可见,扎根理论重视理论的发展,并且认为理论需要根植于搜集的经验资料,强调经验资料的收集和分析持续互动,其基本宗旨是“在经验资料基础上创建理论”。

随着扎根理论在实践中的不断发展,逐渐形成了三个主要的相互联系又彼此区别的流派:其一,Glaser 提出的经典扎根理论;其二,Strauss 提出的程序化扎根理论;其三,Charmaz 提出的构建型扎根理论(李广挺,2012)。程序化扎根理论是在经典扎根理论基础上发展出来的,两者在资料分析和编码过程上差异不大,都是将资料抽象形成概念继而形成范畴。两者主要区别在于编码步骤和标准化,程序化扎根理论的编码过程分为开放性编码、关联式(主轴)编码和选择性编码三个主要步骤,相对于经典扎根理论仅有实质性编码和理论性编码两个主步骤,程序化扎根理论的编码过程更加标准化、程序化,便于对概念和范畴整理成理论框架,笔者在这里将采用程序化扎根理论方法对区域创业环境的形成机理进行分析。

扎根理论研究具体流程如图 3.1 所示。简单地说,扎根理论方法一般流程就是在界定研究问题的基础上,搜集文献资料,对搜集来的资料进行转录编码,通过资料编码分析后构建理论。这里的编码是指对资料进行分解、抽象、提炼,继而概念化、范畴化的过程,可以看出编码是扎根理论最核心的步骤。开放性编码、关联式(主轴)编码和选择性编码相互关联。

(1) 开放性编码(open coding)

开放式编码是将资料进行分解、检验、比较、概念化和范畴化的过程。所谓概念化就是资料转换成概念的过程,具体是指分解资料中的句子或段落,使之成为一个个有意义的单元,并对各个单位逐一进行命名的过程。所谓范畴化是指当把有意义的单元进行分别命名之后,把从属于同一范畴的概念聚焦到同一类的过程。对范畴的命名可以来源于文献,也可以研究者自己创造。为了达到准确反映资料本质的目的,务必注意不要遗漏重要信息,尽可能多地运用资料中的词语。此外为了使概念和范畴准确无误,必须在资料、概念、范畴间不断往复循环地检验。

① Strauss A. ,Corbin J. 质性研究概论[M]. 徐宗国,译. 台北:巨流图书公司,1997:20-26.

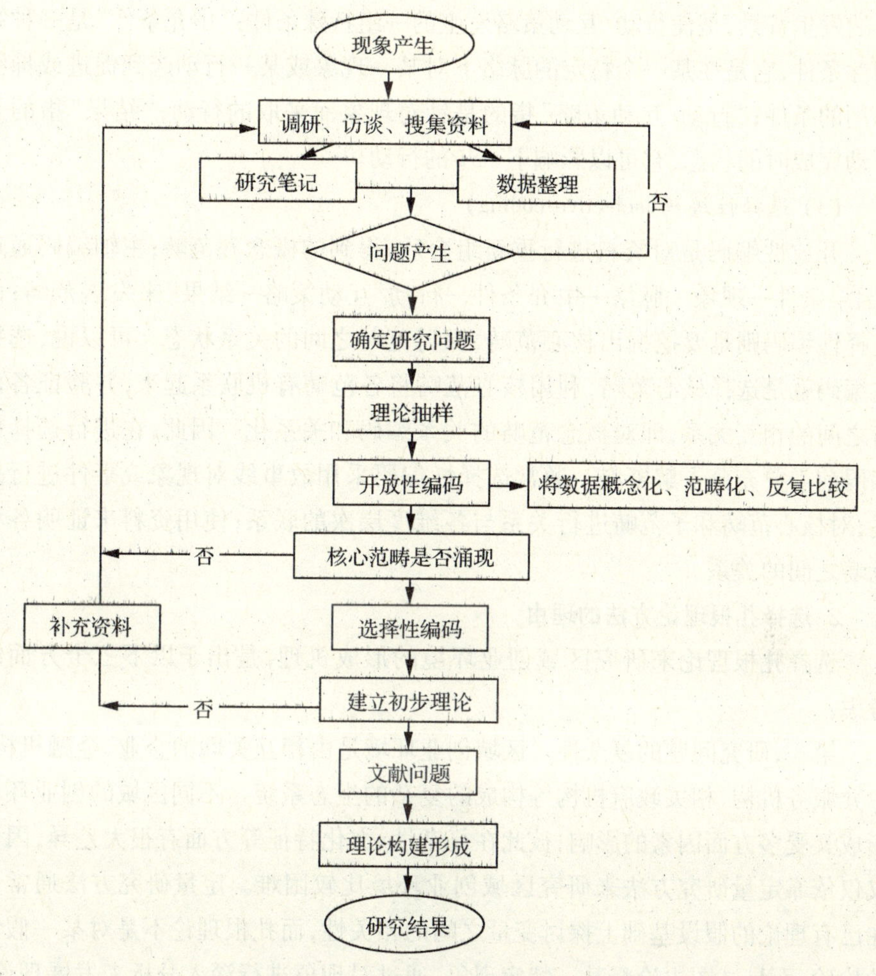

图 3.1　扎根理论研究一般流程图①

（2）主轴编码(axial coding)

对资料进行开放式编码之后,对现象有了初步的了解,建立了概念、发展了范畴,接下来需要对这些范畴进行联结。主轴编码就是运用"因果条件—现象—脉络—中介条件—行动/互动策略—结果"这一扎根理论典型模型,将开放性编码中得到的范畴重新联结来发展范畴,使研究者的研究能够系统深入,但在主轴编码过程中并不构建理论框架。在上述模型中,"因果条件"是指引起现象发生的条件或事件;"现象"是指针对具有核心地位的观念与事件,会有一串行动或互动来处理、管理,或产生一组行动;"脉络"(context)是指一个现象或事

① 周静.基于扎根理论的集群式产业转移影响因素研究[D].长沙:湖南科技大学硕士学位论文,2012:11.

件的发生背景，是使行动/互动策略发生的一组特殊条件；“中介条件”是一种结构性条件，它是在某一个特定的脉络下对某一现象或某一行动起到促进或抑制作用的条件；“行动/互动策略”指的是针对现象而采取的行动；“结果”指的是行动完成时的状态，它可以影响下一步的行动。①

(3) 选择性编码(selective coding)

开放性编码是对资料进行重新组合后，得到的概念和范畴；主轴编码通过“因果条件—现象—脉络—中介条件—行动/互动策略—结果”来发展范畴；而选择性编码则是要挖掘出核心范畴，探讨范畴之间的关系状态。可以说，选择性编码就是选择核心范畴，利用核心范畴将各范畴有机联系起来，并验证各范畴之间的相互关系，即对概念范畴的关系编码和关系化。因此，在进行选择性编码前需要充分了解资料。通常选择性编码采用故事线对现象或事件进行描述；对核心范畴和子范畴进行关系与各维度层次的联系；使用资料来证明各种范畴之间的关系。

2. 选择扎根理论方法的理由

选择扎根理论来研究区域创业环境的形成机理，是出于以下三个方面的考虑：

第一，研究问题的复杂性。区域创业环境是由相互关联的企业、金融机构、中介服务机构、相关政府机构等构成的复杂的生态系统。不同区域的创业环境形成又受多方面因素的影响，彼此在复杂性、文化特征等方面有很大差异，因而仅仅依靠定量研究方法来研究区域创业环境比较困难。定量研究方法通常是在已有理论的假设基础上探讨变量之间的相关性，而扎根理论不是对某一假设的检验，而是试图去诠释某一特定现象，通过对现象进行深入分析来发展理论，这一现象可以是人、物、事件、行为和过程等。因而，比较适用于对复杂的区域创业环境形成机理进行分析。

第二，扎根理论的优势。实证研究方法存在两个方面的问题，第一，基于已有理论提出假设构建理论模型，容易遗漏真实经济实践中的关键信息；第二，定量研究对客观规律的探究是通过对变量间相互关系的测度与计算，因而很难直接研究动态的、复杂的现象和问题，也很难进行开拓式理论研究。对比扎根理论与定量研究方法可以发现，在扎根理论中，经验资料的作用类似于实证研究中的变量取值，概念类似于定量研究中的可测变量，主要范畴及其相互关系类

① 杨林锋. 组织内部情绪表现探索性研究[D]. 上海：复旦大学博士学位论文，2011：56；周静. 基于扎根理论的集群式产业转移影响因素研究[D]. 长沙：湖南科技大学硕士学位论文，2012：13.

似于定量研究中建构的理论模型(李广挺,2012)。但不同于定量研究,扎根理论方法是自下而上的,如图 3.1 所示。研究者在运用扎根理论方法分析问题时,并不提出假设或预设理论模型,而是通过田野调查获取第一手资料,继而通过对资料的开放性编码、主轴编码和选择性编码,来得到概念,发展范畴,并“自然涌现”理论模型。

第三,资料的可获得性。研究区域创业环境的形成机理,需要涉及多方创业主体,收集每一个主体的相关数据非常困难,特别是非上市公司的企业财务数据、民营中介服务机构的历年数据、金融机构的相关数据等,很多属于企业或部门的保密信息。即使获取到一些数据,也很难保证某一时间序列内数据的可比性和可靠性,因而单纯地使用定量研究方法不太现实。扎根理论是对文献资料的分析和整理,获取资料的渠道更加广泛。

基于区域创业环境形成机理研究问题的特征和扎根理论的优越性,以及资料获得的考虑,本部分研究将选用扎根理论这种质性研究方法来进行分析,以期使获得研究的过程和结果更加科学、合理。

3.2.2 案例选择

运用扎根理论方法来分析区域创业环境的形成机理,需要寻找具有代表性的典型案例。本书对案例研究的选取标准主要有以下几个方面:

第一,存在时间较长。各区域的发展规模和创新创业水平,都是基于较长历史时期的综合结果。存在时间相对较长的工业园区,都是通过参与市场竞争和内部主体共生协调而生存与发展起来的。分析这些典型区域的发展历程,可以从更加全面和综合的角度去思考创业环境形成过程中各方面因素的影响与交叉作用,也可以从更长的时间区间去了解和检验区域创业环境的形成机理。

第二,发展规模较大。从工业园区的长期发展来看,规模是园区获取、利用和协调资源,以及创新创业能力不断累积的一个逻辑结果。园区的规模是区域内主体创业能力形成与发展的基础。规模较小的园区,主体数量就少,创业主体即使有好的创业想法,或者有某项专门的技术,也会因资金、管理、营销等方面缺乏支持而无法将创业意向转变为创业行动。园区发展都面临着如何扩大规模形成合理产业布局这一重要问题。

第三,具有一定的创业特征。有一些园区存在时间也较长,也形成了一定的发展规模,但不具有创业的典型特征。区域创业环境的形成总体上看有三种驱动模式,即要素驱动、效率驱动和创新驱动。区域创业环境从创业模式上看有高科技模式、支柱产业模式、事件驱动模式、本地英雄模式。通过对有一定创业特征的区域形成过程的扎根理论研究,才可能得出有理论和政策价值的机理结论。

第四,资料可获得性。搜集到充足和合适的资料是扎根理论研究的基础,并且搜集资料与资料编码是一个动态的过程,也就是说,需要根据研究需要随时可以增加新的相关资料。因而在选择案例时,资料的可获得性是需要考虑的一个重要问题,尽可能选择能够获取较多资料的创业区域来进行研究。

出于以上选择标准的考虑,从我国地区创业活动水平存在明显差异的区域中,选择国家级经济技术开发区或者国家级的高新技术产业开发区中比较有代表性的区域作为备选研究对象。具体的 7 个备选对象的资料见本书附录 1。

根据案例选择标准,以备选的 7 个案例进行分析比较,具体如表 3.1 所示。

表 3.1 备选案例分析

备选对象	存在时间较长	发展规模较大	有一定创业特征	资料可获得
北京中关村国家自主创新示范区	√	√	√	√
上海张江高科技园区	√	√	√	√
深圳高新技术产业园	√	√	√	
重庆高新技术产业开发区	√		√	
合肥高新技术产业开发区	√			√
苏州工业园区	√	√	√	√
包头稀土高新开发区	√		√	

通过分析,北京中关村国家自主创新示范区和苏州工业园区符合案例选择的所有标准,而其他几个区域存在或多或少的不足,因此本部分研究将选择北京中关村和苏州工业园区作为案例研究对象。北京中关村国家自主创新示范区成立于 1988 年,2009 年被批复成为我国第一个国家自主创新示范区。苏州工业园区成立于 1994 年,是中国和新加坡政府间的重要合作项目。上述这两个园区都已经发展了较长的时期。在同济大学发展研究院发布的“2018 年中国 100 强产业园排行榜”中,北京中关村国家自主创新示范区和苏州工业园区排名均在三甲,其中,中关村排名第一,苏州工业园区排名第三。这一排行榜依据经济发展指标、创新发展指标、产业合作指标、公共服务指标、社会发展指标五大指标来对中国国家级产业园进行排名,可以看出中关村和苏州工业园在国家产业园中极具优势,具有代表性。排名前三的还有一个是上海张江高科技园,因张江高科技园区也是国家自主创新科技示范区,并且与苏州工业园区较近,区位环境等很多方面很相似,故而选择更易获取数据的苏州工业园区。此外,中关村是国家级高新技术产业开发区,苏州工业园区是国家级经济技术开发

区,在形成过程中两类不同的产业园区应该有一定的差异,这也是选择这两个区域的另一考虑。

3.3 苏州工业园区案例分析

3.3.1 开放性编码

为了能比较准确地反映现实材料,开放性编码需要对大量的案例现实资料进行逐字分析和逐行分析,在此基础上对发现的隐含信息加以概念界定、发掘范畴,并对范畴进行命名,以确保从现象到概念、从概念到范畴的提炼过程更加科学合理。

首先对苏州工业园区的案例进行贴标签,即识别和定义现象。本部分研究最终定义了 162 个现象的标签,对部分贴标签过程进行举例,具体如表 3.2 所示。

表 3.2 苏州工业园区案例贴标签过程示例

案例材料	贴标签(定义现象)
1993 年 11 月 20 日,时任国家主席江泽民在美国西雅图亚太经合组织领导人会议期间会见新加坡总理吴作栋时说:中新合作的苏州工业园区项目开创了中外合作的新模式。 之所以说苏州工业园区项目是一种新模式,因为她具有不同于中国其他开发区的特色。 第一,两国政府之间合作搞开发,这是前所未有的。1994 年 2 月 26 日,《中华人民共和国政府和新加坡共和国政府关于合作开发建设苏州工业园区的协议》正式签署。目标是在苏州建设一个以高新技术为先导,现代工业为主体,第三产业和社会公益事业配套的具有一定规模的现代化工业园区。 第二,为了确保项目顺利开发建设,中新双方都成立了财团,由双方财团按比例出资组建合资公司,负责成片开发和招商引资。采用财团合作、组建合资公司这一模式,发挥了两大优势:一是资金优势,二是招商优势。 第三,中央批准苏州工业园区紧密结合中国国情,联系实际,借鉴新加坡的成功经验,在区域内可以先行试点。 …………	a5 开创了中外合作的新模式 a6 具有不同于中国其他开发区的特色 a7 两国政府之间合作搞开发 a8 以高新技术为先导 a9 以现代工业为主体 a10 以第三产业和社会公益事业配套 a11 具有一定规模的现代化工业园区 a12 中新双方都成立了财团 a13 按比例出资组建合资公司 a14 资金优势 a15 招商优势 a16 借鉴新加坡的成功经验 a17 在区域内可以先行试点

资料来源:潘云官.庆祝苏州工业园区开发建设二十周年特刊[J].借鉴与研究,2014(3).

在贴标签也即定义现象的过程中,提炼出了原始材料中每段话的中心含义，并对其贴标签。按照扎根理论方法的程序，接下来将所贴出的现象标签聚焦成概念，再将概念抽象为用专业术语命名的相应概念。在这一过程中，177个标签概括成了68个概念，并进一步抽象成为40个范畴，具体过程如表3.3所示。

表3.3 苏州工业园区案例概念化和范畴化过程

贴标签(定义现象)	概念化	范畴化
a1 中新政府间的重要合作项目	A1 地理位置优越	AA1 创立背景
a2 共建类似"裕廊镇开发区"	A2 长三角核心区域	AA2 创立条件
a3 离上海近	A3 经济基础优良	AA3 发展状况
a4 水运、陆运、空运都很方便	A4 中新政府合作创立	AA4 政策影响
a5 开创了中外合作的新模式	A5 中新政府合作开发	AA5 内部风险
a6 具有不同于中国其他开发区的特色	A6 现代化工业园	AA6 外部环境
a7 两国政府之间合作搞开发	A7 中新双方共担风险	AA7 理念突破
a8 以高新技术为先导	A8 中新双方同享收益	AA8 园区创立
a9 以现代工业为主体	A9 科学规划产业格局	AA9 财政引导
a10 以第三产业和社会公益事业配套	A10 制定比较科学的招商引资规划	AA10 投资环境
a11 具有一定规模的现代化工业园区	A11 享受特殊政策	AA11 物流成本
a12 中新双方都成立了财团	A12 国内园区最好的基础设施	AA12 生产要素
a13 按比例出资组建合资公司	A13 综合保税区试点	AA13 产业基础
a14 资金优势	A14 建成现代化的物流园	AA14 集聚经济
a15 招商优势	A15 解决园内企业物流难题	AA15 基础设施
a16 借鉴新加坡的成功经验	A16 借鉴新方多方面的经验	AA16 资源成本
a17 在区域内可以先行试点	A17 政府职能转变	AA17 产业扶持
a18 双方财团按比例出资组建合资公司	A18 "亲商"服务理念和体系	AA18 招商引资
a19 新方财团占65%股权，中方财团占35%股权	A19 创新的管理体系	AA19 区域黏性
a20 新方主要负责招商引资	A20 创新的服务体系	AA20 资源共享

续表

贴标签(定义现象)	概念化	范畴化
a21 实行沿海开放城市经济技术开发区政策	A21 形成良好的管理秩序	AA21 制度创新
a22 先招外商投资项目	A22 塑造法治化环境	AA22 政府职能
a23 后招内资生产项目	A23 中新双方持股比例变化	AA23 知识产权
a24 国内园区硬环境最高标准	A24 中新双方合作不变	AA24 信息共享平台
a25"九通一平"	A25 坚持长期发展目标	AA25 人才结构
a26"十通一平"	A26 政府承诺不变	AA26 产业布局
a27 综合保税区试点	A27 获得企业信任	AA27 关联企业创立
a28 没有跑道的机场	A28 园区企业数量增长迅速	AA28 创业创新综合水平
a29 没有海港的口岸	A29 战略性新兴产业发展迅猛	AA29 文化氛围
a30 建成几平方千米物流园	A30 科技型企业数量激增	AA30 高校集聚
a31 引进20多家国内外著名物流公司	A31 科技型企业创新能力增强	AA31 研发机构集聚
a32 满足区内企业对物流的需求	A32 现代服务业比重加大	AA32 科技服务体系
a33 大量节约物流时间	A33 创新人力资源管理制度	AA33 创新创业政策
a34 大量降低物流成本	A34 配套服务日益完善	AA34 政府服务
a35 借鉴新加坡的建设经验	A35 吸引外企和国企入驻	AA35 中介服务
a36 科学的规划建设	A36 吸引创业者入园	AA36 创业孵化器
a37 先进的管理体系	A37 国际贸易参与度提高	AA37 金融扶持
a38"亲商"的服务理念	A38 技术贸易比例提高	AA38 海归创业企业
a39 提高公务员素质	A39 吸引海归创业者	AA39 创业活动
a40 站在投资者的角度考虑问题	A40 形成较完善的人力资源管理体系	
a41"亲商"的服务体系	A41 人才结构高端化	

续表

贴标签(定义现象)	概念化	范畴化
a42 深化行政审批制度改革	A42 科技投入不断增加	
a43 "授权式"一站式服务模式	A43 政府制度不断创新	
a44 采用电子政务解决方案	A44 降低企业各类成本	
a45 开通网上报批、备案系统	A45 吸引金融投资机构	
a46 形成"科学、规范、透明"的管理秩序	A46 各类金融服务机构集聚	
a47 法治化环境	A47 吸引高校和研发机构	
a48 人力资源管理体系市场化	A48 创业投资规模不断扩大	
a49 超前的职业技术教育	A49 政府提供创投基金	
a50 满足园区内企业对人力资源的需求	A50 创新创业优惠政策	
a51 中新持股比例发生了变更	A51 创新金融服务体系	
a52 中方股权从35%提升到65%	A52 各类孵化器聚集	
a53 中方承担更多的风险	A53 "产学研"协同创新创业	
a54 签署《谅解备忘录》	A54 完善科技创业服务体系	
a55 中新合作的框架不变	A55 各类人才吸引政策	
a56 园区的长期发展目标不变	A56 塑造创新创业文化	
a57 合资公司性质不变	A57 提升技术创新能力	
a58 苏州市政府和园区管委会对投资商的承诺不变	A58 新创企业数量激增	
a59 合资公司对投资商的承诺不变	A59 海归企业数量增加	
a60 秉承亲商高效的服务体系	A60 本土民营企业比重变低	
a61 良好的基础设施	A61 政府更关注新创企业成长	
a62 功能完备的配套城市规划	A62 政府更关注高新技术型企业	
a63 市场化的人力资源管理体系	A63 形成创业主体间社会网络	
a64 便捷快速的通关方式	A64 加强创业主体间信息互通	

续表

贴标签(定义现象)	概念化	范畴化
a65 面临突发事件的危机处理能力	A65 发挥孵化器的功能	
a66 赢得外商信赖	A66 政府推动创业生态的形成	
a67 传统制造业基础较好	A67 提高创业活力	
a68 吸引一大批大型国企入驻	A68 增强创业效果	
a69 集聚了一批有实力的外资企业		
a70 电子信息、机械装备为主导		
a71 形成高端制造产业布局		
a72 生物医药、纳米技术、云计算产业发展		
a73 发展战略新兴产业		
a74 新兴产业蓬勃发展		
a75 新兴产业产值占规模以上工业总产值的56.3%		
a76 新兴产业产值比重高于中关村和深圳高新区		
a77 科技型企业增多		
a78 申请专利数逐年增长		
a79 现代服务型企业数量不断增加		
a80 现代服务业快速发展		
a81 全国首个服务外包示范基地		
a82 全国唯一商务贸易旅游示范区		
a83 积极参与各种形式的国际贸易		
a84 出口额总额高于中关村和深圳高新区		
a85 高新技术产品出口比重优于中关村和深圳高新区		
a86 区内有27家跨国公司的地区总部		
a87 上亿美元项目136个		
a88 江苏省商贸金融集聚示范区		
a89 区域产业转型升级取得一定成效		
a90 人才结构升级		
a91 创新能力提高		

续表

贴标签(定义现象)	概念化	范畴化
a92 园区政府服务职能定位明晰		
a93 园区政府政绩考核导向鲜明		
a94 吸引关联企业的创立		
a95 园区政府还积极进行制度创新		
a96 搭建区内信息共享平台		
a97 降低企业交易成本和运营成本		
a98 提高园区区域黏性		
a99 提高企业和区域的创新能力		
a100 吸引创业者和投资者		
a101 实现区域各主体共赢和谐发展的局面		
a102 "中国城市最具竞争力开发区"榜首		
a103 社会发展位列国家级经济开发区第一		
a104 生态环境位列国家级经济开发区第一		
a105 创新体制位列国家级经济开发区第一		
a106 高校和研发机构集聚		
a107 研发投入持续加大		
a108 专利产出逐年增长		
a109 创新平台的"国家队"		
a110 科教区引进中外院校 25 所		
a111 区内有公共技术服务平台 20 多个		
a112 区内有国家级创新基地 20 多个		
a113 区内有各类研发机构 356 家		
a114 区内有国家级研发机构 51 家		
a115 区内有中科院等国家级研究所或分支机构 5 家		
a116 高校与科研机构是区内创业活动的重要保障		
a117 区内有各类金融机构超过 500 家		
a118 区内有创业投资机构 80 多家		
a119 创投基金规模超 600 亿元		
a120 国内首个"千人计划"创投中心		

续表

贴标签(定义现象)	概念化	范畴化
a121 国内最大的股权投资和创业投资母基金		
a122 国家中小企业公共服务示范平台		
a123 江苏省科技金融服务中心		
a124 苏南科技企业股权路演中心		
a125 一些金融服务创新模式成为全省典范		
a126 元禾控股科技金融模式在全省推广		
a127 形成比较完整的创业金融服务体系		
a128 区内有省级以上科技孵化器 12 家		
a129 其中国家级科技孵化器 5 家		
a130 国家级大学科技园 6 家		
a131 孵化器累计投入 10 多亿元		
a132 建成公共平台约 30 个		
a133 形成了比较完整的科技创业服务体系		
a134 成为区内创业活动重要载体		
a135 区域人才结构国际化和高智力化		
a136 引进高层次领军人才		
a137 园区“科技领军人才项目”		
a138 园区“金鸡湖双百人才”计划		
a139 引进和扶持科技领军项目 606 个		
a140 财政引导		
a141 税收优惠		
a142 产业扶持		
a143 金融扶持		
a144 人才激励		
a145 知识产权保护		
a146 出台众多相关优惠便利政策		
a147 优化整合配置各类科技资源		
a148 营造良好的创新创业氛围		
a149 塑造知识创新和技术创新的环境		

续表

贴标签（定义现象）	概念化	范畴化
a150 鼓励、引导和支持企业成为自主创新主体		
a151 多主体相互协作		
a152 产生了整体大于部分之和的效应		
a153 物理集聚		
a154 提升区域自发性创新创业能力和活力		
a155 塑造创新、包容、灵活、诚信的文化氛围		
a156 政策重点发生转变		
a157 政策重点转向催生高成长企业		
a158 政府转化为改善区域创新的创业生态推手		
a159 初创型企业数量增长加快，但存活和增长率低		
a160 “海归型”企业数量上形成规模		
a161 本土民营企业较少		
a162 未形成优势互补效应		
a163 区内缺乏龙头企业		
a164 有待形成自然的行业集群		
a165 园区政策偏重新技术		
a166 不够重视商业模式和平台型公司		
a167 推动民间非营利组织繁荣发展		
a168 制定相应政策克服产学研合作“市场失灵”		
a169 提升产学研协同创新		
a170 扶持科技中介机构		
a171 发挥产学研协作中的黏合作用		
a172 建立产学研交流机制		
a173 构建产学研信息共享平台		
a174 鼓励民间力量参与孵化器投资与经营		
a175 促进本地区孵化器多样化发展		
a176 学习和借鉴美国硅谷等发展孵化器的经验		
a177 加强初创企业“加速器”服务		

为了进一步了解范畴的内容，有必要对范畴的性质与维度进行分析，以利于在主轴编码中对各个范畴进行联结和归类，得出典型模型或专业术语。本部分研究更深入地探讨了上文得到的40个范畴的性质和维度，具体如表3.4所示。

表3.4 案例1范畴的性质与维度

范畴	范畴的性质	范畴的维度
AA1 创立背景	园区创立时的背景	高—低
AA2 创立条件	园区创立时的条件	好—差
AA3 发展状况	园区发展的情况	顺利—困难
AA4 政策影响	政府政策对园区发展的影响	有—无
AA5 内部风险	不同投资主体带来的风险	大—小
AA6 外部环境	外部市场环境的变化	急剧—缓慢
AA7 理念突破	改变长期遵循的理念	管控—服务
AA8 园区创立	园区按既定的规模、时间创立	是—否
AA9 地理环境	整体的地理环境是否便利宜居	是—否
AA10 财政引导	引导创业的财政政策	有—无
AA11 投资环境	创业投资环境	好—坏
AA12 物流成本	运输通关成本	高—低
AA13 生产要素	劳动力、资本、劳动力比例	多—少
AA14 产业基础	园区的工业、集群基础	有—无
AA15 集聚经济	具有规模经济和范围经济	有—无
AA16 基础设施	园区配套基础设施	完备—欠缺
AA17 资源成本	生产要素的价格	高—低
AA18 产业扶持	产业扶持政策细致和全面程度	高—低
AA19 招商引资	园区具有吸引外资的条件	有—无
AA20 区域黏性	交易成本、运营成本	高—低
AA21 资源共享	内部主体资源的共享程度	高—低
AA22 制度创新	制度创新带来高效益、低费用	有—无
AA23 政府职能	地方政府是否鼓励创新创业	是—否
AA24 知识产权	对知识产权保护问题的重视程度	是—否
AA25 信息共享平台	搭建园内各主体信息共享平台	是—否
AA26 人才结构	人才结构国际化、智力化程度	高—低
AA27 产业布局	园区产业布局安排	高新—传统

续表

范畴	范畴的性质	范畴的维度
AA28 关联企业创立	关联企业创立数量	多—少
AA29 创新创业综合水平	创新创业综合水平的排名	高—低
AA30 文化氛围	园区内部文化氛围	创新—保守
AA31 高校集聚	园区内是否有高校集聚	是—否
AA32 研发机构集聚	园区内是否有研发机构集聚	是—否
AA33 科技服务体系	科技服务体系是否完善	是—否
AA34 创新创业政策	创新创业政策丰富程度	高—低
AA35 政府服务	政府对创业的服务支持	优良—差
AA36 中介服务	创业中介服务水平	高—低
AA37 创业孵化器	创业孵化器多样化、服务水平	高—低
AA38 金融扶持	引导创业的金融扶持	有—无
AA39 海归型创业企业	园区内海归人才创立企业的数量	多—少
AA40 创业活动	园区内创业活动的活跃度	高—低

3.3.2 主轴编码

在主轴编码过程中，我们需要将在开放式编码最终得到的40个范畴联系起来。本书将运用上文提到的经典的“因果条件—现象—脉络—中介条件—行动/互动策略—结果”模型来完成40个范畴间的联结，发展范畴，完成主轴编码。

在主轴编码阶段笔者通过典范模型共得到4个主范畴，它们分别是政府主导园区成立、外资企业集聚发展、共生集群、协同创业。

1. 主范畴一：政府主导园区创立

表3.5　主范畴“政府主导园区创立”的典范模型

指标	范畴
因果条件	AA2 创立条件、AA4 政策影响、AA9 地理环境
脉络	AA5 内部风险、AA6 外部环境
行动/互动策略	AA7 理念突破
现象	AA8 园区创立
中介条件	AA1 创立背景
结果	AA3 发展状况

上述典范模型给我们呈现出“政府主导园区创立”这一主范畴与其他副范

畴之间的关系,继而初步构建主、副范畴之间的假设关联。

1992年春,邓小平南方谈话发表,有力地推动了全国改革开放向前发展,开发区建设也如沐春风快速成长。江苏的开发区绝大多数是在1992年前后获得批准、开始建设的。苏州工业园区是中国和新加坡两国政府间的重要合作项目。1992年、1993年新加坡资政李光耀先后两次到访苏州,表现出在中国大陆,尤其是在长三角地区,与中国政府合作共建类似"裕廊镇开发区"的意图。之所以选择苏州城东,因为这里离上海近,水运、陆运、空运都很方便。这一区域内有金鸡湖、阳澄湖和独墅湖等天然湖泊,可以成为未来城市规划的良好基础。1994年2月经国务院批准设立苏州工业园区,同年5月实施启动,国务院同意该工业园区实行沿海开放城市经济技术开发区的政策。目标是在苏州建设一个以高新技术为先导,现代工业为主体,第三产业和社会公益事业配套的具有一定规模的现代化工业园区。为了确保工业园区的顺利开发建设,中新双方都成立了财团,由双方财团按比例出资组建合资公司,负责成片开发和招商引资。新方财团占65%股权,中方财团占35%股权。这样的方式有资金和招商方面的优势,但也存在一定的内部管理风险。

通过对主范畴"政府主导园区创立"的分析,可以看出苏州工业园区在创立之初就深受外部环境和政府政策的影响。而中介条件"创立背景"包括我国改革开放深化、中新关系良好、长三角地区的经济发展基础较好等背景,对园区的创立有不容忽视的影响。因此,此阶段的核心就是创立园区,通过中新政府合作和创新合作模式使苏州工业园区创立,并确立工业园区的发展目标。各副范畴与主范畴的关系如图3.2所示。

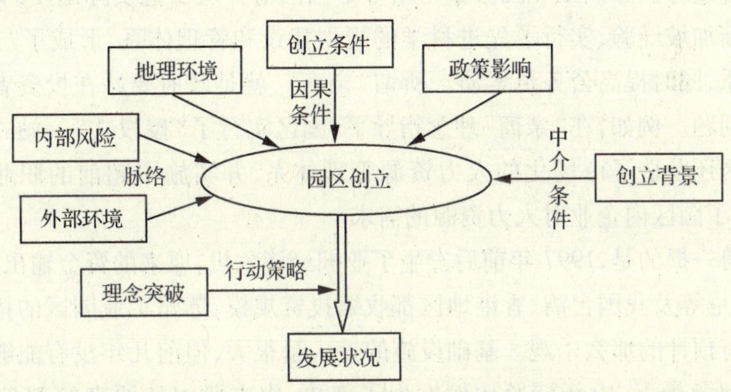

图3.2 主范畴一:政府主导园区创立

2. 主范畴二:外资企业集聚发展

表 3.6 主范畴"外资企业集聚发展"的典范模型

指标	范畴
因果条件	AA15 基础设施、AA10 投资环境、AA11 物流成本
脉络	AA12 生产要素、AA16 资源成本
行动/互动策略	AA9 财政引导
现象	AA18 招商引资
中介条件	AA13 产业基础、AA17 产业扶持
结果	AA14 集聚经济

园区创立之后,其面临的巨大挑战就是招商引资。在园区的招商引资过程中有比较科学的规划,先招外商投资项目、后招内资生产项目。对于外商而言,开发区的竞争力在于其优良的投资环境,可分为硬环境和软环境。其中硬环境主要指基础设施建设,苏州工业园区达到国内开发区的最高标准"九通一平"(即通电、燃气、蒸汽、自来水、雨水、污水、电信、道路、有线电话、土地平整),以后又增加了宽带,达到了"十通一平"。园区没有国际机场,也没有一类海港,为了解决货物快捷通关问题,园区进行综合保税区的试点,使园区成为没有跑道的机场、没有海港的口岸。园区建成几平方千米的物流园,引进 20 多家国内外著名物流公司,完全能够满足区域企业对物流的需求,大大降低了物流的时间和成本。

软环境包括与开发区建设相关的条件,如开发区的权限、享有的优惠政策、文化宽容度等。苏州工业园区紧密结合中国国情并从当地实际出发,有针对性地借鉴新加坡经验,实行了先进科学的规划建设和管理体系,形成了"亲商"的服务体系,同时提高公务员素质。所谓"亲商",就是政府要站在投资者的立场上考虑问题。例如,在"亲商"理念指导下,园区实行了"授权式"一站式服务模式。园区还营造了市场化的人力资源管理体系,并实施了超前的职业技术教育,满足了园区内企业对人力资源的需求。

值得一提的是,1997 年前后发生了亚洲经济危机,原来的资金输出国日本、韩国、印尼等及我国台湾、香港地区都收缩投资规模,苏州工业园区的招商引资形势没有预计的那么乐观。基础设施的投入量很大,但前几年没有能够回收成本。在此背景下,中新持股比例发生了变更,中方股权从原来的 35% 提升到 65%,中方承担了更多的风险。同时,中新双方签署了《谅解备忘录》,保证了四个不变:中新合作的框架不变;园区的长期发展目标不变;合资公司的性质不变;苏州市政府、园区管委会和合资公司对投资商的承诺不变。这"四个不变"

使投资商看到中新合作关系不变,看到中方的诚意,从而对园区发展充满信心。

由上分析可以得出,在这一阶段,现象"招商引资"是关键词。苏州工业园区优质的软硬环境、产业基础和政策引导,使招商过程虽然面临巨大挑战,但仍取得了卓越的成绩。"外资企业集聚发展"这一主范畴和各副范畴之间的关系如图 3.3 所示。

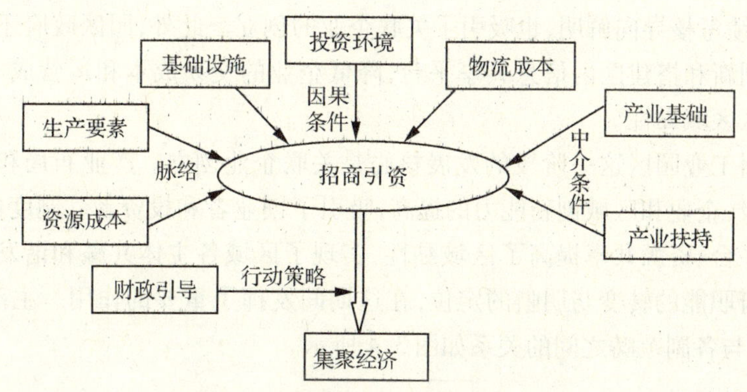

图 3.3 主范畴二:外资企业集聚发展

3. 主范畴三:共生集群

表 3.7 主范畴"共生集群"的典范模型

指标	范畴
因果条件	AA23 知识产权、AA25 人才结构、AA26 产业布局
脉络	AA19 资源共享
行动/互动策略	AA21 制度创新、AA24 信息共享平台
现象	AA27 关联企业创立
中介条件	AA22 政府职能
结果	AA20 区域黏性

截至 2012 年年底,苏州工业园区累计引进外资项目 4 900 多个,合同外资 451 亿美元,实际利用外资 240 亿美元;累计注册登记内资企业 20 591 个,累计内资注册资本 2 868 亿元。苏州工业园区经过上一阶段的发展,吸引了一批外资企业和大型国企的入驻,出于规模经济、范围经济和资源共享的考虑,园区内相继创立了与已有企业关联的企业,共生发展。

近年来,苏州工业园区的产业布局在传统制造业的基础上,逐步形成了以电子信息、机械装备为主导的高端制造产业,加上生物医药、纳米技术应用和云计算等战略新兴产业。2013 年苏州工业园区新兴产业产值达到 2 213 亿元,占规模以上工业总产值的 56.3%,比重高于中关村和深圳高新区。苏州工业园区是全国首个服务外包示范基地、全国唯一商务贸易旅游示范区和江苏省商贸金融集聚示范区。苏州工业园区服务业的发展从一个角度反映区域的产业转型升级已经取得一定成效。与产业升级相配套的是人才结构的升级和创新能力的提高。苏州工业园区共有从业人员 69 万,其中拥有大专以上学历人才 25.6 万人,占比 37.1%,居国家级经济技术开发区之首。园区政府的服务职能定位明晰、政绩考核导向鲜明,也吸引了关联企业的创立。此外,园区政府还积极进行制度创新和搭建区内信息共享平台,降低企业的交易成本和运营成本,继而提高园区区域黏性。

苏州工业园区这一阶段的发展核心是关联企业创立。产业布局和人才结构的升级,企业和区域创新能力的提高,吸引了创业者和投资者。制度创新、信息共享平台、资源共享提高了区域黏性,实现了区域各主体共赢和谐发展的局面。政府职能的转变与明晰的定位,在这期间发挥了重要的作用。主范畴"共生集群"与各副范畴之间的关系如图 3.4 所示。

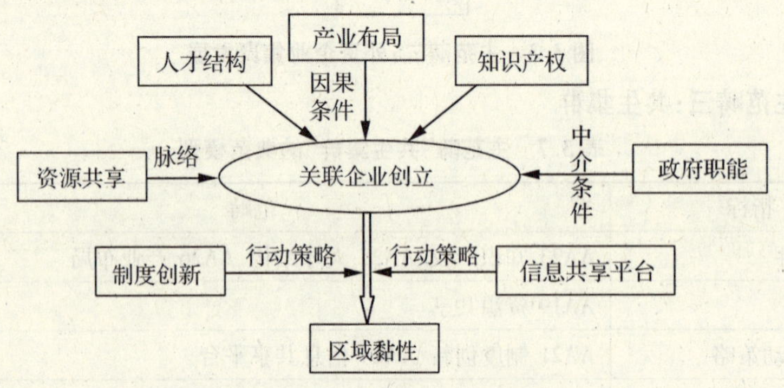

图 3.4　主范畴三:共生集群

4. 主范畴四:协同创业

表 3.8　主范畴"协同创业"的典范模型

指标	范畴
因果条件	AA30 高校集聚、AA31 研发机构集聚、AA37 金融支持
脉络	AA35 中介服务、AA36 创业孵化器
行动/互动策略	AA32 科技服务体系、AA34 政府服务
现象	AA39 创业活动
中介条件	AA29 文化氛围、AA33 创新创业政策
结果	AA28 创业创新综合水平、AA38 海归创业企业

目前苏州工业园区以占苏州市 3.3% 的土地和 7.4% 的人口创造了苏州市 15% 的经济总量,连续多年名列"中国城市最具竞争力开发区"排行榜首位,

2016 年综合发展指数位居国家级经济技术开发区第一位,在 53 项考核指标中的 15 项都位居全国第一,如表 3.9 所示。

表 3.9 苏州工业园区在国家级经济技术开发区中的综合发展水平排名情况(2016 年)

项目	总排名	产业基础(1)	科技创新(5)	区域带动(2)	生态环保(3)	行政能效(6)
名次	1	1	1	1	1	1

数据来源:苏州工业园区管委会网站(排名来自中华人民共和国商务部)。

苏州工业园区内的独墅湖科教区自 2002 年开发建设以来,吸引 32 所高等院校和 1 家国家级研究所入驻,获批国家首个“高等教育国际化示范区”。截至 2018 年年底,在校生人数规模超过 7.8 万人,其中硕士研究以上近 2 万人。园区内有公共技术服务平台 30 多个、国家级创新基地 20 多个;拥有各类研发机构近 500 家,其中国家级研发机构 51 家、中科院等国家级研究所或分支机构 10 余家。这些高校的引进和研发机构的建立是苏州工业园区创业活动的重要保障。苏州工业园区在金融以及其他科技服务方面也形成了相当的规模,形成了科技服务体系。截至 2018 年年底,苏州工业园区的金融机构达 966 家,其中创业投资机构超过 100 家,全区创投基金规模超 600 亿元。园区的一些金融服务创新模式成为全省典范,例如元禾控股科技金融模式就在全省推广。苏州工业园区目前拥有省级以上科技孵化器 12 家(其中国家级 5 家),国家级大学科技园 6 家;累计投入 100 多亿元,建成研发机构和平台 247 个(其中省部级 38 个),经过多年的发展,已经成为区内创业活动的重要载体。

在区域创新创业政策方面,苏州工业园区政府针对科技企业发展,围绕财政引导、税收优惠、产业扶持、金融扶持、人才激励和知识产权保护等出台了众多相关优惠便利政策。这些政策的出台,为园区营造了良好的创新创业氛围,既有利于优化整合配置各类科技资源,又有利于营造知识创新和技术创新的环境,在鼓励、引导和支持企业成为自主创新主体等方面起到了很好的推动作用。

高校、科研机构、中介服务、创业孵化器、企业、创业者等这些主体相互协作,产生了整体大于部分之和的效应,“协同创业”主范畴与其他副范畴的关联如图 3.5 所示。

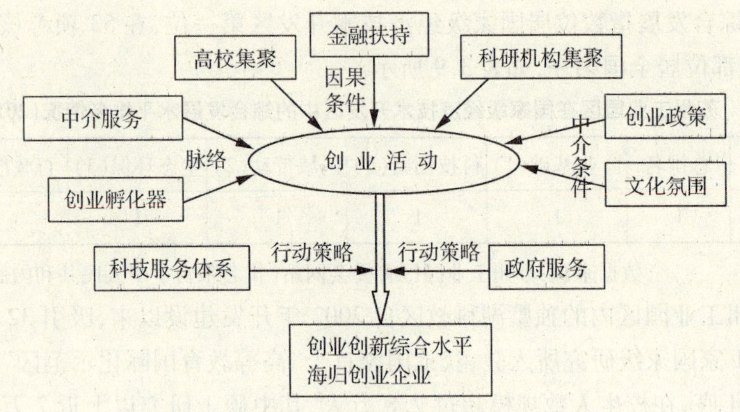

图 3.5 主范畴四:协同创业

3.3.3 选择性编码

1. 故事线

经过主轴编码,我们已经得到了四个主范畴,并探讨了主副范畴之间的关系;运用选择性编码,我们对核心范畴重塑故事线,通过概念化主范畴描述的故事,进一步分析材料,并验证主副范畴间的关系。于是,我们可以从资料中开发出这样一条故事线。

故事主要是关于苏州工业园区成立、发展到壮大过程中其创业环境形成的轨迹。

苏州工业园区是中国和新加坡两国政府间的重要合作项目,苏州因其良好的经济产业基础、优渥的地理位置获得了新加坡政府的青睐。中新两国以财团控股的方式成立了苏州工业园区,这种创新的合作模式具有资金和招商的优势,同时中方也学习和借鉴了新加坡园区管理的先进经验。苏州工业园区建成之后,秉承亲商高效的服务体系,凭借过硬的基础设施、功能完备的配套城市规划、市场化的人力资源管理体系、便捷快速的通关方式,以及面临突发事件的危机处理能力,为园区赢得了外商的信赖,苏州工业园区集聚了一批有实力的外资企业和大型国企。随着企业数量的增多、产业布局的转变与升级、人才结构的升级,苏州工业园区吸引了国内的创业者和投资者,出于价值链、规模经济和范围经济的考虑,很多创业者在园区投资了与已经创立的企业相关联的企业。再加上制度创新、信息和资源共享,园区的创新能力得到了提升,实现了区域各主体共生发展的局面。园区经过20多年的发展,通过政府产业、财政等多项政策的引导,在基础设施、物流、金融配套等方面都形成了一定的规模,成为高校和科研机构集聚的区域,建构了比较完善的创业服务体系,也塑造了创新、包容、灵活、诚信的文化氛围。随着创业在全球和地区经济中的动力作用凸显,我国进入“全民创新、万众创业”时代,苏州工业园的软、硬环境都吸引了创业主体,加之较完备的创业孵化器和服务,园区创业环境已经具备了多方面的优势,形成了多创业主体协同创业的环境,该区域已成为全国最好的创新创业区域之一。苏州工业园区可以说是我国改革开放深化的产物,从成立之初就深深地烙上了政府的印记,政府在苏州工业园区的发展中起到了非常重要的作用。

2. 核心范畴

上述故事线基本能够反映全部资料所呈现的现象,进而需要把这种描述转化为概念,即用分析式的语言说明整个故事。通过深入分析40个范畴以及主轴译码过程,抽象出的政府主导园区成立、外资企业集聚发展、共生集群、协同创业四个范畴,同时结合所有原始资料,本研究发现用“政府主导外向型创业环境演进”能够较好地诠释整条故事线。综合以上对苏州工业园区历史和现状的分析,可以比较清晰地看到政府在苏州工业园区创业环境形成中发挥的主导性作用,以及外资企业所起的重要影响。

3.3.4 苏州工业园区案例小结

中国经济改革开放的深化,中新关系的健康发展,为苏州工业园区的创立提供了契机。中新合作建园的新模式——双方政府持股为园区未来的发展注入了活力与动力。新加坡的建园经验,体现在科学的园区规划上,体现在政府职能转变和理念突破上,也让苏州工业园的招商引资具有了外向型的特点。

政府的大力支持,廉价的劳动力以及苏州宜人的地理位置,使得有实力的外资企业和大型国企在园区集聚,并带来了苏州工业园区的快速发展。外资企业的集聚发展对园区基础设施、人才结构、金融服务提出了新的要求,同时也让产业链上的关联企业看到了商机,向这些大企业集聚,形成了共生集群。集群的作用并不能自发形成,也无法简单归结为经济外部性,而是通过主动的合作行动实现的。合作行动是实现集群效应、提升集体效率的关键。为了满足企业集聚提出的新要求,苏州工业园区形成了一个较有规模的科技服务群体,包括金融机构、专业服务、创新创业孵化等,为区域创新创业主体提供多方面的服务。此外,苏州工业园区创新创业政策丰富,很多政策具有前瞻性,执行也很到位,政府相关职能部门的服务意识好、质量高。

随着产业布局的调整,现在苏州工业园区最明显的特点是聚焦高新技术产业,注重长线投资,形成两大企业板块,一是外资企业,二是海归创业企业。由于区域内外资企业和海归创业企业众多,这两类企业都吸引了大量的高智力、高质量国际化人才。苏州工业园区内的独墅湖高教区在较短的时间内集聚了一批国内外高校和科研院所,形成了较为立体的高校教学和科研基地,形成了一个教学和研发都较活跃的生态体系。这些主体相互作用,形成了协同创业的生态系统。

本书用"政府主导外向型创业环境演进"来表示苏州工业园区创业环境形成演变过程。纵观苏州工业园区的发展进程,可以从中总结出一条典型的区域创业环境形成路径,如图 3.6 所示。

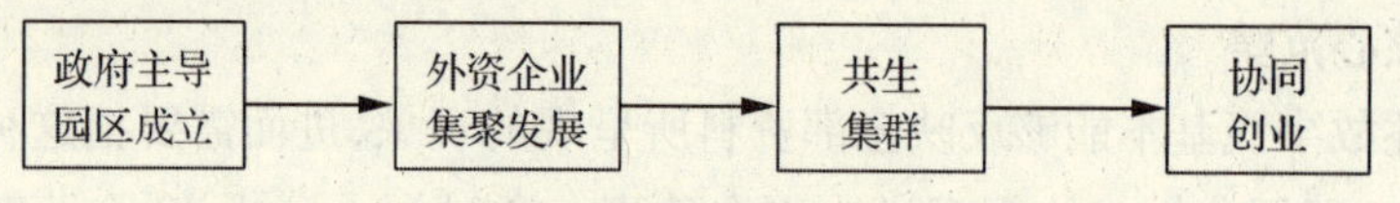

图 3.6 苏州工业园区创业环境形成路径图

3.4 中关村示范区案例分析

3.4.1 开放性编码

用与苏州工业园区案例类似的扎根理论分析过程对中关村示范区进行贴标签工作后,我们共得到 156 个现象的标签,贴标签过程的节选案例如表 3.10 所示。

表 3.10 中关村案例贴标签过程示例

案例材料	贴标签(定义现象)
从 1996 年 6 月开始,中央政府和北京市对中关村的政策支持力度加大,政策因素对中关村的作用显著。全新的发展目标、众多政策的出台和大规模基础设施的建设,把中关村再次推到历史的机遇和挑战面前。中关村的历史转折有如下四个特点: ① 中关村由 20 世纪 80 年代初自发形成的"电子一条街",演变成在政府支持下,通过规划兴建、大规模的、开发成本高昂的"技术园区"。 ② 中关村将从以民营科技企业为主体的,以"贸、工、技一体化"为特点的国内科技贸易区和以大学和科研院所为基础的科教文化区,发展成不断专业化的、面向国内市场的高技术服务中心,其中心业务将是 IT 业研究与开发、应用软件、系统集成,以及专业咨询服务业等。跨国资本会从多方位进入市场,区内国际交流日益频繁。其科教文化区的功能将有所变化,教育和培训创新型人才的需求更加突出。中关村将成为中国高技术行业与国外接轨的智力平台。 ③ 新中关村的发展呈现出政策驱动、房地产驱动和外资导向的趋势。	b38 政策支持力度加大 b39 大规模基础设施的建设 b40 自发形成的"电子一条街" b41 开发成本高昂的"技术园区" b42 以民营科技企业为主体 b43 以"贸、工、技一体化"为特点的国内科技贸易区 b44 以大学和科研院所为基础的科教文化区 b45 专业化的、面向国内市场 b46 高技术服务中心 b47 跨国资本进入市场 b48 区内国际交流日益频繁 b49 教育和培训创新型人才需求更加突出 b50 中国高技术行业与国外接轨的智力平台 b51 政策驱动

续表

案例材料	贴标签(定义现象)
④ 中关村企业在本地的研发(研究与开发)和生产活动中心从中关村腹地转移到上地信息产业基地及规划中的软件园等。原腹地的商贸服务功能进一步强化。 ……	b52 房地产驱动 b53 外资导向 b54 上地信息产业基地 b55 规划中的软件园 b56 原腹地商贸服务功能强化

资料来源:王缉慈,等.创新的空间:企业集群与区域发展[M].北京:北京大学出版社,2001:222-223.

对资料的现象定义之后,接着对标签进行概念化和范畴化。在这一过程中,笔者对155个标签进行概括,最终形成71个概念,浓缩为41个范畴。具体过程如表3.11所示。

表3.11　中关村案例概念化和范畴化过程

贴标签(定义现象)	概念化	范畴化
b1 研究人员与科技人员一体化	B1 科研人员创办企业	BB1 高校集聚
b2 在北京市科学技术协会支持下	B2 高校和科研机构云集	BB2 人才优势
b3 北京等离子体学会先进技术发展服务部	B3 科技成果急需得到转化	BB3 市场需求
b4 拉开科技人员面向市场、自主创业序幕	B4 科技需求急需得到满足	BB4 贸易保护
b5 出现“下海”经商的科技人员	B5 市场无法满足科技需求	BB5 市场封闭
b6 创办民营科技企业	B6 计划外科技企业创立	BB6 经营贸易
b7 探索科技成果转化为生产力途径	B7 市场制度不完善	BB7 技术服务
b8 近百家科技企业聚集在中关村大街	B8 外部市场封闭	BB8 电子一条街
b9 形成“电子一条街”	B9 企业制度不健全	BB9 发展状况
b10 科技人员创办民营科技企业	B10 没有创业支持	BB10 地理环境
b11 屏蔽电脑产品的国际竞争	B11 不存在创业服务	BB11 创立条件
b12 对电子街的发展起了重要作用	B12 没有社会融资	BB12 政府政策
b13 “电子一条街”高校和人才集聚区	B13 存在各种功能缺陷	BB13 创立背景
b14 科技人才对先进科技产品需求强烈	B14 企业效率不高	BB14 试验区成立
b15 市场封闭	B15 建立了“技术园区”	BB15 人才集聚
b16 贸易保护主义	B16 政策支持力度加大	BB16 产业基础
b17 需求难以得到满足	B17 进行配套设施建设	BB17 企业制度创新

续表

贴标签(定义现象)	概念化	范畴化
b18 市场需求催生了计划外企业	B18 民营科技企业数量逐年增加	BB18 技术创新
b19 通过经营贸易和技术服务	B19 形成科技贸易区	BB19 技术转移
b20 给外国公司做 OEM 和销售代理	B20 技术贸易量逐年增加	BB20 市场环境
b21 获得原始积累	B21 科教文卫优势凸现	BB21 商业模式创新
b22 凭一两种科研成果创业	B22 企业效率大幅度提高	BB22 创业扶持政策
b23 面对市场经济制度不健全的困境	B23 法制环境不断完善	BB23 法制环境
b24 在电子街的基础上,成立"海淀园"	B24 制度创新	BB24 创新型创业
b25 北京市新技术产业开发试验区成立	B25 吸引高端人才	BB25 高端人才
b26 不具备成熟的企业制度	B26 政策驱动	BB26 企业上市
b27 社会资本薄弱	B27 地理位置优势明显	BB27 瞪羚计划
b28 外部环境无法提供支持与服务	B28 强化商贸服务功能	BB28 R & D 投入
b29 没有形成专业化经济	B29 高端产业功能区	BB29 区域经济增长
b30 没有形成发达的社会分工	B30 企业制度不断完善	BB30 创业投资
b31 交易效率不高	B31 吸引跨国投资	BB31 创新能力
b32 "海淀园"存在各种功能缺陷	B32 国内外高科技产业发展迅速	BB32 创新协作
b33 促进了新企业的衍生	B33 创新园区管理制度	BB33 社会环境
b34 促进了中小企业的发展	B34 研发投入逐年增加	BB34 创业文化
b35 推进了区域文化的变迁	B35 优惠政策鼓励科技人员创业	BB35 科技金融
b36 使自发形成的"电子街"转变为"技术园区"	B36 技术转化为生产力效率提高	BB36 创业服务环境
b37 成为中国高新技术行业与国外接轨的智力平台	B37 高新科技企业数量不断增加	BB37 创业服务模式
b38 政策支持力度加大	B38 高新科技从业人数不断增加	BB38 连续型创业
b39 大规模基础设施的建设	B39 "产学研"协同创新	BB39 产业联盟
b40 自发形成的"电子一条街"	B40 搭建协同创新平台	BB40 风险补贴

续表

贴标签(定义现象)	概念化	范畴化
b41 开发成本高昂的"技术园区"	B41 企业研发投入增加	BB41 战略性新兴产业策源地
b42 以民营科技企业为主体	B42 克服"产学研"市场机制失灵	
b43 以"贸、工、技一体化"为特点的国内科技贸易区	B43 持续构建创业政策支持系统	
b44 以大学和科研院所为基础的科教文化区	B44 良好的创业服务环境	
b45 专业化的、面向国内市场	B45 创新的创业服务模式	
b46 高新技术服务中心	B46 政府成立创投基金	
b47 跨国资本进入市场	B47 多元化中小企业融资渠道	
b48 区内国际交流日益频繁	B48 优化创新创业风险补偿机制	
b49 教育和培训创新型人才需求更加突出	B49 创业意愿提升	
b50 中国高新技术行业与国外接轨的智力平台	B50 自主创新能力提升	
b51 政策驱动	B51 独特的创业文化	
b52 房地产驱动	B52 与硅谷类似	
b53 外资导向	B53 独特的创业者成长路径	
b54 上地信息产业基地	B54 形成创业者间的社会网络	
b55 规划中的软件园	B55 国内外创投机构集聚	
b56 原腹地商贸服务功能强化	B56 创投资本迅速集聚	
b57 迎接世界新技术革命挑战	B57 科技与资本对接机制不断完善	
b58 各国加强高新技术产业发展	B58 形成各类产业联盟	
b59 国内深化改革	B59 创业网络不断完善	
b60 中国科研中心	B60 创新协作不断加强	
b61 中国创新中心	B61 创新能力不断提高	
b62 "一区十园"的跨行政区域	B62 各种孵化器	
b63 战略性新兴产业发展迅速	B63 多元化的创业服务模式	
b64 有限责任公司取得显著发展	B64 国内高新技术产业中心	
b65 有限责任公司数占45%	B65 战略性新兴企业发展迅速	

续表

贴标签(定义现象)	概念化	范畴化
b66 成为企业制度创新发展的基础	B66 平台型企业	
b67 首个国家自主创新示范区	B67 创业资本规模不断增加	
b68 推行先行先试的新政策、新举措	B68 创业要素不断丰富	
b69 法制环境取得突破	B69 科技创业生态系统	
b70 修订《中关村国家自主示范区条例》	B70 创业活力增强	
b71 鼓励科技人员创业	B71 创业良性循环	
b72 鼓励协同创新		
b73 加强技术转移		
b74 加强知识产权保护		
b75 促进创业投资		
b76 瞪羚计划		
b77 解决高科技中小企业“融资难”的问题		
b78 支持企业上市创业板融资		
b79 完善技术与资本高效对接机制		
b80 吸引海内外高端人才加速集聚		
b81 企业 R & D 支出较大提高		
b82 研发经费占总收入比重达到 3.7%		
b83 源于企业自有技术产品达 85.6%		
b84 企业自主创新能力不断提高		
b85 电子信息		
b86 高能源高效节能		
b87 先进制造		
b88 新材料		
b89 生物医药		
b90 环境保护		
b91 高新技术企业数量迅速增加		
b92 高新技术产业是中关村的重点产业		
b93 高新技术产业收入占收入总量的 90% 以上		

续表

贴标签(定义现象)	概念化	范畴化
b94 体现高新技术产业发展的需要		
b95 传统产业升级		
b96 区域经济增长		
b97 出台一系列支持创新创业的政策		
b98 不断完善园区创业服务功能		
b99 更有效率的创业服务模式		
b100 2013 年新创办科技型企业增长至 6000 家		
b101 467 位创业者各自创立了 2 家以上的企业		
b102 体现出明显的连续型创业特点		
b103 创业者有两条典型的成长路径		
b104 从工程师到技术企业家		
b105 从技术企业家到天使投资人		
b106 “创业—成功—再创业”的良性循环		
b107 “创业—失败—再创业”的独特文化		
b108 创业者之间以诚信为基础的社会网络		
b109 拥有全国最优越的创业服务环境		
b110 全国最密集的创业孵化服务机构		
b111 产业联盟发展迅速		
b112 2013 年创投机构超过 300 家		
b113 创业资本约 500 亿		
b114 要求战略性新兴产业与国际同步发展		
b115 积极支持创业孵化机构		
b116 搭建对接高端产业资源的海外平台		
b117 实施对创业投资机构的风险补贴政策		
b118 科技金融创新不断深化		

续表

贴标签(定义现象)	概念化	范畴化
b119 实现科技与资本对接		
b120 百余家产业联盟涉及了战略性新兴产业的各个方面		
b121 累计成立产业联盟 156 家		
b122 成员超过 5 300 家		
b123 产业联盟是企业解决共性问题的载体		
b124 产业联盟是企业获取外部资源的载体		
b125 创业网络加快创新协作纵深发展		
b126 创新协作增加了高新技术企业的创新能力		
b127 六大优势产业		
b128 四大潜力产业		
b129 发展态势良好		
b130 产业集群日益壮大		
b131 凸现战略性新兴产业策源地特征		
b132 涌现出众多新型创业服务模式		
b133 创新工场:早期投资 + 全方位孵化服务		
b134 车库咖啡:创业者开放服务平台		
b135 常青藤创业园:创业教育 + 创业辅导 + 常青藤计划		
b136 汇龙森孵化器:平台建设 + 产业聚焦 + 创业投资		
b137 博奥联创:创业导师 + 持股孵化		
b138 清华科技园:“四聚”模式 + 创业投资 + 创新体系		
b139 联想之星:创业培训 + 天使投资 + 创业联盟		
b140 亚杰商会:公益性创业辅导平台		
b141 海滨创业服务中心		
b142 丰台创业服务中心		

续表

贴标签(定义现象)	概念化	范畴化
b143 创客空间		
b144 36 氪		
b145 创业企业在移动互联网、云计算领域发展迅速		
b146 形成一批创新能力强、成长性高的创业企业		
b147 辐射带动作用大的平台型企业		
b148 高端人才		
b149 创业资本		
b150 创新协作		
b151 独特的创业文化		
b152 创业服务环境		
b153 创业服务模式		
b154 创业要素在中关村不断集聚		
b155 初步形成科技创业生态系统		

与苏州工业园区案例一样,笔者对中关村案例得到的范畴的性质和维度进行了探析,具体如表 3.12 所示。

表 3.12 案例 2 范畴的性质与维度

范畴	范畴的性质	范畴的维度
BB1 高校集聚	区域高校数量	多—少
BB2 人才优势	区域具有人才优势	是—否
BB3 市场需求	市场需求程度	大—小
BB4 贸易保护	政府推行贸易保护政策	是—否
BB5 市场封闭	国内和国际市场封闭程度	高—低
BB6 经营贸易	是否经营贸易	是—否
BB7 技术服务	是否提供技术服务	是—否
BB8 电子一条街	电子信息企业集聚	是—否
BB9 发展状况	园区发展的情况	顺利—困难
BB10 地理环境	整体地理环境	好—差
BB11 创立条件	园区创立时的条件	好—差
BB12 政府政策	政府政策对园区发展的影响	有—无

续表

范畴	范畴的性质	范畴的维度
BB13 创立背景	园区创立时的背景	高—低
BB14 试验区成立	园区按既定规模、时间创立	是—否
BB15 人才集聚	园区是否有人才集聚	是—否
BB16 产业基础	园区的工业、集群基础	有—无
BB17 企业制度创新	制度创新带来高效益、低费用	有—无
BB18 技术创新	自主技术创新能力	大—小
BB19 技术转移	是否发生技术转移	是—否
BB20 市场环境	市场环境的变化	急剧—缓慢
BB21 商业模式创新	是否有商业模式创新	有—无
BB22 创业扶持政策	创业扶持政策细致和全面程度	高—低
BB23 法制环境	创新法制环境	
BB24 创新型创业	创新型创业的活跃程度	高—低
BB25 高端人才	高端人才数量	多—少
BB26 企业上市	上市企业数量	多—少
BB27 瞪羚计划	瞪羚计划对小企业成长的影响	大—小
BB28 R & D 投入	R & D 投入程度	高—低
BB29 区域经济增长	区域经济是否增长	是—否
BB30 创业投资	创业投资支持力度	大—小
BB31 创新能力	创新能力水平	高—低
BB32 创新协作	园区内创新协作程度	高—低
BB33 社会环境	整体社会环境宜居程度	高—低
BB34 创业文化	园区内部文化氛围	创新—保守
BB35 科技金融	引导科技创业的金融支持	有—无
BB36 创业服务环境	创业服务环境	完备—欠缺
BB37 创业服务模式	创业服务模式	传统—创新
BB38 连续型创业	连续型创业活动的活跃度	高—低
BB39 产业联盟	园区内是否有创业产业联盟	有—无
BB40 风险补贴	政府对风险投资的补贴	有—无
BB41 战略性新兴产业策源地	新兴产业占园区产业比重	大—小

3.4.2 主轴编码

经过开放式编码,本案例的研究最终得到了41个范畴。笔者对资料深入剖析,利用典范模型,得到四个主范畴,即机会型个体创业、政府主导园区成立、高新技术企业集聚、创业生态系统,并用典范模型阐明主范畴与相关副范畴之间的联系。

1. 主范畴一:机会型个体创业

表3.13 主范畴"机会型个体创业"的典范模型

指标	范畴
因果条件	BB3 市场需求、BB4 贸易保护
脉络	BB5 市场封闭
行动/互动策略	BB6 经营贸易、BB7 技术服务
现象	BB8 电子一条街
中介条件	BB1 高校集聚、BB2 人才优势
结果	BB9 发展状况

上述典范模型为我们呈现出"机会型个体创业"这一主范畴与其他副范畴之间的关系,继而初步构建主副范畴之间的假设关联。

1980年10月23日,此前曾两次到美国硅谷考察的中国科学院物理研究所研究员陈春先与6名科技人员一起,在北京市科学技术协会的支持下,成立了北京等离子体学会先进技术发展服务部。这一举动拉开了科技人员面向市场、自主创业的序幕。1984年前后,中关村地区有了一批"下海"经商的科技人员,他们通过创办民营科技企业的方式,探索科技成果转化为生产力的途径。到1987年,以"两通两海"(即四通公司、信通公司、科海公司、京海公司)为代表的近百家科技企业聚集在自白石桥起沿白颐路(今中关村大街)向北至成府路和中关村路至海淀路一带,再向东至学院路,形成大写的英文字母"F"型地区,被人们称为"电子一条街"。[①] 当时国家对电脑产品的贸易保护和屏蔽国际竞争,也对电子街的发展起到了很重要的作用。

通过对主范畴"机会型个体创业"的分析,我们可以看出,"电子一条街"所处的区域高校和人才集聚,这些科技人员对电脑等先进的科技产品有着强烈的需求,然而市场的封闭和贸易保护主义,使这种市场需求很难得到满足。这种市场

① "中关村国家自主创新示范区"官网[EB/OL].(2015-05-22)[2019-04-15].http://www.zgc.gov.cn/sfqgk/55179.htm.

需求催生了计划外的企业,通过经营贸易和技术服务,或给外国公司做 OEM 和销售代理,获得原始积累,凭一两种科研成果开始创业。但在计划经济体制下,这些企业无论是做贸易还是技术开发,都不得不面对因市场经济制度不健全而带来的种种困境(王缉慈,2001)。各副范畴与主范畴的关系如图 3.7 所示。

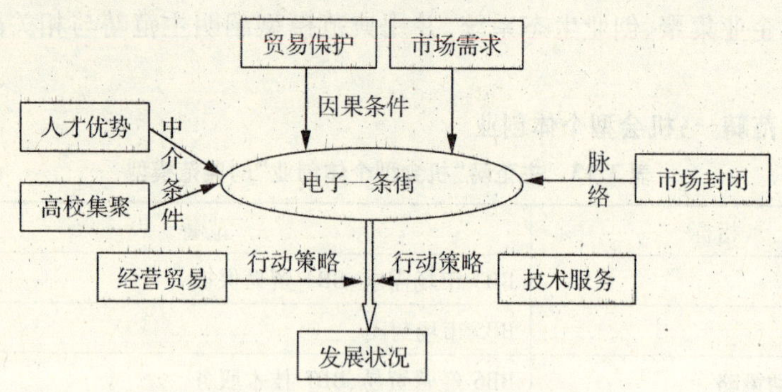

图 3.7 主范畴一:机会型个体创业

2. 主范畴二:政府主导园区创立

表 3.14 主范畴"政府主导园区创立"的典范模型

指标	范畴
因果条件	BB10 地理环境、BB11 创立条件、BB12 政府政策
脉络	BB15 人才集聚、BB16 产业基础
行动/互动策略	BB17 企业制度创新
现象	BB14 试验区创立
中介条件	BB13 创立背景
结果	BB18 技术创新

1987 年温家宝同志带领中共中央办公厅调研组总结了中关村"电子一条街"形成和发展的经验。在此基础上,1988 年 5 月国务院批准成立北京市新技术产业开发试验区(原海淀园,中关村科技园区前身),以中关村地区为中心,在北京市海淀区划出 100 平方千米左右的区域为北京市新技术产业开发试验区的政策区范围。可以看出,政府政策是这一阶段影响中关村区域变化的最关键的因素。

王缉慈(2001)在分析这一阶段的中关村后指出,其存在一系列阻碍建构区域创新创业环境的因素,包括:不成熟的企业制度,社会资本薄弱,外部环境不能为企业提供充分的支持与服务,没有真正形成专业化经济和发达的社会劳动分工,交易效率不高,等等。尽管这一阶段的中关村存在各种功能缺陷,但政府主导的园区的建立,促进了新企业的衍生和中小企业的发展、区域文化的变迁,使中关村由 20 世纪 80 年代初自发形成的"电子一条街"成为大规模的"技术园区”,成为中国高技术行业与国外接轨的智力平台。

通过以上分析可以看出,中关村在创立之初受到政府政策的影响,此阶段的核心就是创立试验区,这一区域不仅是市场经济制度试验区,也是企业制度创新试验区。主范畴“政府主导园区成立”与各副范畴之间的关系如图 3.8 所示。

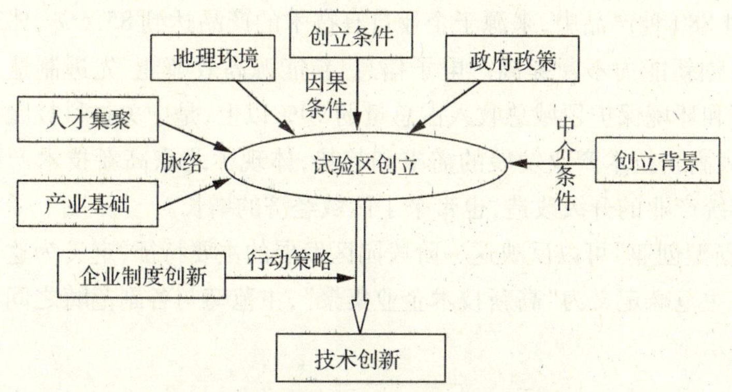

图 3.8 主范畴二:政府主导园区成立

3. 主范畴三:高新技术企业集聚

表 3.15 主范畴“高新技术企业集聚”的典范模型

指标	范畴
因果条件	BB19 技术转移、BB20 市场环境、BB21 商业模式创新
脉络	BB25 高端人才、BB26 企业上市
行动/互动策略	BB27 瞪羚计划、BB28 R & D 投入
现象	BB24 创新型创业
中介条件	BB22 创业扶持政策、BB23 法制环境
结果	BB29 区域经济增长

中关村科技园区是在迎接世界新技术革命浪潮的挑战,各国不断加强高新技术产业发展,国内深化改革开放的大背景下诞生的。经过 30 余年的发展,中关村完成了从中国科研中心向中国创新中心的转化。在这一阶段,中关村科技园已经形成了“一区十园”的跨行政区域的高端产业功能区。中关村科技园区发展进程中有限责任公司取得了显著的发展(其企业数占到中关村科技园区全部企业的 45%),符合现代企业发展规律,中关村成为企业制度创新发展基地。作为我国首个国家自主创新示范区,中关村积极推行先行先试的新政策、新举措,创新创业环境得到进一步优化。法制环境取得了突破,修订了《中关村国家自主示范区条例》,建立了鼓励科技人员创业及协同创新、加强技术转移与知识产权保护、促进创业投资等高新技术创业发展的体制机制。通过“瞪羚计划”解

决高科技中小企业“融资难”的问题；支持企业上市创业板融资，完善技术与资本高效对接机制。这些举措都吸引了海内外高端人才加速集聚。

2007年中关村科技园区企业R & D的经费支出有了较大的提高，达到了332.6亿元，是2000年的8.6倍，研发经费支出占总收入的比重达到3.7%。园区企业14 880种产品中，来源于企业自有技术的产品达到85.6%，体现了园区企业自主创新能力不断提高。电子信息、新能源高效节能、先进制造、新材料、生物医药和环境保护领域总收入占总量的90%以上，是中关村科技园区的重点产业，代表高新技术产业发展的需求和趋势，体现了北京高新技术产业发展的需要和传统产业的升级改造，也带来了区域经济的增长。

“创新型创业”可以反映这一阶段园区发展的主要特征，定义为这一阶段的主题词。主范畴定义为“高新技术企业集聚”，主范畴与各副范畴之间的关系如图3.9所示。

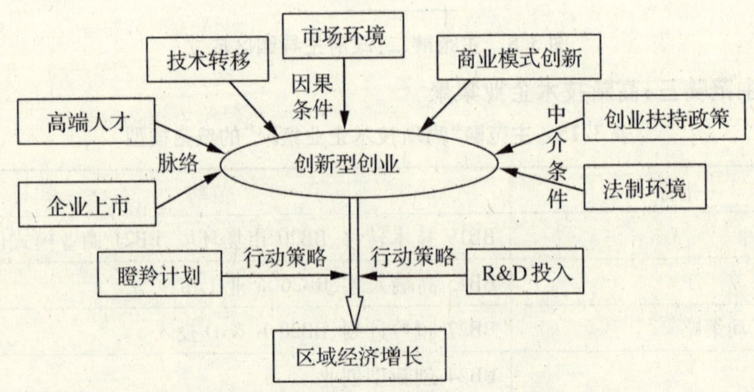

图3.9 主范畴三：高新技术企业集聚

4. 主范畴四：创业生态系统

表3.16 主范畴“创业生态系统”的典范模型

指标	范畴
因果条件	BB30 创业投资、BB31 创新能力、BB32 创新协作
脉络	BB36 创业服务环境、BB37 创业服务模式
行动/互动策略	BB39 产业联盟、BB40 风险补贴
现象	BB38 连续型创业
中介条件	BB33 社会环境、BB34 创业文化、BB35 科技金融
结果	BB41 战略性新兴产业策源地

中关村示范区持续构建创业政策支持体系，良好的创业服务环境和服务模式使中关村进入了创新创业快速发展阶段。根据《中关村指数2018》数据可

知,以2013年为基数,基数为100,2017年中关村指数提升到200.9,年均提高25.2。区内现有科技型企业超过20万家。

从中关村2011年样本民营企业的创业者看,共计有467位创业者各自都创立了2家以上企业,体现出明显的连续创业特点。中关村创业者有两条典型成长路径,"从工程师到技术企业家",再"从技术企业家至天使投资人"。在中关村,初步形成了与硅谷类似的"创业—成功—再创业"的良性循环,以及"创业—失败—再创业"的独特文化。经过几十年的发展,中关村创业者之间已建立以诚信为基础的社会网络。

目前,中关村拥有全国最优越的创业服务环境,这体现在拥有全国最密集的创业孵化服务机构,以及产业联盟发展迅速。根据《中关村指数2018》中关村的创投机构近1 500家。为适应战略性新兴产业与国际同步发展的要求,中关村示范区积极支持创业孵化机构、搭建对接高端产业资源的海外平台。此外,中关村还实施对创业投资机构的风险补贴政策。[①] 随着科技金融创新不断深化,科技与资本对接机制逐步完善。

中关村示范区百余家产业联盟涉及了战略性新兴产业的各种方面,成为企业共同投入解决技术、市场、知识产权、品牌等共性问题和获取外部资源的有效载体。诚信为基础的创业者社会网络加快了创新协作纵深发展,截至2018年年底,中关村累计成立产业联盟180余家,成员逾万家。创新协作增加了高新技术企业的创新能力,使中关村"六大优势产业"和"四大潜力产业"发展态势良好、产业集群日益壮大,凸显战略性新兴产业策源地特征。

中关村示范区涌现出众多新型创业服务模式,如创新工场:"早期投资+全方位孵化服务";车库咖啡:"创业者开放服务平台";常青藤创业园:"创业教育+创业辅导+常青藤计划";汇龙森孵化器:"平台建设+产业聚焦+创业投资";博奥联创:"创业导师+持股孵化";清华科技园:"'四聚'模式+创业投资+创新体系";联想之星:"创业培训+天使投资+创业联盟";亚杰商会:"公益性创业辅导平台";海滨创业服务中心:一个中心、两个突破、三个平台、六项服务;丰台创业服务中心:"5+2"模式[②];创客空间;36氪;等等。中关村示范区在移动互联网、云计算等领域涌现出一批创新能力强、成长性高、辐射带动作用大

① 按照2009年发布的《中关村国家自主创新示范区创业投资风险补贴资金管理办法》,中关村管委会实施对创业投资机构的风险补贴政策,对投资中关村示范区初创期科技企业的创业投资机构,按照其实际投资额的10%给予风险补贴。

② 中关村示范区2011年创业发展报告[EB/OL].(2015-05-22)[2018-09-13]. http://www.zgc.gov.cn/fzbg/yjkt/.

的平台型创业企业。

高端人才、创业资本、创新协作、创业服务环境和模式、独特的创业文化，这些要素在中关村示范区不断聚集，使其已经初步形成科技创业生态系统。本书将这一阶段的主题词定义为“连续型创业”，主范畴定义为“创业生态系统”，主范畴与各副范畴之间的关联如图 3.10 所示。

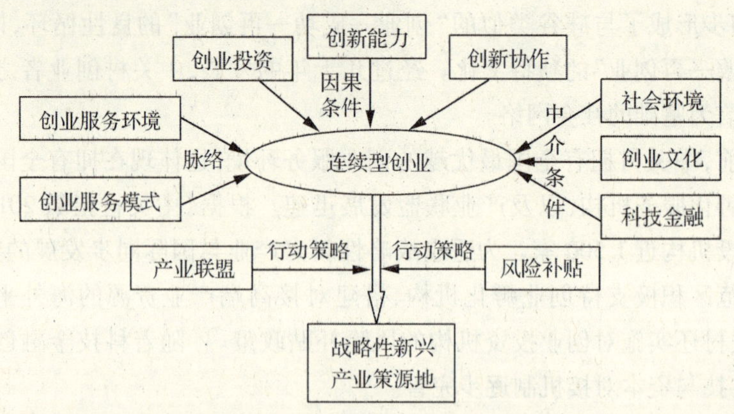

图 3.10　主范畴四：创业生态系统

3.4.3　选择性编码

1. 故事线

运用选择性编码，围绕主范畴，通过概念化主范畴描述的故事，我们可以开发出这样一条故事线：

故事主要是关于中关村国家自主创新示范区在成立、发展和壮大的过程中，其创业环境形成的轨迹。

中关村所处区域是中国最重要的文化教育区域，在空间特征上，中关村是我国智力最密集的地区，聚集着清华、北大等 73 所高等院校，拥有以中科院为代表的 232 家各级科研机构。科技人才集聚带来了对高技术产品的需求；封闭市场和贸易保护主义，使需求与供给难以平衡，催生了计划外发展高新技术的尝试，产生了机会导向的创业行为。进而这一区域成为我国最大的电子产品集散地——“电子一条街”。随着我国改革开放的深入，国际竞争与新技术革命发展，“电子一条街”的发展引起了党中央和国务院的高度重视，并在此基础上成立了新技术产业开发试验区。中关村的发展进入了有规划的园区时代，成为探索“以企业为主体、市场为导向、产学研相结合，以开放式自主创新为核心的高科技产业发展道路”的重要基地。全新的发展目标、大规模基础设施建设、市场环境逐步开放、R & D 投入快速增长、法制环境进一步完善，中关村吸引了更多海内外高端技术人才和国际高新技术企业。瞪羚计划等众多创业扶持政策的出台,鼓励了工程师转变为技术企业家,加速了以技术创新为核心的企业诞生。高新技术企业集聚,获得了外部规模经济和范围经济,形成了产业联盟,同时也促进了学习型经济的发展(王缉慈,2010)。技术创新的过程是行为主体互动的社会过程,本地企业与大学和科研院所之间开放而富于创新的知识网络是高技术创新区域的核心体现(Saxenian,1994),区域的创新协作成为可能。高新技术创业企业集聚,对区域的创业服务环境和模式提出了新的要求。中关村示范区经过30余年的发展,社会环境得到了极大的改善,通过政府产业、财政等多项政策的引导,建构了比较完善的科技创业服务体系,塑造了"连续型创业"的独特文化,中关村示范区已经呈现出我国战略性新兴产业策源地和"积累反馈循环"[①]的特征,形成以高新技术为核心的创业生态系统。

2. 核心范畴

通过对41个范畴的深入探析,尤其是对机会型个体创业、政府主导园区成立、高新技术企业集聚、创业生态系统这四个主范畴及相应副范畴之间的关系分析,同时与原始资料进行比较,笔者认为可以用"机会主导科技型创业环境演进"能够较好地诠释整条故事线。通过对中关村示范区发展的历史和现状的分析,我们可以发现高新科技发展带来的创业机会在创业环境演变中有关键性的作用,政府及政府政策在中关村示范区创业环境形成过程中也有非常重要的影响。

3.4.4 中关村示范区案例小结

中关村示范区所在区域具有独特的地理区位优势,即大量的科技人才集聚。改革开放之初,市场和制度的缺陷使得科研成果与经济脱节,科技产品供给与需求不均衡。促使追逐机会的科技人才进行创业,为中关村示范区高新技术产业导向奠定了基础。

随着经济改革开放的深化、市场需求迅速增长和企业制度的创新,在政府的大力支持下,中关村从电子一条街演变成北京市新技术产业开发试验区,继而在政府主导下形成有规划、大规模的科技园区。中关村科技园针对科技企业发展,制定了一系列的创业扶持政策,完善法制和市场环境。中关村最重要的贡献是它孵化出了中国最重要的一些IT企业和支撑IT企业的人才(王缉慈,

---

① Castells(1996)认为当代经济发展是以创新和创新应用的"积累反馈循环"(accumulation feedback loop)为特点的。

2001)。中关村示范区拥有具有行业引领和创新辐射作用的龙头企业，如北大方正、联想、搜狐、新浪、百度、京东等。这些企业引导着所在行业的创新和成长，是产业生态群的节点，有很好的技术和人才溢出效应，促进着高新技术企业集聚，对所在区域的发展起到了引领和催化作用。

高新技术企业集聚发展对中关村示范区基础设施、创业服务环境和模式、人才结构等方面都提出了新的要求。如上文所述，中关村示范区拥有全国最优越的创业服务环境、创新的创业服务模式，塑造了"连续型创业"独特的创业文化。高新技术企业发展特别需要跨学科、跨行业的产学研合作和隐含经验知识的交流，不仅包括"经济网络"，更重要的还有"社会网络"。经过30余年的发展，中关村示范区已经形成了诚信互动的文化氛围，不同学科、不同产业主体创新协作纵深发展，法制环境的不断完善也促进了创新创业"社会网络"的形成。

中关村示范区现已形成了多种不同形态的创业类型，包括同学同事组成团队创业、留学生等高端人才创业、科研技术人员独立创业、高校院所衍生企业、企业集团内部创业、大学生创业等。同时，涌现出多个富有成效的创业模式，主要有产学研相结合模式，围绕新兴领域创业模式、商业模式创新驱动模式、风险投资助推模式、政府支持助推模式、社会资本扩散模式等。中关村示范区已经成为我国高新技术创新创业的乐土，不同主体灵活有效互动初步形成了"创新创业生态系统"，引领我国高科技产业发展方向。

本书用"机会主导科技型创业环境演进"来表示中关村示范区创业环境形成演变过程。回顾中关村示范区发展历程，可以从中概括出一条典型区域创业环境形成路径，如图3.11所示。

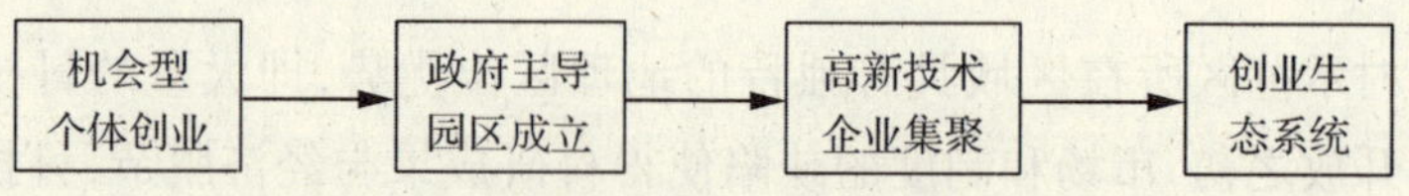

图3.11　中关村示范区创业环境形成路径图

3.5　本章总结

本部分研究主要通过对苏州工业园区和北京中关村国家自主创新示范区的案例分析，得到了"政府主导外向型创业环境演进"和"机会主导科技型创业环境演进"两种区域创业环境形成路径。深入比较这两种不同区域创业环境形成路径，可以更好地阐明区域创业环境的形成机理，并为相关政策建议提供参考。

3.5.1 两种创业环境形成路径的特征分析

1. 政府主导外向型创业环境演进的特征

顾名思义,政府主导外向型创业环境演进是说政府在创业环境形成过程中发挥着非常重要的作用,是区域创业环境形成的源动力。同时,在创业环境形成过程外向型经济发挥着非常重要的作用。作为一种区域创业环境的形成机理,“政府主导外向型创业环境演进”有以下三个特征:

第一,政府政策是区域创业环境形成的源动力。

政府既作为苏州工业园区建设的引导者和组织者,同时又在区域创业生态体系的构建中起主导作用,政府将制度创新和配套服务贯穿在区域创业环境形成过程中。无论是在企业战略管理外部环境研究中,还是在企业创业环境研究中,政府都是一个重要的研究对象。在园区建设之初,政府更多地考虑如何让企业带动区域经济的增长,政府的职能更多地体现在招商引资方面。随着园区的发展,政府将注意力的重心转移到社会发展和可持续发展方面,政府的职能也转变为协调各创业主体的关系、引导经济发展。

第二,外向型经济促进区域创业环境的形成。

如上文所述,苏州工业园区是中新政府合作项目,苏州工业园的招商引资具有外向型的特点,占据了对外开放的先行优势,并在发展中保持和扩大了这一优势。截至2018年年底,苏州工业园区累计进出口总额1 035.7亿美元,其中出口总额499.54亿美元;高新技术产品出口352.71亿美元,占比70.61%,出口总额和高新技术产品出口比重优于北京中关村,详见表3.17。截至目前,已有92家世界500强企业在苏州工业园区内投资,其投资项目总计150个,其中上10亿美元的项目有7个,上亿美元的项目有136个。此外,有39家跨国公司的地区总部和功能性机构位于园区内。并且,园区的出口结构保持在相对理想的状态。这些都反映了苏州工业园区参与国际分工和协作的能力较强,且其发展呈现升级的趋势。

跨国公司在全球配置其产品研发、生产和销售,形成全球价值链及其生产网络。全球生产的片段化加速了知识的分解和创新的扩散,使全球价值链上的创新过程被垂直分解和重新建构,为发展中国家本土企业提供在价值链中学习和创新的机会(王缉慈,2010),从而带动区域内相关企业的成长。

表 3.17 2016 年两地国际经贸参与度比较情况

地区	中关村	苏州工业园区
出口总额/亿美元	257.35	378.06
高新技术产品出口比重/%	19.10	66.33
世界 500 强企业数目/个	130	92

数据来源:《中关村指数 2014》《苏州工业园区 2013 年 12 月统计月报》。

第三,协同创业是区域创业活动的持续驱动力。

从苏州工业园区目前的发展状况来看,可以说是高校和研发机构集聚、区域人才结构国际化和高智力化、科技服务体系初具规模、科技创新创业政策丰富。由此可见,苏州工业园区已从早期的招商引资型经济开发区,演变为以科技创新带动创业的技术开发区。根据创新三螺旋理论,协同创新是指企业、高校以及科研机构之间围绕技术与产品创新而开展的合作,主要涉及信息、技术、人员及其他资源的交互和流动。协同创业的主体更多,包括了政府、金融机构、中介服务机构、创业个体等,这些主体相互作用,形成了区域创业生态系统。当系统内各主体相互协调、互相匹配,区域创业活动就能持续快速发展。

2. 机会主导科技型创业环境演进的特征

"机会主导科技型创业环境演进"是指创业机会在区域创业环境的形成过程中有非常重要的作用,科技企业是区域创业环境演进过程中的关键主体。作为一种区域创业环境形成机理,"机会主导科技型创业环境演进"有以下三个特征:

第一,机会是区域创业环境形成的源动力。

机会视角的创业研究的基本结论是,创业就是"不拘泥于当前资源条件的限制对机会的追寻,将不同的资源组合以利用和开发机会并创造价值的过程"(Stevenson 和 J. Brrilo,1990)。在经济处于持续不均衡和变化的状态下,创业者会把资源转化为他们认为更有价值的形式,即新的产品或服务、组织方式、生产方法、市场或材料。创业过程从感知机会的存在或重新配置资源以创造潜在利润开始,如有洞察力的个体(这里是指创业者)发现机会,筹划如何利用机会,然后通过获取资源、确定组织形式、制定和实施创业战略等活动来开发机会。中关村地区在 20 世纪 80 年代初,由于其独特的地理区位、特殊的市场和经济环境,产生了创业机会,驱使科技人才在此集聚创业。

第二,政府政策促进区域创业环境的形成。

从中关村示范区的发展历程可以明显地看出,从"北京市新科技产业开发试验区”到“中关村科技园区”，再到“中关村国家自主创新示范区”，这其中政府都是影响区域环境演进的重要主体。中关村科技园区正式成立之后，中央政府和北京市对中关村的政策支持力度加大，政策因素对中关村影响更加显著。表现为中关村基础建设投资巨大；金融体制改革步伐加快；对外开放扩大，招商引资力度加强；出现新的创业趋势，并形成以年轻技术管理骨干和回国留学人员为主体的第二代或第三代中关村企业家队伍（王缉慈，2010）。政府政策对中关村的影响还体现在塑造区域自主创新、连续创业的氛围上。随着政府支持力度的加大，中关村示范区整体创新创业环境不断完善，逐渐成为创新创业人才、企业、技术、资本等高端要素集聚的区域。

第三，创新是区域创业活动的持续驱动力。

这里的创新不仅是指技术创新，还包括商业模式创新、创业服务模式和内容的创新等。从中关村区域环境的演进过程可以看出，技术创新与技术型创业紧密相关，影响区域创业活跃度和绩效。从《中关村指数 2018》报告可以看出，创新引领能力持续增加、加快构建“高精尖”经济结构、双创生态更具活力、开放协同能力不断增加、国际一流宜居宜业环境加快构筑，影响了创业服务资源的聚集。目前，中关村聚集了一大批创新型孵化器、信用评级机构、知识产权机构、行业协会、开放实验室等创新创业服务资源。此外，中关村以全球视野谋求创新合作，英特尔实验室、Plug & Pay 等一批国际知名孵化器入驻中关村。创新带来的创业资源和创业网络，使得近几年中关村创新环境指数快速增长，创新创业生态系统初步形成，持续驱动区域创业活动。

3.5.2 两种创业环境形成路径的比较

1. 两种区域创业环境形成路径的共同点

(1) 区域创业环境形成的共同要素

比较两种创业环境形成路径，可以发现尽管两种形成路径存在差异，但有一些要素在两种路径中都起着非常重要的作用。影响区域创业环境形成和发展的共同要素包括政府政策、高端人才、科技金融、创新创业服务平台（孵化器、产业联盟）、创业服务支持体系、创业文化氛围等。

政府的财政引导、税收优惠、人才政策、产业扶持、金融扶持、知识产权保护等方面的政策，影响了区域创业环境的形成和发展。创业政策本质上就是刺激创业，减少初创企业面临的不确定性。苏州工业园区和中关村示范区都制定有成体系的人才政策，吸引高端人才集聚，相关人才政策情况如表 3.18 所示。人才在市场中发现机会，还需要掌握必要的创业要素，才可能产生创业行为。创业服务平台和创业服务支持系统正是提供创业要素与给予创业辅助的关键。某一区域创业环境的形成与创业文化氛围密不可分。Saxenian(1996)通过研究美国创业活动最活跃的两个地区硅谷和128公路后发现,这两个地区创业活动的差异与其文化和制度环境因素有关。

表3.18　中关村与苏州工业园区人才政策情况

地区	中关村	苏州工业园区
方式	项目资助、工资福利、税收优惠、投融资、培训交流、生活配套、家属子女安置等	项目资助、工资福利、税收优惠、投融资、培训交流、生活配套、家属子女安置等
对象	一般技术人员的扶持政策较缺乏	一般技术人员、高级技能人员、高层次人才和人才团队
执行管理	明确了相关各方的归口执行和管理部门	明确了相关各方的归口执行和管理部门
可操作性	有细化和量化的指标	有细化和量化的指标
区级项目	北京中关村"高聚工程"计划	科技领军人才、"金鸡湖双百人才"计划

资料来源:根据中关村和苏州工业园区人才政策相关内容整理。

(2) 协同创业是共同的选择

传统的产业集聚理论一般只是把企业集聚区域作为企业的经营地点,而新的集群概念是把企业集聚区域作为企业的互动地点,通过互动特别是知识的互动来实现创新,企业是根植在更方便的制度环境中的学习型组织(王缉慈,2010)。企业集聚不仅产生外部规模经济和范围经济,更重要的是其技术溢出促进学习型经济的发展。技术创新和创业的过程都是创业主体互动的社会过程,需要创业者、企业、政府、中介机构等主体发挥协同效应,互动来自基于信任的社会网络。《硅谷前锋:创新和创业的栖息地》也提出,硅谷最大的特点是其作为"高科技技术创业精神的栖息地",社会组织大量存在,社交活动频繁发展,对促进信息沟通和合作发挥了重要作用。创业是一个由多个创业主体和要素参与的复杂过程,各主体和要素需要相互协调,产生整体大于部分之和的效应,使创业资源效益最大化。

(3) 创业生态系统是共同目的

在经济系统中,园区就像生态系统中的生物群落一样,在一定的空间、时间范围内,园区内的企业以某种关联形成集群,继而在集群内、集群间以及集群外形成资源、信息、知识的交流传递和动态演进(肖勇军,2012)。区域创新创业环境是由协同创业的创业者、创业资源、创业行为相互作用形成的生态系统。创业生态系统的形成,将有助于实现创业资源的流动和区域创业环境的动态可持续发展;通过深化产学研用合作促进技术资源由高校院所流向产业界;借助创业企业融资服务网络加速社会资本流向创业企业;建设和完善市场化的创业服务平台以促进创业要素的融合;加强统筹协调与多边合作并发挥新型社会组织的枢纽作用。

2. 两种区域创业环境形成路径的差异

(1) 区域创业环境形成的源动力不同

"政府主导外向型创业环境演进"中区域创业环境形成的源动力是政府政策,而"机会主导科技型创业环境"演进中的源动力是创业机会。造成这种差异的原因主要是区域资源禀赋的差异。中关村具有的独特地理区位优势,聚集了创业所需的人才等资源,科技人才能够利用机会进行聚焦创业,"电子一条街"与产业集群类似。苏州工业园区并不具备这样的资源,其自一开始就是政府政策的产物。从理论渊源和发展历史上看,产业园区的地理邻近和产业集群中的企业集聚有某种程度上的同一性,但这两组概念的来源完全不同。前者主要是外力驱动,而后者是内力驱动。园区作为政府在基础设施方面投资区域,是一种吸引外资和创造就业的重要政策手段;而产业集群则是促进企业繁衍及其互动和创新的发动机(王缉慈,2010)。

在全球化和知识经济背景下,区域创业环境的形成与发展已经不可能再依靠传统的对土地、资源、产品等物质资源的占有。如同社会财富的价值越来越多地蕴藏在全球商品链的资金流、物流、信息流和人流中,区域创业环境的资源禀赋也更多地体现为对诸种流动资源的吸引力和利用这些资源创造新价值的能力。因此,需要创造良好的软环境,挖掘区域中技术创新和文化创造力,加强地区知识接收能力,从而提高区域创业活跃度,促进区域经济发展。

(2) 资源传导机制不同

"政府主导外向型创业环境演进"路径包括,政府主导园区成立、外资企业集聚发展、共生集群、协同创业四个阶段,由此可以看出跨国公司在苏州工业园区创业环境形成过程中发挥着重要的作用。跨国公司通过对外直接投资内部化实现其技术转移,这种技术转让行为为当地带来外部经济,此即技术溢出效应。① 在苏州工业园区创业环境形成过程中,资源首先在跨国公司与本地企业

---

① 百度百科"技术溢出词条"[EB/OL].(2015-05-22)[2018-07-16]. http://baike.baidu.com/link? url=vWwW3_L6t38lqr566wBrcr-rmghVQIP9lNqRDvL_308dMdq0-r9puEvwFnKeM8QHrXK5UVPWINhkWLrQy1geI.

之间传导，通过技术溢出效应提高本地企业的创新能力，形成了较为封闭的资源传导方式。随着园区的发展，高校和科研机构的集聚，政策引导资源在更多主体间传递。“机会主导科技型创业环境演进”路径包括，机会型个体创业、政府主导园区成立、高新技术企业集聚、创业生态系统四个阶段，由此可以看出自主创新是中关村示范区创业环境形成的核心，政策引导资源在创新创业网络间传递，形成了较为开放的资源传导方式。苏州工业园区与中关村示范区创新创业政策的差异详见表3.19。

表3.19 苏州工业园区与中关村创新创业政策对比

类别	中关村	苏州工业园区	比较
法规文件	《中关村国家自主创新示范区条例(2010)》；同时废止2000年的《中关村科技园区条例》。	无	苏州工业园无该层次的条例(此条例应该已经属于法律的范畴)。
人才政策	《中关村高端领军人才聚集工程实施细则(2010)》；《关于中关村国家自主创新示范区建设人才特区的若干意见》(中共中央组织部，2011年)；《海淀区引进和激励高端创新人才实施办法(2009)》；《海淀区高层次人才聚集服务实施办法(试行)(2010)》；《海淀区促进人才创新创业发展支持办法(2012)》。	《关于在转型升级发展中进一步加强人才工作的若干意见(2010)》；《关于实施苏州工业园区“金鸡湖双百人才计划”的若干意见(2010)》；《苏州工业园区鼓励科技领军人才创业工程实施意见(2007)》；《关于苏州工业园区鼓励科技领军人才创业工程实施意见的补充意见(2009)》；《苏州工业园区关于进一步推进科技领军人才创业工程的实施意见(2012)》；《园区工委、管委会关于苏州工业园区吸引高层次和紧缺人才的优惠政策意见(2013)》；市级人才政策9项；省级人才政策12项。	数量上：苏州工业园区较中关村多。 内容上：苏州工业园区的人才政策包括项目资助、工资福利、投融资、培训交流、生活配套等各个方面。 对象上：苏州工业园区的人才政策引进对象囊括了一般技术人员、高级技能人员和高层次人才，但重点对象是高层次人才，尤其是海归高层次人才。另外，除了国家、省、市的人才项目外，苏州工业园区单独设立了两类人才项目政策。 总体来说，两者人才政策相当。
政府采购	《北京市自主创新产品政府首购和订购实施细则(2009)》；《海淀区政府采购自主创新产品目录编制暂行办法(2009)》。	《江苏省自主创新产品认定管理办法(试行)(2006)》。	除了省级的政策外，苏州市、苏州工业园区关于自主创新产品在政府采购方面没有专门的政策和规定。

续表

类别	中关村	苏州工业园区	比较
金融支持	《中关村国家自主创新示范区科技金融创新工程工作方案》(中关村管委会,2010年);《中关村国家自主创新示范区创业投资风险补贴资金管理办法(2011)》;《海淀区促进科技金融创新发展支持办法(2012)》;《中关村国家自主创新示范区企业中小微企业担保融资支持资金管理办法(2014)》;《中关村国家自主创新示范区中小微企业银行信贷创新融资支持资金管理办法(2014)》等17条。	《关于进一步鼓励和扶持企业上市的实施意见(2011)》,《苏州工业园区管委会关于新三板政策的抄告单(2011)》,《苏州工业园区科技型中小企业贷款贴息实施细则(2009)》,《关于促进苏州工业园区股权投资产业发展的若干意见(2010)》,《苏州工业园区创业投资引导基金管理暂行办法(2010)》,《苏州工业园区科技型中小企业统贷平台管理办法(2012)》,《关于推进苏州工业园区科技保险试点工作的实施意见(2012)》,《苏州工业园区新兴产业融资风险补偿专项资金管理暂行办法(2012)》;市级金融支持政策7项;省级金融支持政策2项。	数量上:苏州工业园金融支持政策比较多。 内容上:苏州工业园金融支持政策包括了投资融资、贷款融资、科技保险、创业投资发展、上市扶持、新三板扶持、创投风险补偿等方面。 对象上:苏州工业园金融支持政策设置了比较高的门槛,例如要求为经认定的高新技术企业、技术先进企业,领军人才企业等,或限定某些行业的企业;对于急于支持的一般中小企业帮助不大。
高科技企业	《关于促进中关村高新技术企业发展的若干意见(2010)》;《关于完善中关村国家自主创新示范区高新技术企业认定管理试点工作的通知(2011)》;还有其他政策中涉及针对高新技术企业在财政资助、税收、金融等方面的支持。	《关于继续实施〈苏州工业园区高新技术企业认定管理办法〉的通知(2012)》;《关于苏州工业园区高新技术企业政策的抄告单(2010)》;《苏州工业园区高新技术企业认定管理办法(2009)》;还有其他政策中涉及针对高新技术企业在财政资助、税收、金融等方面的支持。	两者基本一致。
中小企业	《中关村国家自主创新示范区科技型中小企业信用贷款扶持资金管理办法(2010)》;《海淀区促进中小微企业发展支持办法(2012)》;《中关村国家自主创新示范区科技型企业孵化集聚区管理办法(试行)(2014)》;《中关村国家自主创新示范区企业中小微企业担保融资支持资金管理办法(2014)》等。	《苏州市民营经济(中小企业)扶持项目资金管理办法(2005)》;《苏州市科技型中小企业信贷风险补偿专项资金管理办法(试行)(2009)》;《苏州工业园区科技型中小企业贷款贴息实施细则(2009)》;《苏州工业园区科技型中小企业统贷平台管理办法(2010)》。	苏州工业园区中小企业扶持政策在体系上不完善,内容上不全面,且对扶持的对象有一定限制门槛,例如要求扶持对象为经认定的高新技术企业、技术先进企业,领军人才企业等,或限定某些行业的企业等。北京在融资、孵化、创业服务等方面逐渐完善。

续表

类别	中关村	苏州工业园区	比较
知识产权	《中关村专利促进资金管理办法(2011)》;《中关村技术标准资助资金管理办法(2011)》。	《苏州工业园区知识产权专项资金管理细则(修订)(2012)》;《苏州工业园区知识产权专项资金管理办法(2013)》;《苏州工业园区知识产权优势、重点企业认定办法(试行)(2010)》。	两者在知识产权奖励方面的相关政策类似。
公共服务平台	《中关村开放实验室实施试行办法(2006)》;《海淀区促进公共技术服务平台发展实施办法(2009)》;《北京市中小企业公共服务平台管理暂行办法(2012)》。	《苏州工业园区科技公共服务平台管理暂行办法(2008)》;《苏州工业园区科技服务平台开放共享实施意见(2008)》。	两者在公共服务平台方面的政策类似,主要涉及管理和资助方面。
成果转化和产学研合作	《北京市科委关于促进科技成果转化若干规定的实施办法(1999)》;《海淀区促进重大科技成果转化和产业化支持办法(2009)》;《海淀区促进产学研合作实施办法(2009)》;《开展高等学校科技成果处置权管理改革(2014)》;《开展高等学校科技成果收益分配方式改革(2014)》;《中关村国家自主创新示范区发展专项资金管理办法(2011)》等。	《江苏省省级科技创新与成果转化(自然科学基金)专项引导资金管理办法(试行)(2008)》;《江苏省省级科技创新与成果转化(重大科技成果转化)专项引导资金管理办法(试行)(2008)》;《江苏省省级科技创新与成果转化(科技服务平台)专项引导资金管理办法(试行)(2008)》;《江苏省产学研联合创新资金管理办法(试行)(2008)》。	苏州市和园区没有这方面相应的政策。江苏省的政策主要方式是项目资助;北京的成果转化和产学研政策已经逐步完善,涉及利益分配,成果处置权,资金补助等各方面,另外还开始涉及产学研合作的国际化方面。苏州在这几方面较缺乏。
孵化器	《海淀区促进科技企业孵化器发展暂行办法(2009)》;《中关村国家自主创新示范区大学科技园及科技企业孵化器发展支持资金管理办法(试行)(2011)》;《北京市关于进一步加强科技孵化体系建设的若干意见(2010)》。	《关于加快苏州工业园区科技服务业发展的试行办法(2006)》。	苏州工业园区无专门针对孵化器的政策,在《关于加快苏州工业园区科技服务业发展的试行办法(2006)》中有涉及,但不够细化;北京市在孵化器的发展方面已经有较为完善的关于资金、经营活动、人才、场地等方面的扶持政策。

续表

类别	中关村	苏州工业园区	比较
协会商会	《中关村国家自主创新示范区协会商会组织发展支持资金管理办法(2010)》;《中关村国家自主创新示范区社会组织登记管理办法(2012)》。	《关于加快苏州工业园区科技服务业发展的试行办法(2006)》。	苏州工业园区无专门针对协会商会的政策,在《关于加快苏州工业园区科技服务业发展的试行办法(2006)》中有涉及,但无具体可操作的措施;北京市已经有较为完善的关于注册登记,以及在资金、经营活动、人才、场地扶持等方面的政策。
中介机构	《中关村国家自主创新示范区企业购买中介服务支持资金管理办法(2010)》;《海淀区促进科技中介发展实施办法(2009)》;《海淀区促进科技服务业发展支持办法(2012)》;《中关村国家自主创新示范区创业服务体系发展支持资金管理办法(2013)》;《关于支持知识产权和标准化服务业在中关村示范区集聚创新发展的办法(试行)(2012)》。	《关于加快苏州工业园区科技服务业发展的试行办法(2006)》。	苏州工业园在《关于加快苏州工业园区科技服务业发展的试行办法》中涉及该方面,但比较粗;北京市已经有较为完善的针对中介机构在资金、经营活动、人才、场地等方面的扶持政策。
战略性新兴产业	《中关村国家自主创新示范区战略性新兴产业中小企业创新资金管理办法(2010)》;《海淀区促进重点产业发展支持办法(2012)》。	《关于加快苏州工业园区软件产业和集成电路设计产业发展的试行办法(2006)》;《关于促进苏州工业园区服务外包发展的若干意见(2007)》;《关于加快原创动漫、游戏产业发展的意见实施细则(2010)》;《园区管委会关于苏州工业园区进一步促进生物医药产业发展的若干意见(2014)》;《苏州工业园区关于进一步推进纳米技术创新与产业化发展的若干意见(试行)(2011)》;《园区管委会关于苏州工业园区推动云计算产业培育发展的若干意见(2014)》等14条。	与北京中关村相比,苏州工业园区在战略新兴产业方面的政策较为细致和全面:行业上涵盖了软件、集成电路、服务外包、生物医药、纳米技术、动漫、云计算等在内的园区的所有新兴产业;对每一个新兴产业都单独编制了扶持政策,内容涉及直接补贴、税收、人才、投融资、日常运营支持等各个方面,比较具体,可操作性强。

续表

类别	中关村	苏州工业园区	比较
文化创意产业	《北京市促进文化创意产业发展的若干政策(2006)》;《海淀区文化创意产业专项资金管理办法(2010)》。	《苏州市人民政府关于加快文化事业和文化产业发展若干经济政策的意见(2007)》;《关于加快原创动漫、游戏产业发展的意见实施细则(2009)》;《关于促进园区服务外包发展的若干意见(2007)》等。	两者差不多,苏州在文化创意产业方面做得比较好。

三螺旋理论解释了区域内的资源传导。Etzkowitz 和 Leydesdorff(1995)利用生物学中的三螺旋原理,提出大学、企业和政府的三螺旋理论,用来解释社会经济发展中大学、企业和政府之间的相互作用关系。出自对各自利益的追求,以及区域经济发展的需求,大学、企业和政府三者基于结构性的安排与制度性的设计等相互联系,进而交互作用并呈现螺旋上升的趋势,从而实现三者之间资源最大化共享与信息充分沟通的目标。三者之间的相互作用是改善创新创业环境和优化创新创业资源的关键(埃茨科威兹,2005)。

关于创业资源在某一区域内的传导机制问题,很多学者从社会网络理论视角对世界各地的创业区域进行了大量的研究,认为美国学者安纳利·萨克森宁在她的名著《区域优势:硅谷和 128 号公路的文化和竞争》中通过重点研究比较硅谷与波士顿 128 号公路地区的创业活动后指出:硅谷的优势在于其以网络为基础的产业体系鼓励分享、协作和竞争,形成了崇尚开放与合作的社会关系网络,这与波士顿 128 号公路地区的崇尚等级、孤立和封闭不同。而这种差异导致了硅谷和波士顿 128 号公路地区的创新创业发展完全不同的路径和结果。

可以看出,政府政策影响了资源传导机制,不同的资源传导机制影响了区域内各创业主体之间的关系以及基于此所构建的社会网络和创业文化,并最终影响了区域创业环境的形成。

3.5.3 小 结

本部分研究运用扎根理论方法,对苏州工业园区和北京中关村国家自主创新示范区进行案例研究,得到了两条不同的区域创业环境形成路径,即“政府主导外向型创业环境演进”和“机会主导科技型创业环境演进”。两种区域创业环境演进过程受一些共同要素的影响,这些共同因素如政策、创业资源、创业氛围等,目标是通过协同创业形成区域创业生态系统。

两种路径也存在差异,造成区域创业环境形成机制的差异有主要有两个方面，一是资源禀赋，二是资源的传导机制。创业主体要想从环境中顺利获取必要的资源，从系统的角度来看，外部环境必须具备以下两个基本条件：第一，能供给这些资源；第二，能够保障资源获取。通常把提供资源的环境称为直接匹配环境要素；把保障资源获取的环境称为间接匹配环境要素，这两类环境相辅相成，共同作用于创业主体。技术、资金及人才环境要素是直接匹配环境要素，它们直接提供创业主体所需的资源；政策法规、文化、市场等环境要素是间接匹配环境要素，它们保障创业主体所需资源的获取（张捷，2010）。

本章一开始提出的命题得到了验证。由于各区域资源禀赋和传导机制的差异，区域创业环境的形成路径存在差异，但都通过一个或多个创业主体相互获取并传导资源，各创业主体协同创业，最终形成复杂的区域创业生态系统。良好的创业生态系统能够让区域内的各类创业主体有效实现协同创新，利用区域优势进行资源配置、风险分散、知识流动等，从而突破创业主体间的壁垒，让人才、资本、信息、技术等创新要素充分而自由地整合与流动，减少资源的分割、浪费和重复，有效提高区域的创新创业效率，达到非线性成长的效果（董洁林等，2015）。

4 区域创业环境访谈研究和内容分析

由上一章案例分析的研究结果可以发现，在区域创业环境的形成过程中有一些共同起作用的要素。区域创业环境到底包含哪些要素？对特定区域创业环境的界定与测量，将使这方面的研究更具有针对性，并有助于提高对相应结果的预测效度。明晰的概念界定是探讨变量之间关系的基本前提，本部分研究将基于创业与创业环境的相关理论研究，对区域创业环境概念进行旁征博引，并通过访谈研究、焦点小组讨论及内容分析等方法，深入挖掘其内在的理论基础，找准区域创业环境的自身定位，并在此基础上科学界定其概念与内容结构，以提高后续研究的信度和效度。

4.1 研究目的、假设与方法

4.1.1 研究目的

已有的理论文献对环境的认知有两种观点：一是环境决定论，即把环境看作组织必须去适应的一系列外部条件；二是战略选择论，即把环境看作组织自身感知的“客体”（蔡莉等，2007）。无论是环境决定论，还是战略选择论，都认为环境是组织行为及绩效的重要影响因素。创业环境是目前创业研究的热点之一。区域创业环境是区域创业活跃度的一个重要的决定性因素，换言之，区域创业活跃度受到创业环境的制约。

以往的创业研究成果表明，外部环境资源影响创业活动的产生和发展，为创业提供赖以生存的客观条件。反过来，创业活动也可能改善环境资源条件，形成循环上升的关系。根据本书第三章的研究结论，我们可以看出，在区域创业环境的形成过程中，区域的创业资源聚集往往伴随着区域内部的创业活动的发展。创业促成产业集群，形成企业网络；创业能发掘新的市场需求，尤其是基于新技术的创业，甚至能开创新的产业，为其他新企业进入提供机会；在创业过程中，大学、政府和科研机构通过连接，建立商业机构，将利润再投资，改进区域创业环境，推动后续新的群体进入（高建等，2007）。我国各地区的创业水平差距异常显著，且以每万人在过去三年的新增私营企业数衡量，活跃地区和不活跃地区的 CPEA 指数差距在逐渐扩大。这种差距是什么原因造成的？本书第三章通过区域创业环境的形成机理解释了环境要素和环境主体之间的映射机理。鉴于创业环境对创业活动的深刻影响，深入了解区域创业环境的构成体系，对于解释区域创业活动的差异，以及探索区域创业环境对创业活动的作用机理，以及构建合适的区域创业环境都有重要意义。

区域创业环境的概念构思是本书需要解决的关键问题，本书这一部分内容旨在通过半结构化的深度访谈（in-depth interview）的方法，了解创业相关主体对区域创业环境的内涵和作用的理解，并通过内容分析，确定区域创业环境的关键要素，在一定程度上验证所指出的区域创业环境概念构思模型。另外，通过访谈，初步了解区域创业环境对创业活动的影响方式。

4.1.2 研究假设

创业活动是更深层因素的映射，Glaeser 等人（2010）提出各地创业差异可能假设：创业效果差异；创业投入可获得性差异；创新想法供给的差异；地区文化、政治体系、养老保险的差异。其中后三个假设都属于创业环境供给曲线的差异。环境是一个外延很大的抽象概念，可以把创业环境要素视为创业过程外部影响因素的集合。区域创业环境理论研究的基本假设是社会环境能够用有限的维度表示出，但众多创业环境分析维度造成了混乱，也影响了研究进展。整体量表的优势在于其给出了研究对象的总体图景（Ashkanasy 等，2002），而特定的维度则更准确、更有针对性。

一些学者尝试从不同视角来整合区域创业环境要素。Saxenian（1999）通过对硅谷地区移民创业者的研究，探讨了当地的创业环境，主要包含以地区网络为基础的工业体系、密集的社会网络、开放的人才市场、地区的社会文化氛围。Shane（2003）认为创业环境包括经济环境、政治环境和社会文化环境。经济环境包括收入、资本税和财产税，经济增长和社会财富，低通货膨胀率和稳定的经济条件。政治环境包括自由、法律和财产保护方面的有力措施、地方分权。社会文化环境包括对创业的社会尊敬、创业的压力和特定的文化信仰。Grundsten（2004）把创业活动外部影响因素分为感性环境要素和理性环境要素。蔡莉等人（2007）依据资源依赖理论和需求供给理论，将区域创业环境要素分为直接匹配环境要素和间接匹配环境要素，其中直接匹配环境要素即资源供给环境，它包括技术、人才、资金供给环境；间接匹配环境要素包括政策法规环境、中介服务体系、市场环境、信息化环境、文化环境。肖勇军(2012)用生态系统理论,将科技园区的创业生态环境划分为基础设施环境、创业文化环境、园区管理环境、融资环境、人力资源环境、技术环境、服务环境、政策环境这 8 个构成要素。GEM(2001)报告中对创业环境要素体系有一个较明确的界定,其概念模型把创业环境要素归为 9 个方面,即金融支持、政府政策、政府项目支持、教育与培训、研究开发转移、商业和专业基础设施、进入壁垒、有形基础设施、文化与社会规范。但 GEM(2008,2009)将创业环境概括为基本需求环境、效率强化环境和创新创业环境。CPSED(2012)①从 10 个方面来考量新生创业者与环境的互动,这 10 个方面是获取原材料、招募高技能员工、获取创业必需资本、争取到分销商、吸引客户、战胜其他竞争者、紧跟技术变化趋势、获取银行帮助、获取风险资本家帮助、赢得国家和地方政策支持。

总体上看,以往的研究者都倾向于把创业环境作为多维概念构思进行测量和研究。区域创业环境作为一般性的环境变量,在不同的研究背景下,其测量的内容会有所不同。Schneider 等人(2002)指出区域创业环境构思的不同有赖于研究目标的差异,Patterson 等人(2005)也指出研究者并非一定需要用所有的创业环境维度,而是应根据研究问题选择相应的维度。对于影响区域创业活动的环境因素尚没有统一定论,且很多成果是在西方研究背景下得到的,因而有必要进行有针对性的深入访谈和内容分析,以初步确定创业活动的区域创业环境概念构思。

基于以往的研究和以上的讨论,本书在此提出区域创业环境的概念构思的假设 1:区域创业环境是一个多维概念构思。

4.1.3 研究方法

1. 深度访谈

由于访谈法有利于捕捉和了解新的或深一层次的信息,适应面广,还可以易于建立主客双方的融洽关系,使访谈对象坦率直言,从而提高结果的信度和效度(王重鸣,1998),另外,对于那些存储在人的头脑中的非数字化资料的收集,使用访谈法可以取得比较好的效果,所以本书这一部分研究将采用半结构

① CPSED(Chinese Panel Study of Entrepreneurial Dynamics)即中国创业动态跟踪项目,是在系统研究、消化和吸收西方 PSED 研究项目设计的基础上进行的中国第一个聚焦微观层次创业过程规律的调查研究项目。参见:“新企业创业机理与成长模式研究”课题组和南开大学创业管理研究中心. 中国创业活动透视报告:中国新生创业活动动态跟踪调研(CPSED)报告(2009—2011)[M]. 北京:清华大学出版社,2012:Ⅱ。

化的深度访谈(in-depth interview)的方法,获取第一手资料。在半结构化访谈中,访谈并非仅仅围绕提纲进行,访谈对象可以进行更多的自由发挥,研究者也可以获得更多访谈提纲以外的信息,特别是对实践情况不是特别了解时可能更适用。本书这一部分研究在半结构化的访谈中还应用了行为事件访谈分析技术(Behavioral Event Interview,简称 BEI)。行为事件访谈分析技术是由关键事件法和主题统觉测验而总结出的一种开放式的行为回顾式探索技术,其最大的优势在于提供了时间压缩的观察,可以使研究者获得被访谈对象在几个月、几年内发生的典型事情。从这个角度来讲,行为事件访谈分析技术较直接观察或对实时模拟中表现的行为的编码效率更高(Boyatzis,1994;李晶,2010)。

(1) 访谈提纲设计

研究者围绕本研究目的拟定访谈提纲,并对区域创业环境的半结构化访谈做了相应设计,主要体现在:针对每一类访谈对象设计访谈问题,并根据每一位访谈对象的不同背景和实际情况进行适度的调整与细化;拟定访谈提纲后对受访者进行访谈,在访谈过程中给予受访者自由发挥的空间,并根据具体情况进行与研究相关的适当追问。具体的访谈提纲分成如下三组。

高校和研究机构:

① 请问贵校(研究所)学科布局、科研以及产业化领域与方向分别是什么?目前发展中遇到的最大挑战是什么?如何解决?

② 在本区域受到政府的支持和补助情况如何?支持和补助方案应如何更改才能更好地促进学校(研究所)的发展?

③ 在人才培养方面,与本地区企业的合作情况怎样?针对本地区企业和人员所提供的社会化培训项目情况如何?与区内其他高校相比,在人才培养方面分别有哪些特点、优势、劣势?

④ 学校(研究所)是否下设科研平台和产业平台?这些平台是如何运作的?其科技成果转化模式是怎样的?目前科技成果转化的情况如何?您认为影响成功转化的关键因素是什么?在科技成果转化过程中与本地区的中介服务组织的合作情况如何?

企业:

① 请问贵公司所处的整个行业、市场环境如何?所面对的竞争状况怎样?请您简单介绍贵公司近 5 年中创建的新业务及营运情况(公司成立不足 5 年的,则介绍从创建起到现在的发展情况)。您认为贵公司新业务的成功或创立成功取决于哪些因素?列举一些关键事例说明。

② 请问贵公司选择在某区域创立的原因是什么?说到区域创业环境,您会

想到哪些因素？这些因素分别如何影响企业的创新创业活动？其各自的重要性如何呢？创业初期，是否接受政府和商业风投？政府早期风投基金与一般商业化风投有什么区别？您认为创办企业需要哪些创业支持？

③ 在贵公司创立和运行过程中，得到政府哪些资助？在建立社会关系方面政府做了哪些工作？贵公司是否与大学合作？跟大学采取什么样的模式合作？成效如何？

中介组织：

① 请问贵公司为何选择在某区域落户？与政府的关系如何？在创立与发展过程中有没有得到政府的优惠和扶持？目前发展遇到的最大挑战是什么？请问您认为中介服务对企业创立的作用体现在哪些方面？

② 请问贵公司主要为企业提供哪些服务？与高校、政府的合作情况如何？成功进行技术转移转化和产学研合作因素有哪些？在业务开展过程中有没有与其他中介服务组织合作？

风险投资机构：

目前在投资方面大多数企业是什么门槛和标准？项目来源、发现渠道各是什么？资金来源、一般投资额、投资模式和退出机制如何？

(2) 访谈对象

本次访谈研究通过对特定区域内大学、研究机构、企业、中介、风险投资机构、政府部门等组织的代表进行深入访谈，研究区域创业环境相关的一系列问题，访谈研究主要在中国创业活动比较活跃的北京、上海、浙江、江苏等地进行。为保证信息的权威性和可靠性，在每类机构中选择 3 位以上的代表作为访谈对象，并尽可能选择每个组织的负责人进行深度访谈，先后共约谈了 24 名访谈对象。访谈对象的具体情况见表 4.1。

表 4.1　访谈对象的基本情况

类别	单位	职称或职务	备注
高校和研究机构	苏州大学现代丝绸国家实验室	教授	“千人计划”获得者
	中科院苏州纳米所	所长助理	纳微总经理
	西交大苏州研究所	副院长	
	东南大学研究院	院长	
	西交利物浦大学	执行校长	

续表

类别	单位	职称或职务	备注
企业	热拍网	创始人	
	飞依诺	总经理	
	ET 公司	创始人	
	聚晟太阳能	总经理	
	浙大网新集团有限公司	市场总监	
	济南馨漫园动漫文化发展有限公司	总经理	
	富通联合科技有限公司	总经理	
	儒达环球科技(北京)有限公司	人力资源部总监	
	上海佰昊网络科技有限公司	总经理	
中介组织	汇思集团苏州公司	副总经理	
	融达科贷	客户经理	
	TSITE	创始人	
	苏大科技园	总经理	
	Biobay	CEO	
	东沙湖元禾控股	总经理	
	启纳创投	投资经理	
	苏州工业园区培训管理中心	主任	
	苏州工业园区中小企业服务中心	副处长	
	北大国际技术转移中心	主任	

(3) 访谈程序

本研究访谈对象来自高校和科研机构、企业、中介组织(包括一些发挥中介职能的政府部门),在选择访谈对象时,采用典型抽样方式。首先采用便利抽样获得第一批访谈对象,利用滚雪球方式由第一批访谈对象邀请其他访谈对象参与访谈。滚雪球方式不仅具有样本方便取得、容易获得有意义的受访者的优点,而且从一定程度上缓解因双方完全陌生而产生的紧张和戒备情绪。

在访谈过程中,由 2 ~ 3 名管理学专业博士或者教师作为访谈者,并告诉全部访谈者访谈目的和提纲,尽量减少因认知偏差而对访谈过程和结果产生影响。在正式访谈开始前，访谈者告知受访者本研究纯属学术研究，承诺对受访者的个人详细资料（除非受访者的特殊要求）均会进行匿名处理，受访者谈及的任何信息都会受到严格保密。至于访谈过程中是否录音，由受访者决定，如果得到同意，将会全程录音，以便访谈结束后将录音转为文字稿件；如未得到受访者同意录音，则仅在访谈期间进行笔录。

访谈正式开始时，首先向受访者简单介绍访谈目的和访谈提纲。继而，对所在单位的基本情况和被访者基本情况（包括被访者职务、被访者在本单位工作时间等）进行了解。这样不仅可以对受访者的大体情况有基本了解，还可以使访谈双方逐渐熟悉并进入访谈状态以利于沟通。然后，大体按照访谈提纲展开访谈，由于采用的是半格式化的访谈，内容可根据受访者的叙述进行深层挖掘，给受访者一定的自由发挥空间，尽可能捕捉到相关信息。此外，还要求受访者提供创业过程中的关键事件，即采用行为事件访谈分析技术。访谈结束后，对访谈记录资料进行内容编码分析，并加以归纳。

2. 焦点小组讨论

为了更深入地对区域创业环境进行探析，本研究还在苏州工业园区开展了"焦点小组讨论"。焦点小组讨论是由一位主持人与一小组被调查者就一些既定主题进行交谈，主要目的是倾听被调查者围绕大纲发表见解并进行交叉讨论，从而深入了解相关问题。详细的焦点小组讨论情况如附录 2 所示。

（1）讨论主题

每次讨论大纲主题的选择与具体讨论议题的设计都是研究团队按照质性研究的方法对大量相关资料进行分析和对区域创新创业主体进行深度访谈，然后对讨论主题相关的内容进行分类、归纳和分析，最后提炼成了每个焦点小组讨论的议题。本次焦点小组讨论在前期资料分析和深度访谈的基础上，选取了"苏州工业园区创业环境、政策现状与展望"作为讨论主题。

（2）参与人员

焦点小组讨论参与人员的选择是焦点小组讨论得到有效结果的关键。为全面而深入地讨论园区创新创业环境与政策的现状和展望，参与人员的范围确定为以下四类：区内企业家和创业者代表、学校方面的负责人、政府部门和机构负责人、科技园和孵化器负责人。最终参与焦点小组讨论的被调查者名单如表 4.2 所示。

表 4.2 参与焦点小组讨论的被调查者具体情况

类别	单位	职务
政府部门和机构负责人	苏州工业园区管委会	副主任
	独墅湖科教区管委会	常务副主任
	中小企业服务中心	副处长
企业家和创业者	苏州纳微生物科技有限公司	创始人
	飞依诺科技(苏州)有限公司	总经理
	海狸纳米科技有限公司	CEO
机构负责人	洛加大先进技术研究院(苏州)	科技处处长
科技园和孵化器负责人	苏州国际科技园	总经理助理
	联想之星(苏州)	负责人
	苏大天宫创业投资	总经理

(3) 讨论大纲

讨论大纲的主题来源于前期的研究,在相关资料分析、文献研读、深度访谈和焦点小组讨论的基础上,对与独墅湖科教区创新创业环境和政策的现状与展望相关的内容进行了分类、归纳和分析,提炼了形成了此次焦点讨论的大纲。

具体讨论大纲如下:

第一,聚焦企业:区内初创企业数量增加快,但存活率较低,成长速度不够快,占经济总量的比重小;区内“海归”型企业技术优势和国际视野较好,但缺乏对国内市场和环境的了解;区内本土民营企业所占比重小,未能与“海归”型企业形成有效的优势互补局面;区内缺乏龙头型企业,未能形成自然行业集群;区域产业政策偏重新技术,而忽略商业平台模式,因此区域内技术型企业较多,平台型企业少。

第二,聚焦创新创业中介:园区政府部门和部分高校组织了很多与创新创业相关的活动,但总体来说区内交流活动数量少,多样化程度低,主要原因是民间创新创业非营利组织少、自发活动少,园区缺乏鼓励与创新创业相关的民间非营利组织的政策;政府和学校是区内孵化器与投资的主力,但投资和管理主体较单一,民间力量弱,服务内容多样性程度较低。

第三,聚焦高校和产学研:区内的高校已经形成一定聚集,部分高校发展较好、有规模,但也有一些高校发展慢,所有学校都说缺资源;企业认为高校培养的学生与需求脱节。学生本地就业率不够高;区域内很多企业技术水准高于区内高校教师,因此高校很难提供高层次的服务;大学和企业就合作项目的价值和产出物差别很大,产学研合作市场机制失灵。

(4)讨论程序

本次焦点小组讨论的实施主要由两个环节组成:首先是针对讨论大纲列举的问题展开讨论,并对各个问题分别进行判断和选择;然后针对认同度较高的几个问题,分别聚焦讨论它们各自的可能的解决方案。具体讨论程序如下:

第一,介绍研究背景和目的;

第二,参与者自我介绍;

第三,针对讨论大纲列举的问题进行讨论并形成解决方案;

第四,讨论总结。

4.2 区域创业环境访谈资料内容分析

4.2.1 访谈资料内容分析法

内容分析法最早产生于新闻界,是一种基于定量分析的定性研究方法。内容分析之所以存在主要是因为人们所关心的现象缺少直接证据来印证,需要用内容分析来推论(王石番,1992)。内容分析法从本质上来看是文献计量学方法,它基于定性分析提出假设,运用统计分析技术对研究对象进行定量分析,最后从统计分析结果得出有价值的结论。早期的内容分析法主要应用于新闻传播学和政治学领域。到了20世纪80年代,由于信息系统技术和统计分析方法的进步,内容分析技术获得了飞速成果,并将应用领域也扩展到经济学、社会学、心理学和管理学等多个学科的研究。

目前,内容分析法已经普遍应用于管理研究领域,我国在组织和战略领域也有很多运用内容分析法取得的成果。如王亮亮和彭晓东(2007)将内容分析方法用于管理科学学科领域,系统分析了从1994年至2005年期间发表在国内外核心管理期刊上的学术论文,厘清管理科学学科发展历程,从而判断其发展趋势。高谋良和高静美(2009)运用内容分析法对国内学术界关于“购并失败”问题的已有研究成果进行了系统的元分析,梳理了我国购并后整合绩效的基础脉络。柳俊等人(2011)在CNKI中文数据库中,以“电子商务模式”为关键词,以“篇名”和“摘要”为搜索项查找与电子商务模式相关的文献。对查找出的文献进行内容分析，获得五种电子商务模式分类标准。内容分析法不仅被运用在文献梳理中，近些年越来越多的学者运用内容分析法进行实证分析。比如，朱金凤和黄惠锋（2008）采用内容分析方法，对研究样本沪市A股248家制造业上市公司年报中的环境信息进行筛选，并结合软件进行统计分析，得出了公司特征与自愿性环境信息披露关系的一系列结论。黄学等人（2013）运用基于内容分析的案例研究方法，对杭州市动漫产业园区创新平台的运行机制进行了探析，从产业链的视角提出了文化创意产业“创新平台”的运行机制模型，并对如何构建创新平台提供了系统性的建议。薛元昊和王重鸣（2014）基于知识产权策略研究概念模型，采用内容分析方法对35家知识产权示范企业的案例资料进行了深入探析，归纳出企业知识产权策略的3个核心维度及其各自的关键特征。

本书根据研究目的的需要，建立了类目尺度的量化分析系统，采用定量的语义内容分析方法，以预先建立的区域创业环境的要素类别为依据，以具有相对独立完整信息的句子或段落作为最小的内容分析单元，对访谈获取的资料进行分析，最后做出区域创业环境的要素归类。[①] 要求编码者判断每个分析单元分别属于哪种区域创业环境要素。例如，下面的段落就是区域创业环境的访谈资料（节选）及分析单元。

示例： A公司之所以选择落户苏州工业园区，主要出于三个方面的考虑：第一，良好的地理位置和生活环境。这是吸引人才的很重要的因素之一。苏州的发展规模适中，一定程度上也减少了人员的流失。第二，政府的运行效率较高。第三，产业链相对完善。例如我们公司的重点在研发，至于上游的原材料供给以及下游的生产和销售，我们都能在本地找到外包的企业。

在创业早期，政府给予我们公司的最大帮助是政府的一支基金对我们公司进行了投资。

当时正值金融危机，政府早期的投资对于我们的帮助很大。此外，政府的帮助还体现在以下几个方面：① 通过提供项目的方式给予一些资金上的帮助；② 对公司的办公场所实行三年免租；③ 在公司的人力资源、会计、法律和税务等方面都提供了一些帮助；④ 在创业方面，政府会为公司组织一些培训；⑤ 政府还在上下游产业链整合和对接方面给予公司很多帮助。

现在的创业企业比较难获得政府风投，主要有两个原因：

一是现在政府过于偏重于对海归“高端”人才和“高科技”企业的关注和支

---

① 李晶. 组织创业气氛机制研究[M]. 北京：中国社会科学出版社，2010：97.

持，小微企业比较难获得支持。国内也有很多有想法有创意的人想抓住好的机会，政府也应对他们给予帮助和支持，帮助其找到投资和团队。光对海归“高端”人才和“高科技”企业支持，使得企业同质化太高，社会需要一个多元化的生态系统和创业氛围。每个园区都应根据自己的产业基础、人才基础、地理位置等选择适合自己的产业和项目定位。如张家港经过最近三四年的发展，从刚开始广泛撒网，到现在沉淀下来的主要是那些和当地产业基础配合较好的企业。

二是，据我了解现在已经没有纯粹的属于政府自己的风投基金了，政府的基金大多置于商业化运作的风投中，商业化的风投根本出发点是为了盈利，所以投资于处于种子期的企业的就很少，但处于种子期的企业往往是最需要资金的。与一般商业化的风投纯粹追求商业利润不一样，政府风投的目的主要应该是扶植和资助，基本不盈利或很少盈利；投资的对象仅仅限于本地的企业；当时政府风投的来源主要还是国资委，所以审批制度比较严格，审批过程也比较长，这与一般商业化的风投不一样；政府早期的风投一般不愿意退出企业运转过程。政府投资于处于种子期的企业的风险基金对于初创企业帮助是很大的。硅谷在这方面做得不错，例如硅谷的SBIR就专注于企业早期的创意和技术，其目的在于扶植企业成长。硅谷有很多人和公司愿意做天使投资人，尤其是那些已经创业成功的人和公司。相比之下，目前苏州工业园区风险投资的水平、强度还不够，尤其是早期投资太少。

政府可以多促进社会上的风险投资，以起到推动和支持作用。现在政府推出一项由民营企业资出资组成的天使资金，引入正规的风投，由专业团队管理，风险分散。建议政府可以多推动和加入类似方式，借助这些专业人士对早期项目的判断，同时提高政府投资项目的成功率。并且有利于配合当地的产业基础和上下流产业链，帮助解决市场问题，引导未来当地产业升级，形成本地企业新的增长点和良好的企业生态系统。

苏州工业园区提供企业资源的中介机构还比较少，这跟国内的大环境有关系。第一，国内没有一个良好的整体的信用体系，资源对接的双方往往会在联系上后抛开中介；第二，国内没有完全形成服务外包的概念，其理念没有得到普及。在政府的规范和引导下，不妨多鼓励成立一些中介机构，提供一些诸如专利申请、项目申报、人力资源外包、行政咨询、财务管理、法律事务等方面的服务。根据企业的反馈给予一些补贴和奖励。多鼓励一些民营的孵化器，尤其是针对早期创业的。

产学研很难落到实处，大学、企业之间不了解彼此的需求。这就需要高校的研究尽量贴近企业，有实际用途。这不是很容易的事，需要双方增加沟通和了解。A公司与学校的合作模式主要有两种形式:促进在校生实习和毕业生就业;项目研究合作。例如,跟苏州大学建立研究生企业工作站,引进博士和硕士开展相关的项目研究。

我们也经常参加一些社会活动,主要参加了一些例如北大创业训练营、北大企业家商会等组织,同时多与身边的朋友相处。此外还积极参与政府组织的一些活动。通过这些活动可以结识新朋友、交换信息、宣传本企业,甚至寻找到潜在的合作伙伴(例如能够融资的风投)。这种社交的作用往往不会在短时间内就体现出来,但是长期来看,其作用是很大的。不过,园区社会化开放式的组织和活动还远远不够,活力不够。

总之,现在政府主动为企业做的事情比较多,可以多鼓励创新创业服务社会化,引导、对接社会化的资源。多给一些如补贴、场地方面的支持,让参与各方都能达到自己的目的,多方面引导培育和完善创新创业的生态系统。希望政府能够在顶层设计一些促进上下游产业集群的政策;真正从企业需求出发,建立和组织一些能够促进企业互动、产学研互动的社交组织与社交活动;关注企业引进后的生存,增加个性化的服务,注重市场、产业链融合的政策。

本部分研究邀请了1位创业研究领域的博士,1位区域经济领域的博士,1位企业高管(MBA学位),作为编码专家,共同完成编码工作。在编码前,事先将编码规则和程序对编码人员进行了详尽的说明,并让编码人员对访谈资料进行试编码,熟悉编码过程。编码者以句子为分析单元,根据预先构建的区域创业环境编码表,采用单重归类,将可能具有多重属性的分析单元归入最适合的内容类别中。删除三位编码者意见相左且含义不清的分析单元。通过预编码,去掉了41个不能进入预先建立的区域创业环境要素类别的分析单元。各编码专家独立地对其余158个分析单元进行正式编码。编码结束,对三位编码专家的编码结果进行一致性检验,以提高研究的信度和效度。

4.2.2 区域创业环境要素类别的建立

本书基于对访谈资料的初步整理,并结合以往国内外的研究文献,根据内容相关、构思域完整、类别之间相关排斥的原则对访谈资料进行分析、筛选,初步形成区域创业环境的概念:区域创业环境是包含各创业环境要素的复杂系统,是各创业要素主体间互动的结果,是创业活动的基础,并最终影响创业动机和创业行为的结果。区域创业环境是一个多维度的构思,包括政府政策、创业文化、创业基础资源、创业网络和创业服务,这5个维度构成了一个系统、动态的构思。这5个维度各自的概念内涵如下:

(1) 政府政策

指与创业相关的政府制度、政府条例、相关管理和政府服务。政府以开放尊重的态度面对创新和创业,合理配置资源、搭建服务环境,从而为新创企业的成长提供制度保障,使企业能够在宽松的环境中成长发展;政府直接或间接投资,解决创业融资难题,引导资本和技术的结合,提高企业资本运营能力;政府运用各种税收政策,减轻创业企业税负,保证企业成长所需资金;政府促进区域内的产业集群形成与发展,提高整个区域的竞争能力和创新能力。

(2) 创业文化

指现有的区域共同的价值观和规范鼓励创业行为,以及宽容对待创业失败、理性评价创业风险和积极的财富创造的态度。区域层面的创业文化的塑造影响着创业者的创业精神。此外,区域内部的主体形成彼此之间相互信任的协作关系,才有可能构建开放的信息交流氛围、自由平等的工作环境、在竞争中相互学习的氛围,从而有效地传递和扩散信息和知识资源,易于创业者识别和利用创业机会。

(3) 创业资源基础

指影响创业活动的基础设施、创业资源、技术环境等。完善的基础设施,影响着创业企业的地理集聚,不仅节约运输成本,还可提高知识利用速度。技术是创新与创业的主要推动力,高校和科研机构的集聚,将促进技术创新,而良好的技术开发和转换环境能促进技术成果产业化。此外,通过多渠道融资,增加创业企业金融资本,并为优质人才搭建良好平台,提供创业人才资源。

(4) 创业网络

指创业主体通过所构建的人际、商业和机构网络能获取创业所需的资产资源与知识资源,而人际、商业和机构网络共同形成了创业主体的创业网络。其中人际网络以血缘或感情为纽带,商业网络指创业企业与利益相关者的关系,机构网络指创业企业与第三方机构的关系(朱秀梅、李明芳,2011)。创业网络可以使创业主体以低成本获取外部资源,有益于识别和利用创业机会,对企业的创建和成长具有很重要的意义。

(5) 创业服务

指为创业活动提供市场、技术、信息、资本、环境、人才等一系列相应服务,是创业成功的保障。创业孵化机构是集中提供创业服务的机构,具备 5 类要素:孵化企业、支持政策、共享空间、孵化器管理人员、共享服务(钱平凡,2006)。其他一些民间服务机构给创业企业提供技术资源、市场信息、跨国业务整合、资金、财务管理以及人力资源,扮演着中介、策划、咨询等角色。

4.2.3 编码表的构建

内容分析过程实质上体现为两个相互影响的过程，即详细说明被检测内容特征过程与运用清晰规则识别和重新编码这些内容特征的过程（Berg，2001；丁岳枫，2006）。在内容分析过程中，需要明确类目和编码内容特征的明细规则，并使之适用于问题和内容。编码表的构建过程就是这一过程的具体体现，在构建编码表时，选取的类目应该是与研究目标紧密相关的。为了使类目体系方便编码和分析，又要对类目数量进行一定的控制，并尽量使类目具有互斥性和完备性（李晶，2010）。基于以上讨论，本书构建了区域创业环境要素编码表，从政府政策、创业文化、创业资源基础、创业网络和创业服务 5 个方面来分析区域创业环境。具体要素编码见表 4.3。

表 4.3　区域创业环境编码表

政府政策
- 政府对新创企业资金补助力度较强
- 政府部门办事、服务效率较高
- 政府政策对新创企业有一定的优惠
- 政府组织社会活动帮助创业者

创业文化
- 鼓励创业和创新行为
- 有理性的创业风险意识
- 区域内部各主体形成以诚信为基础的良性互动
- 当创业面临挫折时，能获得必要的扶持

创业资源基础
- 所在区域交通比较便利，信息通信设施比较畅达
- 有多种融资渠道解决资金问题
- 企业获得专业人才的成本较合理
- 技术创新线路活跃，技术转移通道畅达

创业网络
- 公司关注顾客需求的变化，并努力改善相应的产品、服务
- 公司关注市场变化，并持续寻找市场中的新机会
- 当面对新情境或解决面临的新问题时，公司能快速调整以迎接挑战
- 公司管理层能识别针对管理模式改变而产生的需要

创业服务
- 有充足的中介机构为创业提供服务
- 获得创业服务的成本比较合理
- 能获得必要的创业教育与培训
- 建立创业失败企业的退出通道

4.2.4 访谈资料内容分析结果

1. 编码的信度检验

内容分析法的信度一般是指两个或两个以上的研究者按照相同的分析维度对同一材料进行评判所得结果的一致性程度，它是保证内容分析结果可靠、客观的重要指标[①]。一般而言，内容分析中编码的一致性程度在0.80以上为可接受水平，在0.90以上为较好水平。若用T1表示编码者A的编码个数，T2表示编码者B编码个数，T3表示编码者C的编码个数，$T1 \cap T2 \cap T3$ 表示三个编码者编码归类相同的个数（交集），$T1 \cup T2 \cup T3$ 表示三个编码者所有编码的个数的并集。编码一致性程度可用编码归类相同的个数，与各编码者编码总数的比值来表示。编码一致性的计算公式可表示为[②]：

$$CA = \frac{T1 \cap T2 \cap T3}{T1 \cup T2 \cup T3}$$

通过计算，得出区域创业环境要素编码一致性程度的结果如表4.4所示。

表4.4 区域创业环境编码者一致性程度（N=158）

内容类别	编码专家一致性程度
政策环境	0.91
创业文化	0.86
创业资源基础	0.93
创业网络	0.83
创业服务	0.90

通过对三位编码者CA值的计算可知，各要素编码专家一致性程度均在0.80以上，均达到可接受的信度水平。为了进一步验证研究信度，本研究还计算了三个编码者两两之间的Kappa系数，分别是0.891、0.796、0.862。当观测一致率大于期望一致率时，Kappa值为正数，且Kappa值越大，说明一致性越好。根据边缘概率的计算，Kappa值的范围值应在 $-1 \sim 1$ 之间。Kappa≥0.75，表明两者一致性较好；0.75 > Kappa≥0.4，表明两者一致性一般；Kappa < 0.4，表明两者一致性较差。[③] 从数据来看Kappa系数均大于0.75，从编码专家一致性角

---

① Kolbe R. H., Burnett M. S. Content Research: An Examination of Application With Directives for Improving Research Reliability and Objectivity[J]. Journal of Consumer Research, 1991(18).

② 袁登华. 成就目标导向对创业行动效能的影响研究[J]. 心理科学，2005(6).

③ 马斌荣. 医学科研中的统计方法[M]. 北京：科学出版社，2005：198.

度来看，此次编码达到了较为理想的效果。

2. **编码的效度检验**

区域创业环境构思是区域环境在创业研究领域的具体体现，也是创业理论和区域经济理论的深入与发展，本书以创业理论和区域经济理论作为理论研究背景，以便使编码的内容效度得到理论的保障。为了保证编码的效度，本书在研究中加强了过程和结果的控制：在编码过程中，不仅使用个人深度访谈和焦点小组访谈资料，还结合了已有文献资料、其他相关案例研究材料、专家意见等，以降低单纯依赖访谈资料获取的信息可能造成的缺失。经过综合分析提出区域创业环境的类别要素，并通过预编码进行初步验证，保证访谈材料有效。在编码过程中，请编码专家对有争议的单元进行充分的讨论，如果三位编码专家的意见无法达成一致，则将类别要素删除，最大限度地保证了每一个维度的分析单元与维度内涵一致（李晶，2010）。

内容分析效度检验的一个常用指标是“内容效度比”（Content Validity Ratio，简称 CVR），其计算公式为：

$$CVR = \frac{ne - N/2}{N/2}$$

其中，ne 为评判中认为某个项目很好地表示了测量内容范畴的评判者人数；N 为评判者的总人数。由该公式我们可以看出，当所有人认为内容不当时，CVR = -1.00；当认为项目内容适当的评判者不到半数时，CVR 为负值；当认为项目合适和不合适的人数对半时，CVR 值为零；而当所有评判者都认为项目内容很好时，CVR = 1.00。[①]

本书在这部分研究中，分别计算了三位编码者对 158 个分析单元的编码结果的 CVR 值，以检验本书所列各分析单元在多大程度上表示了区域创业环境的范畴，结果显示，有 86 个分析单元的 CVR = 1；45 个分析单元的 CVR = 0.81；27 个分析单元的 CVR = 0.54。由此可见，本书的编码结果具有可接受的内容效度。

4.2.5 编码结果

从表 4.5 中对访谈材料内容归类的结果（部分）来看，编码专家的归类基本上反映了相应的类别，其中政府政策是被提到频次最高的，然后依次分别是创业资源基础、创业服务、创业网络、创业文化。

---

① 王重鸣. 心理学研究方法[M]. 北京：人民教育出版社，2001：140.

表 4.5 访谈材料内容归类(部分)和各要素频次统计结果

区域创业环境要素	被编码访谈内容举例	频次	占总频次的百分比
政府政策	• "政府通过项目的方式,在创业早期给予一些资金上的帮助。" • "针对科技企业发展,围绕财政引导、税收优惠、产业扶持、金融扶持、人才激励和知识产权等出台了众多相关优惠便利政策。" • "早期受到政府的支持和补助力度很大,例如我们建立的重点实验室,所有的费用都是政府来出资,包括我们的房租、物业、水电等都是减免的。" • "政府的资助一般针对的是'高大上'的企业和人才。" • "人才政策包括项目资助、工资福利、投融资、培训交流、生活配套等方面。" • "出台的《新兴产业融资风险补偿专项资金管理暂行办法》,对我们帮助很大。" • "针对技术转移的支持政策仅仅局限在国内高校的技术,关于国际技术转移,没有相应政策,难度很大。"	62	25.51%
创业资源基础	• "长三角地区成熟的配套的产业链。" • "政府的相关配套和服务方面做得要比中国其他地区到位和细致。" • "每个园区都应该根据自己的产业基础、人才基础、地理位置等选择适合自己的产业和项目定位。" • "目前遇到的最大问题是土地的问题,现在的空间远远不够我们的需要。政府将大把的土地用来开发各种园区和引进大学,没有适合做试验和小规模生产的地方,所以我们需要一块按照自己的要求建立一片真正的科技产业园区。" • "能够为入驻企业提供两层有利于创新创业的环境:第一层,通过硬件条件和相关政策构成的环境;第二层,通过产业集聚、上下游连接以及本地区的产业环境形成的软环境。" • "区内有具有行业引领和创新辐射作用的龙头企业,是产业生态群核心节点,有很好的技术和人才溢出效应。"	54	22.22%
创业服务	• "园区拥有国内首个'千人计划'创投中心、国内规模最大的股权投资和创业投资母基金、国家中小企业公共服务示范平台。" • "科技中小企业的社会化服务体系不断完善,合作科技中介约 120 家,覆盖知识产权、人力资源、科技金融、财税服务、法律咨询等诸多领域。" • "2014 年成立了包括联想之星、36 氪、启点咖啡等 10 家新型企业孵化器,代表着本区域在孵化器多样化发展方面逐步加强。"	49	20.16%%

续表

区域创业环境要素	被编码访谈内容举例	频次	占总频次的百分比
	● “大部分孵化器都不能对在孵企业提供深度辅导和量身定制的服务，这与国际上新型孵化器所提供的独特而有创意的服务还存在较大差距。” ● “我们会有创业大赛，创业俱乐部和沙龙、投融资对接、社会资源整合、创业培训等服务。”		
创业网络	● “我们参加了中小企业服务中心组织的一些培训，以及一些创业沙龙和企业家俱乐部。” ● “纳米所最突出的产学研合作形式是平台开放，所内的测试平台和加工平台都是面向全社会开放的。” ● “本区域公开并且相对比较活跃的俱乐部都具有官办的背景。这些社交俱乐部的管理流程和经营理念可能很难为本地的创新创业提供真正的帮助。” ● “借助网络信息技术建立了微信群，例如园区科技局和生物纳米园都有这样的举措。这些措施简单，但效果却不错，遇到问题时，很方便和快捷就能找到解决问题的办法。” ● “参加例如 BIOBAY 组织的一些活动，我们就能通过这些活动达到结识新朋友、交换信息、宣传本企业、甚至寻找到潜在的合作伙伴的目的。” ● “我们经常与高校合作，不仅体现在技术方面，现在越来越多地体现在诸如管理理念创新等方面。” ● “社交网络对于所有企业都十分重要，希望政府能够利用信息技术多创造一些能够促进交流的平台，还可以多举办一些促进社交的活动。”	42	17.28%
创业文化	● “创业讲坛的创办，进一步确立了中关村在全国创业文化发展和传播方面的核心地位。” ● “在移动互联网、云计算等领域涌现出一批创新能力强、成长性高、辐射带动作用大的平台型创业企业。” ● “初步形成了与硅谷类似的‘创业—成功—再创业’的良性循环，以及‘创业—失败—再创业’的独特文化。” ● “营造一个好的创业氛围，不仅要关注那些创业发展得好的企业，更要关注那些创业发展得不好甚至破产的企业，有创业失败企业的退出通道。” ● “高校与企业之间在保持相对独立运作的同时，又能无缝合作，在人才、资源等方面共享。” ● “发展民间创业公益活动，在形式和模式上需要特别关注，需要让参与的人能看到益处，并且要形成互惠互利的氛围，尽量避免单方面的搭便车。”	36	14.83%

4.3 区域创业环境对创业活动的作用分析

在访谈中，本书设计了一个有关“区域创业环境对创业活动的作用”的问题，要求受访者列举两项或两项以上作用，并举例说明。分析访谈资料可以发现，受访者认为区域创业环境对创业活动的作用集中体现在以下 4 个方面：汇聚创业资源、促成创业意愿、识别和利用创业机会、影响创业绩效。在这 4 个方面作用中，受访者提到最多的是“区域创业环境在汇聚创业资源方面的作用”，所有的 24 位受访者都提到了此作用。一些受访者认为区域创业环境本身就是创业资源；另一些受访者则认为尽管创业环境自身并非创业资源，但它可以使创业资源集聚在某一特定区域。其次是，“区域创业环境可以促进识别和利用创业机会”，有 20 位受访者提到了这一作用。有 17 位受访者提到了“区域创业环境可以促成创业意愿”，使潜在创业者转变为实际创业者。此外，还有 14 位被访者提到了“区域创业环境影响创业绩效”。

表 4.6 访谈对象对区域创业环境作用的理解（节选）

区域创业环境作用	典型描述举例
汇聚创业资源	• 良好的地理位置和生活环境，这是吸引人才的很重要的因素。 • 创业长廊主要通过以下几种方式来推动孵化器的发展：一是把创业要素放在一起；二是搭建高效平台；三是注重孵化器之间的合作，形成内部互动，并且强强联合以吸引外部的资源。 • 在移动互联网、云计算等领域涌现出一批创新能力强、成长性高、辐射带动作用大的平台型创业企业。同时成功企业家、天使投资人、大型科技企业等社会资本积极参与孵化器建设，推动形成了涵盖创业教育、交流社区、天使投资、孵化器、创业媒体等多个环节的创业服务新业态。
识别和利用创业机会	• 对于我们国际科技园来说，最开始很看重技术门槛，目前也在调整，变得越来越重视商业模式，开始注重创业社区、创业生态的营造。 • 年轻创业者对互联网、电子商务、网络游戏、社交网络等领域的客户需求更为敏感，能够更快地接受新技术、新应用、新模式，他们往往选择在这些领域创业。 • 资本的迅猛增长使创业系统的导向从过去几年的资本稀缺、以投资机构为中心，向优秀创业项目稀缺、以创业企业为中心转变。这使得创业投资机构为获得好的项目源，纷纷向企业早期阶段延伸，通过自建或与早期创业服务机构合作，主动发掘和培育优秀种子，客观上推动了创业活动的发展。

续表

区域创业环境作用	典型描述举例
促成创业意愿	• 环境能够帮助潜在创业者更好地了解其关注的领域、获得更多的信息以及评价自身的状况,因此对潜在创业者发现创业机会起着举足轻重的作用。在中介机构对潜在创业者关注的领域进行客观评价的基础上,创业者的创业意愿会做出调整。 • 创业意愿的促成方面还有一些创新创业方面的培训,例如北大苏州创业者训练营,内容一般涉及团队建设、研发管理、市场推广、品牌建设等。每季度一次的创业者沙龙,我们会邀请参加过创业者训练营的同学参加,让他们提出在创新创业实践中遇到的问题。通过创业培训,有效地提升了潜在创业者的自信和创业技能,并形成创业意愿。 • 硅谷的优势在于社交组织大量存在,社交活动频繁发生,对促进信息沟通和合作发挥了重要作用。2010 年我们进行了民间非营利组织登记管理体制改革试点,鼓励协作和沟通,活跃了创业氛围,激发生成了很多创业想法。
影响创业绩效	• 随着投融资、创业政策的逐步细化落实、创业服务环境不断完善,区内企业的成活率持续上升,高成长创业企业流失现象有所缓解,使得区内创业企业总退出率持续下降。 • 随着园区国际化步伐的加速,园区国际化指数快速攀升。国际资源引入指数稳步上涨,并且质量不断提高。区内企业的国际市场拓展能力显著提高。 • 区内产业联盟发展迅速,已经成为企业共同投入解决技术、市场、知识产权、品牌等共性问题和获取外部资源的有效载体,在整合资源、提升企业创新能力、增强产业集群的联动效应等方面发挥着重要作用。

4.4 访谈结果总结与讨论

本书这部分研究对特定区域内高校和科研机构、企业、政府与中介组织,3类机构 24 位代表分别进行了半结构化的深度访谈。以“苏州工业园区创业环境、政策现状与展望”为主题进行了焦点小组讨论,此外还以“苏州工业园区创新创业中介服务现状与展望”和“苏州独墅湖科教区产学研现状与展望”分别组织了两场相关焦点小组讨论,焦点小组讨论的具体资料详见附录 2。通过半结构化的深度访谈和焦点小组讨论,获取第一手资料,对访谈资料中涉及区域创业环境的内容进行了分析,为区域创业环境概念模型的提出累积了比较充分的现实素材。针对 24 位受访者访谈资料和焦点小组讨论资料共得出 158 个区域创业环境分析单元,对这些分析单元进行内容分析的结果表明,区域创业环境可以初步归为创业基础资源、政府政策、创业文化、创业网络和创业服务这 5 个要素类别。基于已有文献的梳理,通过访谈资料的内容分析,区域创业环境的多维概念构思初步得到验证。

这部分研究接着对各要素在访谈资料中出现的频次进行了描述统计分析，结果发现“政府政策”被提及频次最高。大部分受访者都反复提到政府政策在创业过程中的重要作用。特别是在创业早期，政府政策、金融和服务方面的支持是创业企业生存与发展的根本。政府会通过财政引导、税收优惠、产业扶持、金融扶持、人才激励等政策来引导创业活动和区域经济发展。从访谈资料分析中我们发现，随着创业企业发展、市场环境的日趋完善，企业并不绝对地依赖政府和指望政策，企业家会基于自己对经济发展和产业时机的判断去进行战略选择。

被提及频次居第二位的是创业资源基础。大多数受访者都提到，创业资源基础直接影响创业意愿转化为创业行为，技术、资金和人才是最关键的创业资源。资源依附理论强调组织与环境的关系，认为组织需从环境中获取必要的资源，组织的生存有赖于其获得资源的能力并且与关键资源的提供者保持良好的关系。创业扶持政策的出台和有效执行保障了创业企业技术、资金、人才等资源的获取，有效地促进了创业企业的创建和成长（蔡莉等，2007）。大多受访者提到创业资源基础是企业在某一区域落户的重要原因。受访者 A 认为，创业企业在某一区域能够生存与发展，依赖于：一是完善的基础设施和丰富的创业资源所构成的硬环境，二是区域的创业政策、创业文化、产业链所构成的软环境。

被提及频次排第三的是创业服务。创业服务在创业资源和机会的识别、获取、配置、利用过程中发挥着重要的作用。很多受访者都特别地提到了创业教育和培训，包括学校提供的创业课程教育和社会相关机构提供的创业培训。通过创业教育和培训，创业者不仅可以获得创业技能，更重要的是可以提高创业自信和形成个人的创业网络。全球创业观察研究表明，通过创业教育和培训，创业者可能将潜在的创业机会变成现实的创业企业，因而创业教育和培训是开展创业活动的必要条件之一。

被提及频次排第四的是创业网络。创业网络从理论上来看，是由创业主体在特定被提及区域内相互作用形成的正式和非正式的网络，是对政策、资金、研究机构、产业联盟、产业服务体系和平台等各要素进行配置的资源整合体系（傅首清，2010）。受访者 B 认为，区域创业网络能够增加创业主体间的互动合作，有利于整合、高效利用创业要素资源，从而实现协同创业，还有利于形成区域创业氛围。

相对于以上 4 个要素，创业文化被提及的频次相对较低一些。以往的研究表明，创业文化环境影响人们的创业倾向，创业文化环境不同，创业者对创业机会的期望程度也不同。例如，在短期导向价值观环境中，机会的短期回报往往被人们赋予较高权重；反之，则更注重机会的长期收益。受访者C提到，虽然已经形成了鼓励个人努力取得成功，鼓励创造和创新的精神的文化氛围，但创业失败并不能得到宽容，也不支持创业者承担相应的失败风险。因而，创业主体倾向于回避风险高回收周期长的创业机会，而选择成功可能性较大的创业机会。可见，创业文化影响创业意愿、动机和选择。

以上的分析和讨论可以初步验证，区域创业环境是在以往创业研究和区域环境研究的基础上，构建的一个系统的多维构思，包括政府政策、创业资源基础、创业服务、创业网络和创业文化5个维度。从深度访谈和焦点小组讨论中可以得到，这5个维度并不是相互割裂的，而是互动匹配共同构成了区域创业环境。这与区域环境作为主效应研究范式研究结果相一致，这类研究表明区域环境作为一个整体比单个环境要素对创业意愿、创业动机和创业绩效的影响要大得多。

被访者认为这5个要素相互作用，为创业活动提供创业资源、资源配置、信息交流提供平台，促进区域内各创业主体与市场之间的各要素互动，对创业氛围的形成有重要作用，从而影响创业主体创业动机、创业技能、风险承担意愿和最终的创业结果。区域创业环境对创业活动的作用集中表现在汇聚创业资源、识别和利用创业机会、促成创业意愿、影响创业绩效这4个方面。

通过简单的频次分析，受访者认为区域创业环境的形成过程就是“汇聚创业资源”的过程，这与资源依赖理论不谋而合。区域环境资源为创业提供赖以生存的环境要素，影响创业主体的创业意愿和创业过程。反过来，创业的发展也能改善环境的资源条件。创业促成产业聚集、形成企业网络；创业过程中能发掘新的市场需求，并通过各主体的相互作用，形成更好的区域创业环境，推动区域创业活动，带动区域经济增长。

不少受访者都认为，区域创业环境对创业整个过程都产生了影响，包括对创业机会、创业意愿和创业绩效的影响。Bygrave等人(1991)从机会观出发，认为创业过程是同机会识别和组织创建相关的一系列职能、活动及行为；Aldrich等人(2001)从资源观出发，指出创业过程是创业者利用知识和资源来创建新组织的过程；Vesper(1990)从要素观出发，认为创业过程是技术知识、产品或服务创意、人际关系、实体资源和顾客订单这5大关键要素的集合体；Baum等人(2006)拓展了Aldrich等人对创业过程的界定，认为创业过程不仅包括企业创建过程，同时也包括企业成长和发展过程。综合来看，创业过程就是创业者识别环境中的机会，获取必要的创业资源要素，利用创业机会创建企业的过程。基于系统理论分析的创业过程是一个与外界环境之间交换物质、能量、信息的开放性系统，具有整体性和开放性的特点，创业过程中各个关键要素之间互相关联，并与外界环境间动态交互作用。创业活动既受到外界环境的制约，同时又外界环境有反馈效应（叶海明等，2011），具体的创业过程系统模型如图 4.1 所示。

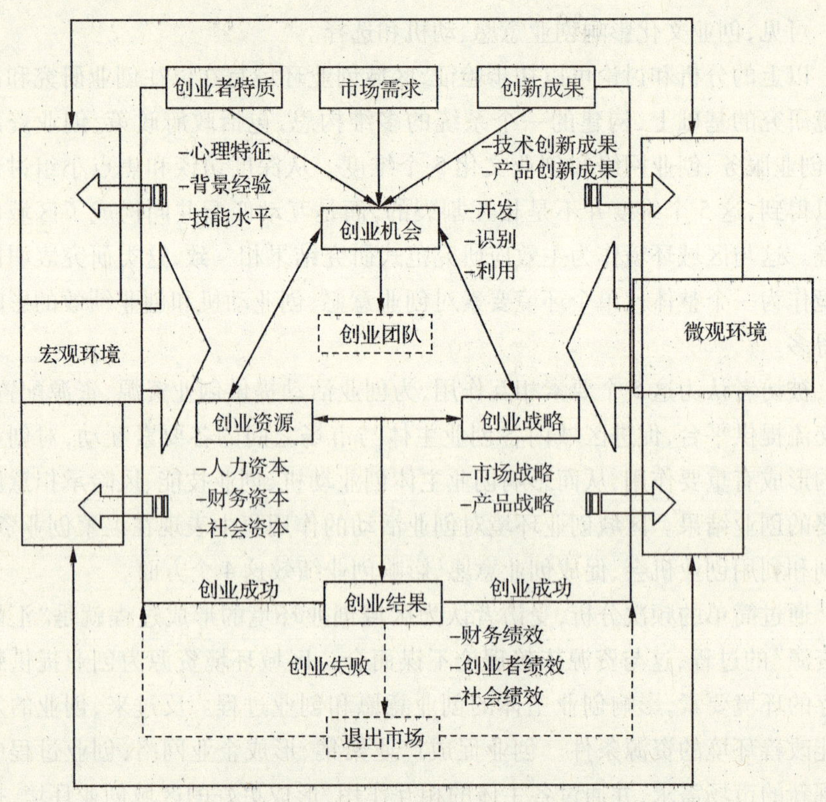

图 4.1　基于系统理论的创业过程系统模型

资料来源：叶海明，王吟吟，张玉臣. 基于系统理论的创业过程模型[J]，科研管理，2011，32(11).

宏微观环境相互作用，影响了系统的输入要素，即创业者特质、市场需求和创新成果。不同的创业文化环境中，创业者的特质和创业自我效能感是有所差异的，从而影响机会识别和利用。正如上文所述，不同区域的地理和人文环境带来市场需求与创新成果也有所差异，导致可供开发的机会不同。3 个输入要素进入系统，形成创业机会和创业团队之后，根据所能获取到的必要创业资源，选择创业战略，从而产生产品和服务，获取创业绩效。创业结果不仅对创业者后续创业产生影响，也对外部环境具有系统反馈效应。一次创业过程完成之后，创业者会选择退出市场或者连续创业。这里的连续性创业（serial entrepreneurship）不仅包括创业者在创建的企业内部进行公司创业，还包括开始另一个新的创业过程或者用风险投资的方式投资新的创业想法，从而影响了外部环境中创业资源的供给和创业氛围的形成。

本部分研究通过半结构化访谈和焦点小组访谈，并对访谈资料进行内容分析，达到了预期目的，初步归纳出区域创业环境5个要素，并且这5个要素构成了互动匹配的系统构思。结果还表明区域创业环境在汇聚创业资源、识别和利用创业机会、促成创业意愿、影响创业绩效这4个方面都起到重要作用。本部分得出的5个区域创业环境要素及其潜在结构，以及区域创业环境的作用机理需要通过大样本实证研究进行检验。

5 不同地区区域创业环境比较研究

本章内容主要分为两个子研究：研究一，基于以往相关研究，对上一章内容通过半结构化尝试访谈、焦点小组讨论的方式以及在访谈资源内容分析的基础上提出了区域创业环境的多维概念，进行验证。深入挖掘区域创业环境的内涵实质及内容结构，并在此基础上设计区域创业环境测量量表。研究二，基于对区域创业环境概念构思的验证，运用区域创业环境量表测量我国不同地区区域创业环境，并对它们进行比较。

验证区域创业环境概念构思及设计其量表，可以使得运用实证方法探讨与之相关变量间的关系成为可能，为创业环境作用机理奠定基础。而对不同地区创业环境差异的比较分析，将有助于进一步地探究区域创业环境的演进规律，结合本书第三章的研究内容，能更好地了解区域创业环境的纵向动态转换规律。

5.1 区域创业环境内容结构验证

5.1.1 研究目的

环境是一个具有很大外延的抽象概念，包括环境要素和环境主体。创业环境通常被视为影响创业过程外部因素的集合，创业环境主体是创业环境的承载者（蔡莉等，2007）。目前，创业领域对区域创业环境应用导向研究的实证研究，有3个主要的测量框架：基础创业核心要素创业环境模型（Gnyawali 和 Fogel 开发的5维度分析框架）、全球创业观察（Global Entrepreneurship Monitor）GEM 概念模型和 M—O—S（激励—机会—能力）模型（沈超红、彭巍，2010）。基础创业核心要素创业环境模型，包括金融支持、非金融支持、创业与管理技能培训、商业环境和经济条件、创业政策5个核心要素（Gnyawali 和 Fogel，1994）。该模型是 GEM 框架的前身。英国伦敦商学院和美国百森商学院的 GEM 研究项目，对创业环境要素体系有一个较明确的界定，其概念模型把创业环境要素归为9个方面，即金融支持、政府政策、政府项目支持、教育与培训、研究开发转移、商业和专业基础设施、进入壁垒、有形基础设施、文化与社会规范。我们可以看出，GEM 环境要素框架是基于资源依赖理论，构建了比较整体的环境分析模型，但各要素之间的系统关联并不是很清晰。Lundstrom 和 Stevenson（2005）开发的基于 M—O—S 创业环境框架包括，创业教育、创业促进、减少进入障碍、启动支持、启动融资、目标群体政策 6 个维度。该模型以“创业机会论”为理论基础，围绕着“M—O—S”创业环境框架聚焦于创业活动过程，主张创业教育是整个模型的基本动力来源，强调创业政策对创业过程的影响，但忽视了创业环境的整体系统性。

以上两个模型是创业环境实证研究主要借鉴的要素框架。从以往对创新创业领域的创业环境的研究来看，不同研究者出于不同的研究目的，会选用不同的区域创业环境结构和维度。本书将综合上述两个模型，参考以往的区域创业环境的测量和研究，并参考本书此前两章基于扎根理论的案例分析和基于内容分析的访谈研究所得出的结论，尝试提出区域创业环境的构思框架和测量内容。本章内容通过探索性因素分析和验证性因素分析检验组织创业气氛测量信度与效度。

探索性因素分析即可对在未知理论构思的情况下探测测量的理论结构，又可用于理论构思的驱动下优化测量（Church 和 Burke，1994）。根据已有的研究成果，以及本书前两章访谈研究结果，区域创业环境的概念构思已得到初步验证。本章运用探索性因素分析方法，初步确定区域创业环境的要素框架，同时测算测量条款间的同质信度。同质信度是指测量量表内部所有条款间的一致性程度。通常采用内部一致性（即 α 系数）作为测量信度的指标，这个指标能准确地反映一个测量项目的一致性程度和内部结构的良好性。[①] 一个好的测量工具应具有效度、信度、实用性等特质。其中，效度是最重要的特质（黄芳铭，2005）。与探索性因素分析不同，验证性因素分析旨在基于相关理论，实现理论和测量间的相互整合（McDonald 和 Marsh，1990），从而为保证构思结构的理论意义和测量有效提供证据。本章内容通过验证性因素分析方法验证区域创业环境的因素框架，并分析量表的建构信度、聚合和区分效度。

5.1.2 理论背景与研究假设

通过本书第三章的扎根理论案例分析和第四章的内容分析访谈研究，可以

① 王重鸣. 心理学研究方法[M]. 人民教育出版社，2001：138.

初步得到区域创业环境的概念构思框架，它包括政府政策、创业资源基础、创业网络、创业文化、创业服务5个维度。已有的理论和文献也提到了区域创业环境这5个构成要素。

新制度学派（neoinstitutionalism）强调了社会认知系统对社会行为的影响。社会结构或制度预先界定了合适的行为角色和规则；明确了社会可以接纳什么样的组织，组织应该呈现什么样的结构特征；社会可以理解什么样的程序等（Zimmerman 和 Zeitz，2002；杜运周等，2008）。本书第三章中对两个案例的研究告诉我们，政府政策对区域创业活动影响深刻，它不仅影响了创业活跃度，也影响了创业的类型。在中国转型经济特定情境下，仍然存在着政府干预较多并控制大量稀缺资源、民营企业和国企政策待遇差距大、法律法规不完善等独特现象，政府政策对创业机会和创业资源具有非常重要的影响。社会认知系统不仅包括社会制度和政策，还包含社会文化。创业研究重视不同区域经济、制度和文化环境对创业行为的影响（Busenitz 和 Lau，1996；Tan，2002；Tan 和 Chow，2009）。早期的研究者已经注意到文化对创业活动的影响，Weber（1904）指出，社会层面的创业活动差异可以用文化和宗教来解释。McClelland（1961）指出，社会文化因素决定成就动机，而成就动机是创业倾向的重要成因。近年来，许多研究也证实了文化对创业活动的深刻影响。Busenitz 和 Lau（1996）研究了文化对创业机会识别的影响。Tan（2002）研究了文化、政策等环境因素对创业者的环境认知、创业导向以及创业决策行为的影响，研究结果表明创业行为受不同层面文化的影响。因此，政府政策和创业文化是重要的区域创业环境的要素。

仅仅有政府政策和创业文化的推动是无法形成创业活动的。Peffer 和 Salancik（2007）在《组织的外部控制：资源依赖观点》一书中强调组织对外部环境的资源依赖。如果给定足够的环境资源，创业就能够实现，同时环境中的资源还影响新创企业融入环境的能力（Romanelli，1989）。对于创业资源而言，创业企业是资源的需求方，而外部环境是这些资源的供给方，如果创业资源的供给与需求达到均衡，创业资源即达到了有效的配置，就会促进区域创业活动的发展。反之，若资源的供给与需求失衡，企业创立或成长就会受到影响。Hair 等人（2011）的研究结果显示，某一区域科技型企业存活率较低，这种现象与这些企业难以获得创业资源以及这些企业与资源供给主体间弱联结有关。可以说，环境的资源构成区域创业孵化条件，创业资源基础是区域创业环境中一个重要的维度。

从某种意义上来说，环境天择和企业选择从根本上是相互关联的，企业根植于所处环境并与之共同演化（李大元、项保华，2008）。共同演化理论指出，理解区域创业活动，需要了解区域创业活动有赖于区域特征与创业环境（包括地理位置）。该理论认为商业主体与环境间相互影响，共同演进，而不是商业主体单方面适应环境。机会导向的创业研究也表明，创业者与环境之间的动态互动，将提高创业者对环境中机会识别的可能性。创业过程就是创业者识别机会，并通过整合资源利用机会的过程，创业网络在创业者与环境、资源互动中扮演着非常重要的角色。Birley（1985）的一系列研究将社会网络的概念引入创业领域，之后的研究也表明社会网络（包括正式和非正式网络）影响创业者获取信息、资源和市场。Burt（1992）指出创业者的金融资源、个人能力以及社会网络决定了新创企业的成败，而创业网络是其最重要的资产。创业网络能够促进创新、扩散风险、获取信息和社会支持，从而识别和利用机会，并应对环境的不确定（Aldrich 和 Zimmer，1986；Johannisson，1996），创业网络是区域创业环境的要素之一。

从本书上一章的研究结果可以看出，完善的创业服务有助于区域创业环境的形成，增强新企业创业和获利的能力。创业支持性服务包括创新技术的可获得性，人力资源可获得性，支持性服务，金融资源多样性和理想的商业环境等关键要素，它们直接或间接地影响创业整体过程（Abetti，1992；陈晓红、王慧民，2009）。创业者可能有创新技术或创意，并且愿意承担创业风险，然而新创企业高失败率导致创业者比较难获得外部融资。创业投资机构与新创企业间如果能形成利益共同体，两者相互信任并整合互补资源，从而形成更加有价值、更加稀缺、更加难以模仿的竞争优势，带来协同效应（Hamel，1991；叶瑛、姜彦福，2009）。除了金融支持服务之外，中国创业者大多缺乏创业经验，在创业过程中会遇到各种各样的问题，如果能够提供为他们解决问题的中介服务，那么将会提高其创业活跃度和成功率。创业服务是区域创业环境的维度之一。

可以从创业动机的视角，对区域创业环境要素来进行区分。根据创业动机的差异，可以把创业活动分为推动型创业和拉动型创业，或者机会型创业和生存型创业（Reynolds 等，2002）。生存型创业是迫于生活的压力不得已的创业选择，而机会型创业是为了利用创业机会而进行的主动创业活动。姚梅芳等人（2010）认为政府支持、资源基础对生存型创业影响显著，而信息化环境要素对机会型创业有重要作用。Burgelman（1983）把战略制定的内部生态理论模型分为两种战略制定过程：诱使型战略行为（induced strategic behavior）和自发型战略行为（autonomous strategic behavior）。如果按这种分类，政府政策、创业资源基础和创业服务可以被看作是诱使型区域创业环境要素，而创业文化和创业服务可以看作是自发型区域创业环境要素。

综上所述,本书在此提出假设2:区域创业环境是一个包括政府政策、创业资源基础、创业网络、创业文化、创业服务5个维度的多维概念构思。

5.1.3 研究方法

只有赋予概念以操作化的定义,才能具体表达概念所代表的意义,也才能由外在的观察与测量而得知概念的层次(吴明隆,2000)。在管理学的定量分析中,特别是在对潜变量的研究中,问卷调查法是最为常用的方法。本部分研究所涉及的区域创业环境的各要素信息,难以从公开的资料中获得数据,因此研究者将通过问卷调查法来收集相关数据信息。

1. 区域创业环境问卷设计

荣泰生(2005)认为好的问卷设计必须遵循以下原则:问卷的内容必须与研究的观念性架构相互响应;问卷中的问题必须尽量使填答者容易回答;尽量不问个人隐私(例如收入、年龄等);先前的问题不影响对后续问题的回答;在问卷设计过程中,研究者必须决定哪些是开放性问题(open-ended questions),哪些是封闭性问题(close-ended questions);在正式使用问卷前应先经过预测的过程[①]。

本书的问卷设计拟采用上述的问卷设计原则,在问卷设计过程中尽量考虑了以下三点:将整个概念的构思包括在其中;在测量问卷的答项设置上简洁明了,易于一般成年人理解;控制问卷题项数量,减轻调查对象的负担。

为了获得具有信度和效度的问卷,本书遵循了比较成熟的问卷设计及验证方法。在问卷设计和验证的具体操作中主要遵循以下6个步骤:

一是文献研究。对创业环境、区域环境、产业集群等相关领域的文献进行回顾与整理,汇集与本研究相关信息,对区域创业环境的基本概念构思形成比较系统的初步认识。

二是访谈研究与焦点小组讨论。进行问卷设计之前,对24位来自高校、研究机构、企业、风险投资机构、中介、政府等组织的代表进行半结构化的深入访谈,同时安排了主题焦点小组讨论,并对特定区域创业环境进行了实地考察。了解环境当中影响创业主体创业活动的要素、区域创业环境的构成要素,以及区域创业环境如何对创业行为和绩效产生作用。通过访谈和焦点小组讨论,得到大量有关区域创业环境的关键事件信息。

三是分析访谈资料内容。在本书第四章里,研究者根据访谈资料信息,通

① 荣泰生. 企业研究方法[M]. 北京:中国税务出版社,2005:272.

过内容分析方法，初步得到区域创业环境的5个要素概念构思，即政府政策、创业资源基础、创业网络、创业文化、创业服务。同时，依据访谈资料内容，用演绎法提出能够反映这5个要素的各个具体条目。

四是编制初始问卷。将基于文献梳理所获得的测量条款以及基于内容分析结果演绎所获得的测量条款分别进行归类和汇总，形成区域创业环境的初始量表。采用面谈或电子邮件的方式，向创业和区域经济研究领域以及在问卷设计方面有丰富经验的专家学者征求意见，咨询的内容主要集中在问卷中各题项间逻辑关系、题项措辞、题项增删、题项与所测变量间的一致性等方面。同时，向实践人士征求意见，主要集中在题项的表达与措辞、问卷格式两方面。根据学界专家和实践人士的意见对问卷进行了相应的修改，形成了问卷初稿。初步选择了30个题项进入项目池（the pool of items），分别测量政府政策、创业资源基础、创业网络、创业文化、创业服务这5个区域创业环境的内容维度。每一个项目采用Likert五点量表测量其符合程度（从"1"表示"极不符合"到"5"表示"完全符合"）。

五是小样本预调研。对各潜变量的测量题项进行净化，去除信度较低的条款。采用的方法有两步：第一步，利用纠正条款的总相关系数（Corrected-Item Total Correlation，简称CITC）净化测量条款，对于CITC值小于0.5且删除后可以增加α值的条款予以删除；第二步，根据对试测数据进行斜交方式（考虑因素间相关）探索性因素分析（主成分因素提取）。特征值和碎石图结果表明可以抽取5个因素。根据概念定义及数据结果，去除在主要因素上负荷很小（小于0.3）或在多个因素上有负荷的项目，最终保留了27个题项。

六是修订问卷。为提高结构效度，请两位创业领域和区域经济学的博士仔细鉴定测量题项内容的充分性和一致性，以期测量题项能反映潜变量的概念构思域完整性。同时，在不影响概念构思域完整性的前提下，剔除语义不清或语义冗赘的项目，或对问项进行修订。

通过以上6个步骤，最终形成了区域创业环境量表，共包含27个测量条款（量表具体内容参见本书附录3第二部分）。

2. 问卷的防偏措施

Fowler（1988）认为主要有4种原因可能导致非准确性应答：应答者不知道该问题的答案；应答者不能回忆所提问问题答案的信息；虽然知道这些问题答案的信息，但是应答者不想回答这些问题；应答者不能理解所问的问题。[①] 由于

---

① 李正卫. 动态环境条件下的组织学习与企业绩效[D]. 杭州：浙江大学博士学位论文，2003：131.

本书中测量题项的回答主要建立在应答者的主观评价之上,因而可能存在上述所提到的导致测量出现偏差的因素。

尽管上述4个因素带来的测量偏差可能没有办法完全消除,但仍可以通过一些措施降低这些因素带来的偏误。对于第一种由于不熟悉情况所引起的偏差,本书这部分研究要求应答者是对所在单位比较熟悉的个人,如企业的中高层管理者,或政府相关部门领导等。对于第二种由于记忆偏差所引起的偏差,结合本书的研究需要,问卷题项都设计成对目前或近几年情况的描述,以尽量避免由于记忆与回忆引起的偏差。针对第三种由于应答者意愿性引起的偏差,笔者在问卷卷首庄严、醒目地向应答者承诺,问卷数据仅用于学术研究,不公开任何填答内容。此外,本问卷采取匿名的方式,即不要求应答者填写公司名称和个人信息。借助以上措施减轻或消除应答者的顾虑。针对第四种由于应答者不理解题项内容引致的问题,本问卷在设计过程中参考了现有的理论研究,广泛征求了学界与实践界的意见,进行多次修改,尽量避免了题项难以理解或者意义含糊不清的情况发生①。

3. 研究样本及数据收集过程

收集有效的数据是实证研究过程中一个非常重要的步骤。本次调研获得国家社会科学基金、苏州市科技局软科学研究计划以及苏州市工业园区"十三五"规划项目的支持,这为调研的开展提供了便利的条件。本次调研以创业个人和新企业为调研对象,对区域创业环境等问题进行了比较深入的现场调研,以便对区域创业环境的基本情况有详尽的了解。

本研究为了检验问卷的信度和效度,在发放正式问卷之前进行了预测,以确定测量工具的可信程度和有效性。问卷初步设计完毕后,通过两种方式来获取样本:一种是直接发放与回收问卷。笔者自行联系中小企业局或者园区管委会获取新创企业名录,通过电子邮件或亲自前往企业请中高层管理者填写问卷,或者到多所大学的EMBA、总裁班和MBA课堂请学员填写问卷。另一种是关键被调查人技术。关键被调查人技术在管理领域的定量研究中常用,主要是通过一些与新创企业联系广泛的联系人,如高校教师、园区管委会政府官员等,由这些联系人将问卷以纸质或电子邮件的形式发放给相关企业的被调查者。被调查者回答完问卷后,直接将问卷寄给笔者,或经由联系人转交给笔者。

本研究试测样本来自北京、哈尔滨、上海、苏州、广州、西安、合肥等地,共发放问卷2 100份,收回843份,其中有效问卷225份。剔除无效问卷的原则有:

① 李晶. 组织创业气氛机制研究[M]. 北京:中国社会科学出版社,2010:126.

问卷中有多处缺答现象的予以删除；问卷中"不确定"选项选择过多者予以删除。问卷回收率为40.14%，有效问卷率为10.71%（见表5.1）；问卷填写呈现明显规律性的予以删除，如答案呈"Z"行排列、所有条款选同一项等（李晶，2010）。对于出现多选、漏选以及个人信息填报存在问题的问卷，都不予采用。

本次正式调研由课题组教师和研究生共6人参加。在进行正式调研之前，参与调研的人员参加了培训，由问卷设计者和预调研人员向其余人员讲解调研主要过程、需要特别注意的事项，以及如何获得有效问卷的技巧。为了减少调研过程中的理解偏误，6名调研人员分成3组，各调研小组共两名成员，每组分别由一名经验较丰富和一名经验较少的调研人员组成。

本次调研中的正式调研样本来自北京、苏州、上海、广州、东莞、杭州、哈尔滨、西安、沈阳、合肥、芜湖等地，采用关键被调查人技术共发放问卷2 000份，回收747份，回收率为37.35%；其中有效问卷293份，有效问卷率为14.65%。笔者直接发放问卷1 200份，共计回收413份，回收率为34.42%；其中有效问卷135份，有效问卷率为11.25%。两种方式共发放问卷3 200份，回收1 160份，总体回收率为36.25%；其中有效问卷428，有效问卷率13.38%。

表5.1　试测和正式调研问卷发放与回收情况简表

类别	发放问卷	回收问卷	有效问卷	回收率	有效率
试测（探索）	2 100	843	225	40.14%	10.71%
正式（验证）	3 200	1 160	428	36.25%	13.38%

探索性因素分析样本基本情况：被访者以中层管理者为主，占受访者总人数的29.6%，其次是创业者；从被访者性别比例来看，男性较多，占受访者总人数的61.8%；样本企业成立年数多集中在7～8年，共占受访企业总数的33.4%；主营业务所属行业以制造业为主，占受访企业总数的24.6%。就行业类型而言，传统行业占受访企业总数的56%，高新技术行业占受访企业总数的44%；样本企业规模20人以下较小规模占多数，共占受访企业总数的35.6%，200人以上较大规模企业占受访企业总数的15.2%。样本所在地区以京津冀地区为主，占受访企业总数的45.9%，其他三个地区各占20%左右。探索性因素分析样本具体情况如表5.2所示。

验证性因素分析样本基本情况：受访者以中层管理者为主，占受访者总人数的33.4%，其次是创业者；样本企业成立年数多集中在7～8年，共占受访企业总数的31.7%；主营业务所属行业以制造业为主，占受访企业总数的30.8%。就行业类型而言，传统行业占受访企业总数的56%，高新技术行业占受访企业总数的44%；样本企业规模20人以下较小规模占多数，共占受访企业总数的

32.4%,200 人以上较大规模企业占受访企业总数的 21.3%。样本所在地区最多的是京津冀地区,占比 35.7%,其次是中西部地区,占比 28.5%,东部沿海和东北地区的占比都在 18%左右。验证性因素分析样本具体情况如表 5.3 所示。

表 5.2　探索性因素分析样本(N=225)

统计内容		频次	百分比	累积百分比
被访问者	创业者	50	22.2	22.2
	高层管理者	49	21.8	44.2
	中层管理者	67	29.8	73.9
	其他	59	26.2	100.0
成立年数	3 年以下	34	15.1	15.1
	3~6 年	50	22.2	37.1
	7~8 年	75	33.3	70.5
	9 年以上	66	29.3	100.0
所在地区	东部沿海地区	41	18.2	18.2
	京津冀地区	103	45.8	64.2
	中西部地区	33	14.7	79.1
	东北地区	47	20.9	100.0
主营业务所属行业	农林牧渔	13	5.8	5.8
	采矿业	9	4.0	9.7
	制造业	55	24.4	34.0
	交通运输、仓储和邮政业	16	7.1	41.3
	建筑业	7	3.1	44.6
	金融业	21	9.3	53.7
	电力、燃气及水的生产和供应业	9	4.0	57.8
	批发和零售业	19	8.4	66.1
	住宿和餐饮业	4	1.8	67.9
	科学研究、技术服务和地质勘查业	6	2.7	70.5
	房地产	5	2.2	72.5
	租赁、商务服务业	4	1.8	74.4
	信息传输、计算机服务业和软件业	26	11.6	86.1
	水利、环境和公共设施管理业	13	5.8	91.7

续表

统计内容		频次	百分比	累积百分比
主营业务所属行业	居民服务和其他服务业	8	3.6	95.1
	公共管理和社会组织	8	3.6	98.8
	电子商务	2	0.9	100.0
行业类型	传统行业	127	56.4	56.4
	高新技术行业	98	43.6	100.0
企业规模	20 人及以下	80	35.6	35.6
	20 ~ 50 人	62	27.6	63.2
	50 ~ 200 人	49	21.8	84.8
	200 人及以上	34	15.1	100.0
性别	男	139	61.8	61.8
	女	86	38.2	100.0
婚否	已婚	84	37.3	37.3
	未婚	131	58.2	95.6
	离异	10	4.4	100.0
是否创业	是	95	42.2	42.2
	否	130	57.8	100.0

表 5.3 验证性因素分析样本(N=428)

统计内容		频次	百分比	累积百分比
被访问者	创业者	104	24.3	24.3
	高层管理者	74	17.3	41.6
	中层管理者	143	33.4	74.9
	其他	107	25.0	100.0
成立年数	3 年以下	79	18.5	18.5
	3 ~ 6 年	104	24.3	42.8
	7 ~ 8 年	136	31.8	74.6
	9 年以上	109	25.5	100.0
所在地区	东部沿海地区	74	17.3	17.3
	京津冀地区	153	35.8	53.2
	中西部地区	122	28.5	81.6
	东北地区	79	18.5	100.0

续表

统计内容		频次	百分比	累积百分比
主营业务所属行业	农林牧渔	18	4.2	4.2
	采矿业	9	2.1	6.3
	制造业	132	30.8	37.1
	交通运输、仓储和邮政业	23	5.4	42.5
	建筑业	15	3.5	45.9
	金融业	35	8.2	54.2
	电力、燃气及水的生产和供应业	11	2.6	56.7
	批发和零售业	30	7.0	63.6
	住宿和餐饮业	6	1.4	64.9
	科学研究、技术服务和地质勘查业	12	2.8	67.7
	房地产	11	2.6	70.2
	租赁、商务服务业	15	3.5	73.7
	信息传输、计算机服务业和软件业	54	12.6	86.3
	水利、环境和公共设施管理业	16	3.7	90.1
	居民服务和其他服务业	25	5.8	96.0
	公共管理和社会组织	12	2.8	98.8
	电子商务	6	1.4	100.0
行业类型	传统行业	238	55.6	55.6
	高新技术行业	190	44.4	100.0
企业规模	20 人及以下	139	32.5	32.5
	20～50 人	108	25.2	57.6
	50～200 人	90	21.0	78.7
	200 人及以上	91	21.3	100.0
性别	男	184	43.0	43.0
	女	244	57.0	100.0
婚否	已婚	135	31.5	31.5
	未婚	269	62.9	94.4
	离异	24	5.6	100.0
是否创业	是	209	48.8	48.8
	否	219	51.2	100.0

4. 区域创业环境的测量

根据本次研究区域创业环境的关注点，结合案例研究、实地深入访谈和内容分析，笔者尝试修订和构建区域创业环境测量工具。量表条款主要有三类来源：一是直接引用国内外文献中已经被定量研究证实具有较高信度和效度的测量条款；二是在案例研究、实地访谈和内容分析的基础上，根据获得的编码类目进行修改而得的测量条款；三是根据本研究的特点，与相关领域的专家学者进行交流，根据专家意见及访谈结果提出的测量项目。通过上述分析研究，本研究初步将区域创业环境划分为政府政策、创业资源基础、创业文化、创业网络和创业服务5个内容维度。

已有对区域创业环境的研究多涉及对政府政策这一维度的测量，政府政策的目的在于增加新的创业机会，以及提高新创企业生存率。Stevenson 和 Lundstrom(2001)把创业政策措施归为6个焦点：为初创者提供融资渠道、提供商业支持、降低行业进入壁垒、整合创业教育、提升创业文化、提高企业家的参与水平。肖勇军(2012)用7个题项测量政策环境，$\alpha = 0.889$。CPSED(2012)用了单一题项测量政府政策，即"地方政府为创业提供了足够的支持"。GEM 报告中政府政策由6题项测量，该量表是比较常用的测量政府政策的量表，其有效性已经被一些研究验证。基于以往研究测量的结果，结合实证访谈分析，初步得到本研究政府政策测量条款如表5.4所示。

表5.4 区域创业环境初始测量量表－政府政策维度

项目编号	测量条款	题项依据
RE1－1	政府对新成立公司提供创业融资渠道 b,d	a. Gnyawali 和 Fogel, 1994; b. Stevenson 和 Lunstrom,2001; c. 肖勇军,2012; d. GEM 报告,2013; e. 实地访谈。
RE1－2	政府政策整合创业教育 b,e	
RE1－3	税务不构成新成立的和成长型公司的负担 a,b,d	
RE1－4	地方政府在制定政策时，优先考虑扶持新成立的和成长型公司 a,d,e	
RE1－5	地方政府为创业提供了足够的支持 a,c	
RE1－6	新成立或成长型公司在应付政府机制、规章制度和许可证方面不是很难 a,b,d,e	
RE1－7	政府对新政策执行力度较强 a,b,d,e	

大多数学者在研究创业环境时，都会涉及对创业资源基础这一维度的测量。CPSED 项目对创业环境充裕度的调研，主要是从获取原材料、招募高技能员工、获取创业必需的资本、争取到分销商、吸引客户、战胜其他竞争者、紧跟技术变化趋势、获取银行帮助、获取风险资本家帮助、赢得国家和地方政策支持这10个方面来测量。GEM 报告中的金融支持(7题项)、教育与培训(6题项)、有

形基础设施(5 题项)都与创业资源基础相关。肖勇军(2012)设计的创业环境量表中与创业资源相关的包括:基础设施环境(5 题项,$\alpha=0.773$)、融资环境(6 题项,$\alpha=0.849$)、人力资源环境(6 题项,$\alpha=0.757$)、技术环境(6 题项,$\alpha=0.759$)。本研究根据访谈研究,对以往的量表做了适当的调整,创业资源基础初始条款如表 5.5 所示。

表 5.5 区域创业环境初始测量量表 – 创业资源基础维度

<table>
<tr><th>项目编号</th><th>测量条款</th><th>题项依据</th></tr>
<tr><td>RE2 – 1</td><td>有充足的创业资本提供给新成立和成长型公司 a,b,c,d,e</td><td rowspan="6">a. Gnyawali 和 Fogel,1994;
b. CPSED 报告,2012;
c. 肖勇军,2012;
d. GEM 报告,2013;
e. 实地访谈。</td></tr>
<tr><td>RE2 – 2</td><td>有多种融资渠道解决新成立和成长型公司的资金问题 c,d</td></tr>
<tr><td>RE2 – 3</td><td>新创企业能够从周围高校、科研机构聘请到所需数量的专业人才 b,c,d</td></tr>
<tr><td>RE2 – 4</td><td>新创企业获得专业人才的成本较合理 b,c,d</td></tr>
<tr><td>RE2 – 5</td><td>基础设施(道路、设施、通信、互联网、污染处理)为新成立和成长型公司提供良好的支持 a,c,d,</td></tr>
<tr><td>RE2 – 6</td><td>新成立和成长型公司负担得起新市场的进入成本 b,c,d,e</td></tr>
</table>

文化价值支持环境主要包括了企业家的示范效应、对企业家精神的鼓励、对经验与成绩的认可、雇员工作的流动性、投资者的积极参与、社会对失败的宽容程度(肖勇军,2012)。CPSED 报告(2012)也强调了创业氛围对创业活动的影响,主要是社会对创业认可度、周围人是否从事创业等几方面来进行测量创业氛围。有关创业文化研究指出,社会文化对创业行为失败的容忍,可以增加人们创新创业的动力。这个观点在访谈研究中也得到了验证。本研究对创业文化的测量初步设计的题项如表 5.6 所示。

表 5.6 区域创业环境初始测量量表 – 创业文化维度

<table>
<tr><th>项目编号</th><th>测量条款</th><th>题项依据</th></tr>
<tr><td>RE3 – 1</td><td>当地媒体对成功创业事迹广为宣传 b,e</td><td rowspan="6">a. Gnyawali 和 Fogel,1994;
b. CPSED 报告,2012;
c. 肖勇军,2012;
d. GEM 报告,2013;
e. 实地访谈。</td></tr>
<tr><td>RE3 – 2</td><td>社会环境鼓励人们去创业 a,b,c,d,e</td></tr>
<tr><td>RE3 – 3</td><td>我的很多朋友都在创业 b,e</td></tr>
<tr><td>RE3 – 4</td><td>教育鼓励创造性、自立和个人原创 c,d,e</td></tr>
<tr><td>RE3 – 5</td><td>新创企业经常接受创业文化教育与培训 a,c,e</td></tr>
<tr><td>RE3 – 6</td><td>社会文化对于创业失败很宽容 a,c,d,e</td></tr>
</table>

目前学者多从网络规模、倾向性、网络密度、强度、多样性等方面来测量创

业网络。Burt(1992)认为社会网络结构包括3个维度,即网络规模、网络密度和网络层次。崔启国(2007)用创业者(或新创企业)与外部环境主体所建立的网络联系强弱来衡量创业网络,从个体网络(创业者与家人、朋友、熟人所建立的网络联系,3题项,α=0.731 9)和组织网络(新创企业与其他组织机构,如政府机构、中介机构、关联企业、融资机构等建立的网络联系,5题项,α=0.827 7)这两个方面来衡量。基于以往的研究成果,结合访谈内容,本研究从与创业活动相关的网络多样性和联系强弱两方面来测量创业网络,测量初始条款如表5.7所示。

表5.7 区域创业环境初始测量量表-创业网络维度

项目编号	测量条款	题项依据
RE4-1	新技术、新科学和其他知识迅速从高校、公共研究机构向新成立与成长型公司转移 a,b,c,d	a. Saxenian,2000; b. 崔启国,2007; c. GEM,2013; d. 实地访谈。
RE4-2	所在区域产学研究合作普遍 a,b,c	
RE4-3	所在区域存在各种形式的创业社交组织 d	
RE4-4	所在区域经常举办各种形式的创业活动 d	
RE4-5	所在区域产业联盟内企业联系密切 d	

创业服务能够帮助创业者或新创企业把技术、资本、人才、信息、市场等创业资源进行合理配置,创业服务环境包括各类中介服务机构与部门,创业服务集中体现在创业企业孵化器中。GEM报告中创业环境的金融支持、政府项目、教育与培训等维度中都体现了创业服务理念。肖勇军(2012)从5个方面测度创业服务环境,主要围绕着中介服务和中介服务机构,共5个题项,α系数为0.718。在访谈过程中我们发现,创立企业之前的创业教育和培训,以及创业过程中的排忧解难对于创业结果有重要的影响。本研究根据访谈分析对以往测量进行了适当调整,创业服务的初始量表如表5.8所示。

表5.8 区域创业环境初始测量量表-创业服务维度

项目编号	测量条款	题项依据
RE5-1	新创企业能够找到服务中介机构 a,b	a. 肖勇军,2012; b. GEM,2013; c. 实地访谈。
ER5-2	新创企业可以获得高质量的中介服务(咨询、法律、会计等)a,b	
RE5-3	新创企业获得中介服务成本合理 a,b	
RE5-4	所在区域有充足的资质高的中介机构为新创企业提供帮助 a,b,c	
RE5-5	政府为创业者和新创企业提供必要的创业教育与培训 c	
RE5-6	当新创企业遇到问题时,孵化器能够为其提供有针对性的服务 c	

将上述各部分测量量表条款打乱排序，组合形成区域创业环境的整体测量量表。以上题项或者是选择已经检验有较好信度效度的测量条款，或者是通过实地深入访谈，对已有相关题项修订而成，以期获得较好的测量效果。在实际测量中，将上述题项打乱排序，是为了尽可能减少同一维度题项连续出现所产生的认知偏差，以便更好地检验区域创业环境的概念构思和题项适用性。

5. 研究步骤与方法描述

本部分研究主要按以下四个步骤依次进行：第一步，选取探索性因素分析和验证性因素样本，发放问卷，回收数据，进行数据的初步检查，将废卷剔除，对数据进行录入整理，形成数据文件，为问卷数据分析做准备；第二步，运用 SPSS 17.0 统计软件，对区域创业环境的内容结构进行探索性因素分析；第三步，运用 AMOS 7.0 统计软件，对区域创业环境的内容结构进行验证性因素分析；第四步，对数据分析结构讨论与总结，提供各效度验证结果。①

本研究采用荣泰生（2005）的选择方法来选择变量分析技术，需要考虑：① 变量之间的关系如何？是相依还是互依？即是自变量与因变量的关系，还仅仅是变量间彼此相关？考虑变量之间的关系，在本部分的分析中，只针对单个潜变量的内部测量条款的关系进行分析，不考虑各个潜变量之间的关系，因而各变数间是互依关系，本部分的研究方法应选用互依法，对于互依法技术层面的具体选择详见图 5.1。② 是单因变量，还是有一个以上多因变量？由于变数间存在互依性，所以不需要考虑因变量数量这个问题。③ 所收集来的资料尺度（类型）如何？本部分研究运用 Likert 五点量表，所获得的资料均为等距（区间）尺度，所以可供选择的分析方法为因素分析、集群分析等多种统计分析方法。

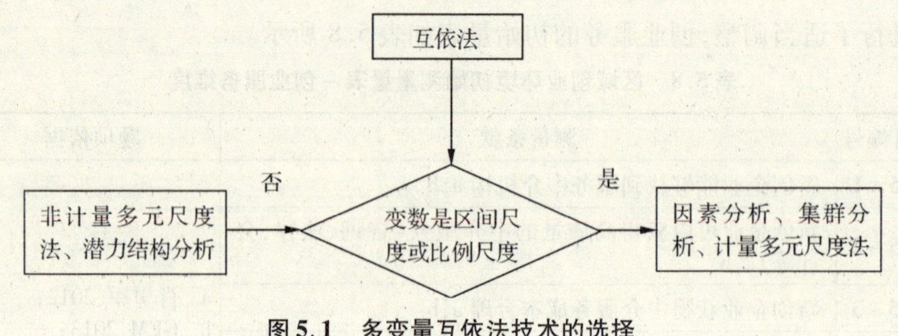

图 5.1 多变量互依法技术的选择

资料来源：荣泰生，2005。

本书这部分研究主要是要对各条款之间的关系进行分析，探究区域创业环

① 李晶. 组织创业气氛机制研究［M］. 北京：中国社会科学出版社，2010：137.

境的概念构思以及内容结构。通过探索性因子分析,探寻其中一些条款是否可以集结出公共因子。根据荣泰生(2005)的变量分析技术选择原则,以及本书这部分研究的需要,笔者选择了因素分析方法,在对各潜变量的条款进行净化之后,再对其进行因素分析。

本部分研究采用的具体分析方法如下:

(1) 描述性统计

描述性统计主要对样本基本资料,包括问卷填答者的性别、婚姻状况、所在地区、是否创建企业、新创企业行业类型、企业规模、企业年龄等进行统计,描述样本的类别、特征以及比例分配状况。同时,对各测量条款进行均值、标准差、偏度、峰度等统计,以了解数据的大体情况,并为数据正态分布验证提供指标。

(2) 信度分析

在进行假设检验之前,应对测量结果进行信度和效度分析。只有满足信度和效度要求的量表,其分析结果才具有说服力(李怀祖,2004)。

信度即可靠性,是指测量结果的一致性和稳定性程度。信度有外在信度与内在信度两大类。在多题项量表中,内在信度特别重要。所谓内在信度是指每一个量表是否测量单一的概念,一般用 α 信度系数法(Cronbach's alpha)检验测量条款的信度,Cronbach's alpha 的值不得低于 0.5。另外,利用纠正条款的总相关系数(Corrected-Item Total Correlation,简称 CITC)对测量条款进行净化,去除信度较低的条款。一般而言,CITC 小于 0.5 时,就可以考虑删除该测量条款(Cronbach,1951;转引自刘怀伟,2003),但也有学者认为 CITC 等于 0.3 也符合研究的要求(卢纹岱,2002)。本研究对同时满足以下两个标准的条款予以删除:纠正条款的总相关系数小于 0.5;删除此条款可增加 α 系数。

(3) 效度分析

效度指题项能够真正测量出研究人员所要衡量事物的真实程度,它表明概念与其测量指标之间的关系。本研究主要关注四种效度,内容效度、结构效度、聚合效度和区分效度。

内容效度(content validity)是指该测量工具是否涵盖了它所要测量的某一观念的所有项目(观念),其更多的是靠研究者在观念的定义上或者语义上的判断(荣泰生,2005),即内容效度是一种质性的效度,主要依赖于逻辑的处理而非统计的分析,依赖于研究者对理论定义的认同(黄芳铭,2005)。判断方法为:测量工具是否可以真正测量到研究者所要测量的变量以及测量工具是否涵盖了所要测量的变量。本研究相关变量的量表是经由文献梳理、访谈研究、学者检验及预调研得来的,因而具有较好的内容效度。

结构效度(construct validity)是量表测度出理论的概念和特征的程度,一般可以通过因子分析来检测。使用KMO(Kaiser-Meyer-Olkin)测度来检验数据是否适合做因子分析。KMO值在0.9以上的数据,非常适合;KMO值为0.8~0.9的数据,很适合;KMO值为0.7~0.8的数据,适合;KMO值为0.6~0.7的数据,不太适合;KMO值为0.5~0.6的数据,很勉强;KMO值在0.5以下的数据,不适合。根据这一原则对KMO值在0.6以下的数据不进行下一步分析;对KMO值在0.7以上的数据进行因子分析;对于KMO值为0.6~0.7的以理论研究为基础,根据实际情况决定是否进行因子分析(马庆国,2002)。

聚合效度(convergent validity)是指测量同一概念的多重指标彼此间的聚合或关联程度,可以通过平均提取方差值即平均变异数抽取量(Average Variance Extracted,简称AVE)进行测量,其标准为测量条款的解释力超过其误差方差(Carmines和Zeler,1979;转引自王庆喜,2004)。Fornell和Larcher(1981b)认为若误差的解释大于测量条款的话,则表示该变量的效度是有问题的,因此AVE的数值范围为大于0.5。对于因子负载而言,测量的有效性要求其超过一定的标准,且达到统计显著性水平,Ford,McCallum和Tait(2006)推荐的标准化因子负载的最低水平为0.4(转引自徐碧祥,2007)。参照适配度指标的理想取值范围标准、标准化因子负载和AVE取值的下限标准,对各潜变量进行确定性因子分析以检验其各自的聚合效度。

区分效度(discriminant validity)是指当一个概念的多重指标相聚合时,则这个概念的多重指标也应与其相反概念的测量指标负向相关。借鉴Fomell和Larcker(1981a,b)的研究,采用不同潜变量(或因子)AVE值的均方根与不同变量(或因子)之间的相关系数比较的方法进行区分效度检验。如果某潜变量(或因子)与其测量条款共有的方差多于其他潜变量(或因子)与其测量条款共有的方差,则其就具有了区分性。要判断区分效度是否满足分析要求,关键就是看两个潜变量(或因子)之间的相关系数是否小于这两个潜变量(或因子)的AVE均方根(徐碧祥,2007)。

5.1.4 研究结果

1. 条款净化和样本检验

从表5.9中可以看出,组织创业环境的30项测量条款中RE1-7,RE3-6,RE5-5这3项的CITC值都小于0.5,且删除这些项后α系数都会有所上升,并且整体α系数也由0.911 5上升到0.923 6,因而将这3个条款删除。

表 5.9 区域创业环境五要素探索性因素分析结果(N=225)

编号	初始 CITC	最终 CITC	删除访项后 α 系数	整体 α 系数
RE4-1	0.492 2	0.572 4	0.932 7	初始 =0.911 5 最终 =0.923 6
RE2-1	0.579 9	0.563 4	0.917 5	
RE3-4	0.513 5	0.580 9	0.903 2	
RE5-1	0.532 7	0.553 2	0.917 4	
RE1-1	0.492 7	0.539 1	0.928 0	
RE1-2	0.609 6	0.583 9	0.928 7	
RE4-2	0.571 5	0.606 2	0.932 6	
RE2-2	0.538 1	0.592 1	0.916 3	
RE3-1	0.573 0	0.628 9	0.902 9	
RE1-7	0.426 0	0(删除)	0.909 3	
RE1-3	0.562 2	0.594 7	0.926 9	
RE4-3	0.583 1	0.596 2	0.901 7	
RE2-3	0.593 8	0.511 6	0.928 9	
RE2-4	0.530 1	0.527 6	0.938 9	
RE1-4	0.567 1	0.533 9	0.917 5	
RE2-6	0.552 5	0.591 7	0.933 6	
RE4-4	0.609 2	0.571 5	0.904 8	
RE5-6	0.602 2	0.539 6	0.933 9	
RE2-5	0.538 1	0.590 6	0.911 5	
RE3-2	0.528 7	0.602 7	0.932 0	
RE5-5	0.439 0	0(删除)	0.900 8	
RE1-5	0.513 3	0.590 6	0.909 7	
RE1-6	0.601 7	0.597 0	0.927 7	
RE3-3	0.596 2	0.607 9	0.927 6	
RE5-2	0.583 3	0.516 8	0.930 5	
RE3-5	0.529 6	0.573 5	0.910 9	
RE3-6	0.409 7	0(删除)	0.902 9	
RE4-5	0.527 7	0.565 4	0.901 8	
RE5-4	0.531 0	0.598 7	0.919 6	
RE5-3	0.527 6	0.588 6	0.909 8	

在做探索性因素分析之前，先检验剩余27项条款的KMO值和Bartlett's球形显著性，结果见表5.10。从表中可以看出KMO值大于0.8接近0.9，且Bartlett统计值不显著，可以进行因子分析。

表5.10　样本充分性和球形检验

Kaiser-Meyer-Olkin 取样充性测量		0.875
Bartlett's 球形检验	χ^2	1 279.66
	df	251
	Sig.	0.000

2. 创业环境的探索性因素分析结果

本研究首先对问卷中各变量测量条款的均值、标准差、偏度和峰度等描述性统计量进行分析，以检验调研所获取的数据是否服从分布，结果见表5.11。Kline(1998;转引自黄芳铭,2005)认为，当偏度绝对值小于3、峰度绝对值小于10时，表明样本基本上服从正态分布。从表5.11可以看出，各测量条款数据的评价值基本服从正态分布，可以进行下一步分析。

表5.11　探索性因素分析样本变量测量条款的描述性统计(N=225)

测量项目	样本量统计	均值统计	标准差统计	偏度		峰度	
				统计	标准差	统计	标准差
RE4-1	225	3.224 6	0.63175	-0.882	0.244	2.321	0.455
RE2-1	225	3.327 5	0.862 34	-0.751	0.244	0.144	0.455
RE5-1	225	3.564 4	0.823 65	-0.729	0.244	-0.094	0.455
RE1-1	224	3.218 9	0.957 79	-0.520	0.245	-0.291	0.456
RE1-2	225	3.876 4	0.921 97	-0.455	0.244	-0.298	0.455
RE4-2	225	3.390 8	0.863 52	-0.521	0.244	0.099	0.455
RE2-2	224	3.187 3	0.776 52	-0.572	0.245	-0.543	0.456
RE3-1	225	3.229 1	0.827 91	-0.632	0.244	0.298	0.455
RE1-3	224	3.036 8	0.812 62	-0.421	0.245	-0.190	0.456
RE4-3	225	3.098 3	0.911 76	-0.520	0.244	0.496	0.455
RE2-3	225	3.763 9	0.865 40	-0.575	0.244	-0.017	0.455
RE2-4	225	3.054 9	1.057 98	-0.566	0.244	-0.256	0.455
RE1-4	225	3.319 8	0.800 74	-0.817	0.244	0.820	0.455
RE4-4	225	3.176 3	0.727 59	-0.658	0.244	0.820	0.455
RE2-5	225	3.007 5	0.829 75	-0.208	0.244	-0.380	0.455

续表

测量项目	样本量统计	均值统计	标准差统计	偏度		峰度	
				统计	标准差	统计	标准差
RE3 - 2	224	3.387 6	0.829 90	-0.608	0.245	0.357	0.456
RE1 - 5	225	3.498 0	0.727 61	-0.545	0.244	0.487	0.455
RE1 - 6	224	3.874 9	0.859 02	-0.765	0.245	0.533	0.456
RE3 - 3	225	3.643 8	0.909 86	-0.765	0.244	0.597	0.455
RE5 - 2	224	2.765 0	1.098 01	0.009	0.245	-0.828	0.456
RE5 - 3	225	3.176 5	0.983 36	-0.589	0.244	-0.290	0.455
RE5 - 4	225	3.790 2	0.821 73	0.562	0.244	-0.080	0.455
RE3 - 4	225	3.628 9	0.890 33	-0.579	0.244	-0.287	0.455
RE2 - 6	225	3.554 2	0.731 60	0.562	0.244	-0.080	0.455
RE5 - 6	225	3.790 2	0.653 42	0.876	0.244	0.765	0.455
RE3 - 5	224	3.309 8	0.609 82	0.776	0.245	0.543	0.456
RE4 - 5	225	3.082 7	0.552 73	0.879	0.244	0.780	0.455

区域创业环境并没有形成统一的测量量表，本研究在试测结果分析的基础上进行探索性因素分析，采用最大方差主成分分析法。探索性因素分析结果如表5.12所示。产生了5个因素，支持了区域创业环境多维度的假设。基于上文的分析和各因子所属条款的意涵，将这5个因子分别命名为政府政策、资源基础、创业文化、创业网络和创业服务。5个因素共解释了区域创业环境变量68.338%的变异。

表5.12　区域创业环境探索性因素分析结果（N=225）

	因素1	因素2	因素3	因素4	因素5
因素1：政府政策　α系数=0.843 2　解释的变异为16.738%					
RE1 - 1	0.825	0.017	0.138		0.090
RE1 - 2	0.698	0.009	0.019	0.177	0.235
RE1 - 4	0.674	0.175			
RE1 - 3	0.698		0.132	0.098	0.195
RE1 - 5	0.760			0.151	
RE1 - 6	0.592	0.270	0.209		0.210
因素2：创业资源　α系数=0.703 1　解释的变异为22.356%					
RE2 - 1	0.229	0.678	-0.009	0.270	
RE2 - 3		0.597			0.109

续表

	因素1	因素2	因素3	因素4	因素5
RE2-4	0.100	0.798	0.174	0.180	0.100
RE2-2		0.649	0.205	0.217	
RE2-5		0.559	0.328	0.219	0.239
RE2-6	0.307	0.658		0.328	0.317
因素3:创业文化 α系数=0.7390 解释的变异为14.298%					
RE3-1	0.006	0.439	0.698		0.157
RE3-2		0.217	0.716	0.169	0.179
RE3-4	0.230		0.586	0.204	
RE3-5			0.607		0.296
RE3-3	0.257	0.238	0.770	0.250	0.218
因素4:创业网络 α系数=0.6908 解释的变异为15.190%					
RE4-1		0.210	0.244	0.750	0.128
RE4-3	0.190	0.239		0.635	0.109
RE4-2	0.108		0.281	0.535	0.098
RE4-5		0.338	0.072	0.590	
RE4-4	0.136	0.216	0.325	0.579	0.214
因素5:创业服务 α系数=0.7912 解释的变异为12.361%					
RE5-2	0.177	0.208		0.192	0.605
RE5-3			0.210	0.113	0.739
RE5-4	0.309	0.177	0.241		0.590
RE5-6		0.186	0.157	0.209	0.679
RE5-1	0.311	0.107	0.156	0.233	0.508

本研究通过探索性因素分析得到区域创业环境的5个维度，需要通过进一步的验证性因素分析，验证性因素分析可以对概念结构模型进行更有意义的检验和拟合指标。与探索性因素分析相比，验证性因素分析使得研究者在相关理论的基础上，通过具体的限制使得理论和测量相互融合（Hughes等1982；McDonald和Marsh，1990；转引自丁岳枫，2006）。

3. 区域创业环境验证性因素分析结果

本研究对区域创业环境概念构思的验证性因素分析主要包括两方面内容：测量条款的信度与效度的评估；测量模型整体适配度的评鉴。

(1) 测量条款的描述性统计

在进行正式的验证性因素分析之前，本研究先对调研所获取数据是否服从正态分布进行检验，所用方法与探索性因素分析样本相同。从表 5.13 可以看出，所有测量条款的偏度绝对值均小于 3，峰度绝对值均小于 10，表明样本基本上服从正态分布，可以进行下一步的分析。

表 5.13 验证性因素分析样本描述性统计(N = 428)

测量项目	样本量	均值	标准差	偏度		峰度	
	统计	统计	统计	统计	标准差	统计	标准差
RE4 - 1	428	3.814 6	0.723 80	-0.822	0.167	0.317	0.333
RE2 - 1	428	3.519 5	0.823 35	0.540	0.167	0.287	0.333
RE5 - 1	427	3.243 8	0.826 50	-0.407	0.167	-0.199	0.334
RE1 - 1	428	3.329 0	0.721 57	-0.195	0.167	0.325	0.333
RE1 - 2	428	3.309 8	0.642 67	0.287	0.167	0.079	0.333
RE4 - 2	428	2.173 3	0.752 40	0.497	0.168	0.529	0.333
RE2 - 2	428	3.143 7	1.003 26	-0.129	0.167	-0.538	0.333
RE3 - 1	428	3.332 9	0.922 66	-0.616	0.168	0.287	0.333
RE1 - 3	427	3.599 1	0.785 46	0.549	0.167	-0.310	0.334
RE4 - 3	428	3.517 6	0.879 12	-0.794	0.167	0.772	0.333
RE2 - 3	428	3.824 5	0.917 68	0.338	0.168	0.278	0.333
RE2 - 4	428	3.358 9	1.001 28	-0.308	0.167	-0.396	0.333
RE1 - 4	428	3.870 9	0.798 01	0.756	0.167	0.566	0.333
RE4 - 4	428	3.423 1	0.678 09	-0.654	0.167	0.762	0.333
RE2 - 5	428	3.298 0	0.523 52	-0.487	0.167	-0.663	0.333
RE3 - 2	427	3.543 2	0.731 90	0.688	0.167	0.527	0.334
RE1 - 5	428	3.909 1	0.889 06	-0.430	0.167	0.630	0.333
RE1 - 6	428	3.110 9	0.879 53	0.770	0.167	0.328	0.333
RE3 - 3	428	3.567 9	0.845 67	-0.659	0.168	0.447	0.334
RE5 - 2	428	2.980 6	0.768 90	0.010	0.167	-0.870	0.333
RE5 - 3	427	3.198 6	1.003 04	-0.654	0.167	-0.177	0.334
RE5 - 4	428	3.298 0	0.876 01	-0.988	0.167	0.320	0.333
RE3 - 4	428	3.578 2	0.632 10	0.660	0.167	0.429	0.333
RE2 - 6	428	3.789 0	0.819 84	-0.390	0.168	0.408	0.334
RE5 - 6	428	2.330 8	0.632 01	0.080	0.167	-0.630	0.333
RE3 - 5	428	3.018 7	0.576 90	0.550	0.168	-0.320	0.333
RE4 - 5	428	3.876 0	0.790 12	-0.337	0.167	0.562	0.333

(2) 验证性因素分析模型

探索性因素分析将组织创业环境分为政府政策、创业资源、创业文化、创业网络和创业服务5个因子,这5个因子分别包括6个、6个、5个、5个、5个测量条款。基于这一模型,再对组织创业环境进行验证性因子分析,分析模型见图5.2。

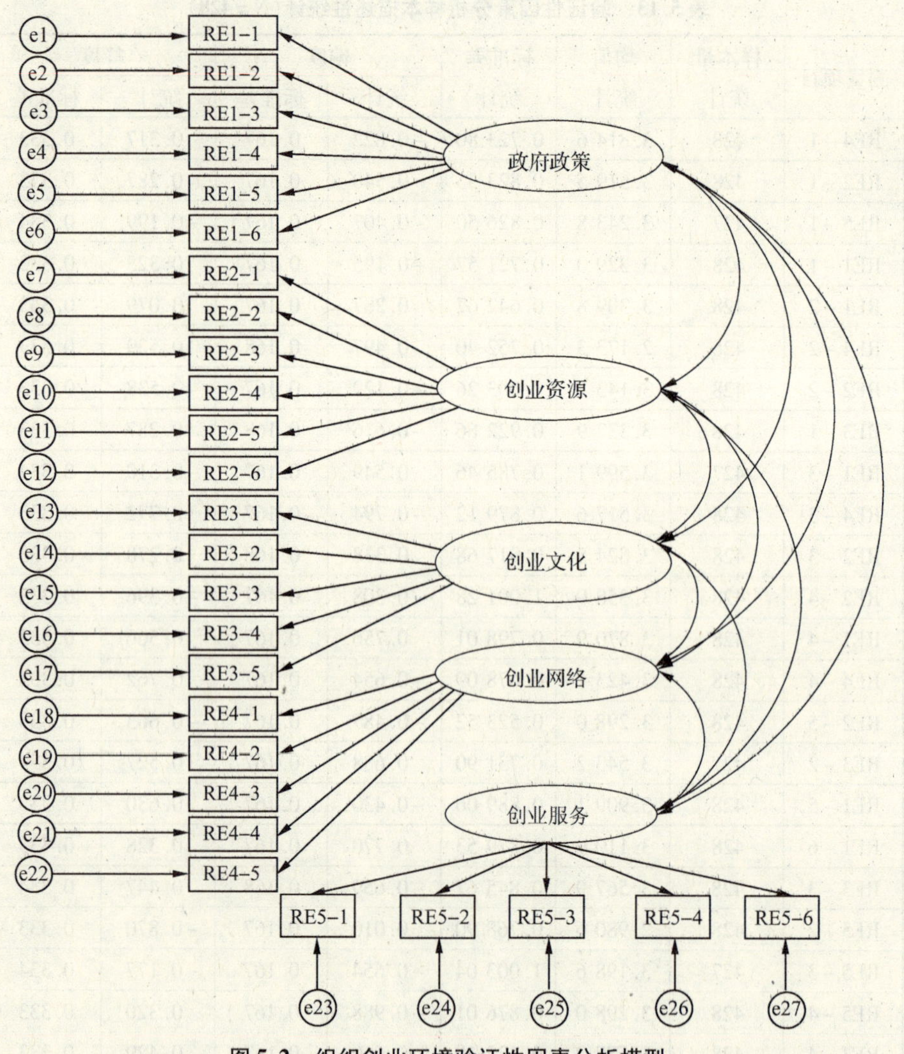

图5.2 组织创业环境验证性因素分析模型

(3) 各测量条款的建构信度

探索性因素分析中采用的是α信度系数法,α信度经常与*EFA*结合使用。α系数的大小会受到受试者特质变异大小、题目间相关之平均、题目数量以及难度之同质性的影响,且α系数无法估计单一观测变量的信度,因此本研究在验证性因素分析中不采用α系数的方法来测量信度,而是分别计算出个别变项

的 $R^2$①，即变异比例。检验 R^2 可以通过了解每一个测量条款解释潜在变项的变异程度，R^2 值越高则测量条款的解释力越强。

对于各个因素的整体信度，可以通过个别变项的信度指数来衡量，这种信度指标被称为建构信度（Construct Reliability，简称 CR）。建构信度主要是评估一组潜在建构指标的一致性程度，信度高则表示指标之间有高度关联（黄芳铭，2005）。

对于信度系数的最低指标，学者们的要求各不相同，有些学者认为信度系数指标应大于 0.6（Bagozzi 和 Yi，1998）；有学者认为信度系数指标大于 0.5 即可（Hair 等，1998；Kline，1998；Raine-Eudy，2000）；也有学者对于个别变项信度检验采用 0.5 做指标，而对于潜在变量的信度检验要求要高些，采用 0.6 做指标（黄芳铭，2005；转引自杨静，2006）。

验证性因素分析信度分析结果如表 5.14 所示。各测量条款的 R^2 基本在 0.5 左右，除个别条款的 R^2 值在 0.4 以下外，本研究有一些测量条款是通过访谈研究修订或开发的，可以认为测量条款的单个测量信度基本符合要求。就各因子的信度而言，政府政策、创业资源、创业文化、创业网络、创业服务这 5 个因子的建构信度均大于 0.7，表明该量表各条款的整体信度及内部一致性较高。

表 5.14　区域创业环境测量的信度分析结果

因子	测量条款	标准化系数	R^2	建构信度（CR）	AVE
政府政策	RE1－1	0.775***	0.531	0.839	0.513
	RE1－2	0.715***	0.420		
	RE1－3	0.659***	0.476		
	RE1－4	0.623***	0.498		
	RE1－5	0.765***	0.439		
	RE1－6	0.653***	0.517		
创业资源	RE2－1	0.637***	0.562	0.817	0.509
	RE2－2	0.617***	0.560		
	RE2－3	0.633***	0.397		
	RE2－4	0.728***	0.476		
	RE2－5	0.652***	0.572		
	RE2－6	0.577***	0.532		

① R 为某一观察变项在其所反映的潜变量上的标准化负荷量。

续表

因子	测量条款	标准化系数	R^2	建构信度(CR)	AVE
创业文化	RE3-1	0.654***	0.563	0.796	0.503
	RE3-2	0.771***	0.552		
	RE3-3	0.633**	0.479		
	RE3-4	0.762***	0.537		
	RE3-5	0.611**	0.448		
创业网络	RE4-1	0.525***	0.546	0.738	0.499
	RE4-2	0.637***	0.508		
	RE4-3	0.684***	0.476		
	RE4-4	0.724***	0.495		
	RE4-5	0.711***	0.487		
创业服务	RE5-1	0.623***	0.339	0.756	0.510
	RE5-2	0.587***	0.399		
	RE5-3	0.786***	0.592		
	RE5-4	0.727***	0.632		
	RE5-6	0.539***	0.617		

(4) 聚合效度

对于聚合效度，使用平均变异数抽取量来测量，标准为测量项目的解释力超过其误差方差。Fornell 和 Larcker(1981)认为，若误差解释大于测量项目的话，则表示该变量的效度是有问题的，因此 AVE 的数值范围应大于 0.5 (Baggozzi 和 Yi,1988；Fornell 和 Larcher,1981,转引自杨静,2006)。

政府政策、创业资源、创业文化、创业网络、创业服务这 5 个因子的平均变异数抽取量分别为 0.513,0.509,0.503,0.499 和 0.510，只有"创业网络"因子的 AVE 为 0.499，在 0.5 以下，但与 0.5 非常接近，其他三个因子的 AVE 都在 0.5 以上，说明该量表具有可以接受的聚合效度。

(5) 区分效度

对构思变量区分效度的检验，本研究采取比较两个构思变量 AVE 的均方根与这两个构思变量之间的相关系数的方法。如果构思变量(或因子)与测量条款的共有方差多于其他潜变量(或因子)与测量条款的共有方差，则其就具有了区分性。因此，如果两个构思变量之间的相关系数(Φ 估计)小于这两个构思变量的 AVE 的均方根，那么区分效度就得到支持(Fornell 和 Larcke,1981；转引自王庆喜,2005)。表 5.15 显示了各因子间的相关系数，对角线为各因子 AVE

的平方根，表中显示各因子AVE的平方根均大于其所在行和列的相关系数值，说明该量表具有可接受的区分效度。

表5.15 区域创业环境测量区分效度分析

维度	政府政策	创业资源	创业文化	创业网络	创业服务
政府政策	0.709				
创业资源	0.693	0.707			
创业文化	0.628	0.642	0.706		
创业网络	0.637	0.633	0.665	0.706	
创业服务	0.685	0.671	0.664	0.639	0.708

（6）模型适配性

测量SEM模型的适配度检验主要体现在以下三方面：一是模型整体拟合情况，包括绝对拟合优度指标（χ^2、χ^2/df、RMR、GFI、AGFI、RMR）、相对拟合优度指标（NFI、FII、CFI、TLI）以及简约拟合优度指标（PNFI）等，表5.16显示了SEM模型的常用适配度指标及建议值；二是基本拟合标准，主要包括测量误差不能有负值，以及因子载荷适中（标准化因子载荷一般要在0.5至0.95之间）且达到显著水平；三是模型内在结构拟合检验，主要考察模型中显变量能否合理地反映对应潜变量以及理论模型的因果关系。

表5.16 SEM检验的适配度指标及其建议值

指标	χ^2/df	RMR	GFI	AGFI	NFI	IFI	CFI	TLI	PNFI	RMSEA
建议值	<3	<0.08	>0.9	>0.8	>0.9	>0.9	>0.9	>0.9	>0.5	<0.08

主要参考资料：黄芳铭，2002；侯杰泰等，2004.

尽管很多学者认为GFI、AGFI、NFI、IFI和CFI等拟合指数的值大于0.9时，才表示模型拟合良好，但实际研究中往往会由于拟合的变量较多、拟合的模型较复杂等原因，导致某些拟合指数难以达到0.9的取值标准。因此，可以视具体情况适当放宽某些指数的取值最低标准。Bentler（1992）认为，当GFI大于等0.9时，模型可以接受；但当CFI大于等于0.9时，只要GFI大于等于0.85即可认为模型具有满意的拟合度。Bollen（1989；转引自Bacharach，等，2002）则认为，在开拓性研究中，拟合指数大于0.85也是可接受的。

区域创业环境的测量模型拟合优度指标如表5.17所示，与适配度指标建议值对比可以发现，除了NFI小于建议值0.9以外，其他值都较理想，测量模型是有效的。另外，从测度模型的参数估计可以看出，所有参数的标准化估计值都在0.5至0.95之间，且建构信度CR检验值都大于1.96；参数估计值的标准差都大于零，表明该模型满足基本拟合标准。

表 5.17 区域创业环境测量模型拟合优度指标(χ^2 =369.9,df=237,p=0.000)

指标	χ^2/df	RMR	GFI	AGFI	NFI	IFI	CFI	TLI	PNFI	RMSEA
值	1.856	0.042	0.913	0.929	0.836	0.945	0.937	0.956	0.890	0.049

5.2 我国不同地区区域创业环境比较

5.2.1 研究目的

以往许多学者的研究成果表明,创业对地区经济存在推动作用,认为创新创业可以改变系统无效率状况,重塑市场均衡,从而创造就业机会,推动市场体系健康发展。创业环境是创业活动的载体和情境变量。任何创业活动都必须面对一定的创业环境,从创业者萌发创业动机到形成创业理想,从奋斗到成功,整个创业活动无不受到特定的创业环境的影响和制约。因而无论从创业个体的角度还是从区域经济的角度来看,对创业环境的研究都显得非常重要。创业环境本身是一个外延很广的抽象概念。早期学者的研究(Gartner,1985)已经认为不同地区在资源可获得性、创业政策、创新创业氛围、科研机构等因素上存在差异,因而通过实证数据对我国不同地区区域创业环境的差异进行分析,具有一定的意义。这主要体现在以下两方面:其一,为创业地各级政府改善当地的创业环境明确方向和重点。创业环境要素中有许多是政府可控或部分可控的要素。因而政府部门可以通过控制这些要素变量,有针对性地改善所在区域的创业环境,从而促进所在区域的创业经济发展。其二,为创业者选择最合适的创业场所提供可靠依据。通过对创业环境的构成要素及评价问题的研究有助于创业者全面正确地了解自己所处的创业环境,准确把握创业机会,降低创业成本、规避创业风险、提高创业效率(石峰、赵锡斌,2010)。

本部分研究在区域创业环境 5 个要素概念模型的基础上,对不同地区的区域创业环境测量情况进行分析比较。同时,通过不同行业类型样本和不同创业者类型样本对区域创业环境评价进行比较。

5.2.2 研究假设

1. 不同地区与区域创业环境

我国在过去 20 年中,经济持续高速增长,然而在新一轮高科技和互联网产业带来的创业浪潮中,一些地区却没有能保持高速增长趋势,陷入低水平、高能耗、高污染的重复建设的粗放式增长,错过了产业升级或者增长方式转变的机遇。张钢和崔凯峰(2009)在《地区创业水平:对我国31个地区的评价研究》一文中从个体和组织两个维度,针对增长率、存量和频率3个方面来构建地区创业水平评价指标体系,并用该体系评价我国不同地区的创业活动,将全国34个省级行政区中的31个省、自治区、直辖市(香港、澳门、台湾因暂无数据而未列入。本书前后文均采用此法)共聚类成7类,说明全国各个地区的创业情况在不同的主因子维度——创业规模、创业比重、创业人数增长率和创业组织增长率维度方面都差异很大。

在创业活动对地区经济影响的评价研究中,目前比较多的是对创业环境因素的评价,这是从地区创业的前因上寻找影响因素。萨克森宁(2000)在《地区优势:硅谷与128公路地区的文化与竞争》一书中指出,一个地区的创业活动不仅依靠单一的创业硬件投资,更需要有利于科技创业活动的软件环境与硬件设施的完美结合。申明浩和隋广军(2005)《高科技创业环境与区域发展循环悖论》一文的研究结论表明,在我国传统文化浓郁的落后地区,主要是贫穷推动型创业,创业投资资本主要是政府的扶贫救助款项,形成了"贫穷—资金不足—研发技术不强—模仿创业—回报低"的低水平循环,并指出破解这一低水平循环的方法,除了改善硬件环境以外,还需要"改善与科技创业活动相关的适合于熊彼特意义上的能够代表深刻的经济社会变革的企业家的创业软环境",包括培养创新思想的能力、自由的舆论媒体、非正式聚会场所、技术创新和应用能力、创业安全保障网络、方便快捷的市场通道、执行力型领导层的协作能力等。石峰和赵锡斌(2010)在《中国内地31个省(市、区)企业创业环境比较分析》一文中利用GEM的创业环境分析框架(包含9个构成要素)来综合评价我国内地不同地区的创业环境竞争力,结果表明,我国31个地区在创业环境9个方面和22个指标中均具有自己的比较优势与劣势,不同类型的创业活动对创业环境要求差异很大,不同地区的创业环境又对不同类型的创业活动有不同的吸引力。而本研究前期访谈和案例研究结果显示,不同地区的区域创业环境确实有差异,例如东部沿海地区上海、苏州的创业资源区位优势非常显著,而北京的创业政策和创业文化优势表现明显。

基于以上的论述,本研究在此提出以下假设,并拟采用定量分析方法来检验:

假设3:我国不同地区,区域创业环境各要素的强弱程度存在差异。

2. 行业类型与区域创业环境

根据《中华人民共和国各种企业所得税法》和《中华人民共和国企业所得税法实施条例》的有关规定,经国务院批准,由科技部、财政部、国家税务总局于

2008年4月14日通过国科发〔2008〕172号文件发布的《关于印发〈高新技术企业认定管理办法〉的通知》及其附件《国家重点支持的高新技术领域》认定的高新技术行业包括:电子信息技术、生物与新医药技术、航空航天技术、新材料技术、高技术服务业、新能源与节能技术、资源与环境技术、高新技术改造传统产业。为了便于分析本研究采用这一标准,本研究将调研样本所处行业概要地分为高新技术行业和传统行业两大类。

以往研究表明,区域创业环境各要素对不同类型的创业行为产生的影响有差异。例如,王鹤昕等(2009)运用了改进的AHP方法,量化了创业环境要素对生存型创业和机会型创业两类不同创业主体的贡献力,在此基础上,建立了识别城市创业环境核心优势要素的二维决策矩阵模型。溥首清(2010)对中关村的创业企业研究结论表明,区域创新网络和科技产业生态环境是中关村取得成功的两个关键因素。其中区域创新网络是一个区域性的创新要素资源投入产出转换器,以实现各类创新主体要素的协同创新和高效产出。科技产业生态环境包括优势高端化生态环境、产业集群化发展生态环境和创业孵化生态环境三个方面。

高新技术行业企业和传统行业企业两类企业在创业过程中可能面临不同问题,基于以往的研究成果和以上的讨论,本研究在此提出以下假设,并拟采用定量分析方法来检验:

假设4:高新技术行业与传统行业样本,对区域创业环境各要素的强弱程度评价存在差异。

5.2.3 研究方法

1. 不同地区的划分

在比较不同地区区域创业环境差异之前面临的一个问题是,如何进行地区的划分。考虑到本研究要考查的对象,本研究用地区创业水平来对我国31个省、自治区、直辖市进行划分。对于地区创业水平评价,目标还未有统一的评价指标,但大多数学者建议用综合指标来测量地区创业活动。Shane(1995)对创业的衡量主要存在个体和组织视角以及增长率与存量的视角。Reynolds(2001)用成人人口中正创建一个新企业的人数和不到42个月的企业的所有者数量与构成总创业指数。Munter(2004)用创业活动数量和新企业的增长率的合成构成的创业指数来表示创业强度。张钢和崔凯峰(2009)从个体与组织两个维度,针对增长率、存量和频率三个方面来构建地区创业水平评价指标体系。本研究主要采用张钢和崔凯峰(2009)所构建的地区创业评价指标体系(如表5.18所示),对我国31个省、自治区、直辖市进行聚类分析,从而进行不同地区的划分。数据来自《中国统计年鉴2014》,其中各指标均为2013年的数据。为了消除各数据因单位不同而造成的差异,所有数据均经过标准化处理。

表5.18 地区创业评价的指标体系

目标层	创业维度	创业角度	准则层	指标层/测量指标
创业水平	个体	数量	私营企业主的规模	私营企业主数量
			个体就业者的规模	个体就业人数
		频率	私营企业主的比重	私营企业主数量占就业人口比例
			个体就业者的比重	个体就业人数占就业人口比例
		活力	私营企业主的活力	私营企业主数量增长率
			个体就业者的活力	个体就业人数增长率
	组织	数量	创业企业的规模	私营企业数量
			创业企业就业人数的规模	私营企业就业人数
		频率	创业企业的比重	私营企业数量占总企业数量比例
			创业企业就业的比重	私营企业就业人数占就业人口比例
		活力	创业企业的活力	私营企业数量增长率
			创业企业就业的活力	私营企业就业人数增长率

资料来源:张钢,崔凯峰.地区创业水平:对我国31个地区的评价研究[J].科技管理研究,2009(10):132.

2. 数据分析方法

本部分研究数据分析采用了统计分析软件SPSS 16.0,在划分不同地区时采用聚类分析,不同创业区域组织创业环境的比较采用单因素方差分析法(One-Way ANOVA)。在进行单因素方差分析时,先进行方差齐性检验,对于方差为齐性的采用LSD的两两t检验结果判断均值是否存在显著差异,用最小显著性差异方法的t统计量,两两检验各组均值是否有显著性差异;对于方差非齐性的采用Tamhane的两两t检验结果判断均值是否存在显著差异(马庆国,2003)。

5.2.4 研究结果

1. 不同地区的划分结果

(1) 因子分析

为了减少变量过多造成的结果不稳定,首先对地区创业水平评价体系进行因子分析。KMO和Bartlett的检验结果如表5.19所示,适合做因子分析。从表5.20解释总方差表计算得到的特征值、方差贡献率和累计贡献率,可知本研究中区域创业环境5个要素中前4个因子的方差贡献率达到了82%以上，因此选取前4个因子可以较好地描述地区创业水平。

表5.19 地区创业水平的KMO和Bartlett的检验

取样足够度的Kaiser-Meyer-Olkin度量		0.590
Bartlett的球形度检验	近似卡方	425.671
	df	66
	Sig.	0.000

表5.20 地区创业水平解释的总方差

成分	初始特征值			提取平方和载入			旋转平方和载入		
	合计	方差的%	累积%	合计	方差的%	累积%	合计	方差的%	累积%
1	4.169	34.740	34.740	4.169	34.740	34.740	3.666	30.552	30.552
2	2.421	20.178	54.918	2.421	20.178	54.918	2.652	22.098	52.649
3	2.160	17.998	72.917	2.160	17.998	72.917	2.175	18.129	70.778
4	1.144	9.533	82.449	1.144	9.533	82.449	1.401	11.671	82.449
5	0.891	7.421	89.870						
6	0.660	5.501	95.371						
7	0.245	2.046	97.417						
8	0.145	1.211	98.628						
9	0.117	0.977	99.605						
10	0.036	0.296	99.901						
11	0.010	0.081	99.982						
12	0.002	0.018	100.000						

注：提取方法为主成分分析法。

采用主成分分析法计算因子载荷矩阵如表5.21所示，可以看出初始的因子载荷矩阵系数不是太明显。因而对初始因子载荷矩阵进行正交旋转，旋转后的因子负载情况如表5.22所示。由表5.22可以得到创业规模因子、创业比重因子、创业人数增长率因子、创业组织增长率因子（张钢、崔凯峰，2009）。

表5.21 成分矩阵[a]

项　目	成分			
	4	1	2	3
私营企业数量	0.977	0.063	0.095	0.043
私营企业主数量	0.974	0.053	0.144	0.068

续表

项　目	成分			
	4	1	2	3
私营企业就业人数	0.928	0.105	0.221	0.031
私营企业就业人数占就业人数比例	0.683	−0.021	−0.658	0.019
私营企业主数量增长率	−0.019	0.919	−0.031	−0.240
私营企业就业人数增长率	−0.257	0.840	−0.068	−0.067
私营企业数量增长率	−0.215	0.652	0.141	0.566
个体就业人数增长率	−0.275	−0.567	0.272	0.518
私营企业主数量占就业人口比例	0.569	−0.114	−0.756	0.067
个体就业人数	0.618	0.066	0.730	−0.057
私营企业数量占总企业数量比重	0.197	0.123	0.544	0.194
个体就业人数占就业人数比例	−0.077	−0.271	0.384	−0.663

注：提取方法为主成分分析法。

a. 已提取了 4 个成分。

表 5.22　旋转成分矩阵[a]

项　目	成分			
	4	1	2	3
私营企业就业人数	0.925	0.255	0.046	−0.019
私营企业主数量	0.925	0.349	−0.008	−0.003
私营企业数量	0.902	0.392	0.017	−0.016
个体就业人数	0.888	−0.331	−0.005	−0.152
私营企业数量占总企业数量比重	0.460	−0.390	−0.038	0.149
私营企业主数量占就业人口比例	0.123	0.944	−0.051	0.058
私营企业就业人数占就业人数比例	0.275	0.906	0.041	0.036
私营企业主数量增长率	0.050	−0.082	0.928	0.178
私营企业就业人数增长率	−0.169	−0.162	0.789	0.320
个体就业人数增长率	−0.129	−0.316	−0.761	0.213
私营企业数量增长率	−0.002	−0.312	0.322	0.782
个体就业人数占就业人数比例	0.035	−0.326	0.004	−0.747

注：提取方法为主成分分析法；旋转法为具有 Kaiser 标准化的正交旋转法。

a. 旋转在 5 次迭代后收敛。

(2) 聚类分析

为了便于进一步分析,本研究将地区创业水平通过以下公式计算得到:

$$F = \sum_{i=1}^{4} F_i \times \propto_i$$

其中,$\propto_i$ 是各地区创业水平因子的方差贡献率。利用 SPSS 软件对我国 31 个省、自治区、直辖市进行分层聚类分析。通过聚类分析,可以将我国 31 个省市自治区分为四类,如表 5.23 所示。

表 5.23 我国不同地区聚类分析结果

类别	东部沿海	京津冀	东北	中西部
地区	上海	北京	辽宁	广西、重庆、贵州、海南
	江苏	天津	吉林	山西、安徽、江西、河南
	浙江	河北	黑龙江	湖北、湖南、四川、云南
	山东		内蒙古	西藏、宁夏、新疆、陕西
	广东			甘肃、青海
	福建			

第一类:东部沿海地区,该地区无论在创业的个体维度和组织维度上得分都较高,是我国经济发展最迅速和创业最活跃的地区之一。第二类:京津冀地区,该地区在地区创业水平评价因子上得分也较高,组织维度上得分较高,但个人维度上得分较低。第三类:东北部地区,该地区个体维度和组织维度上得分都在全国属于中等水平,创业发展也较缓慢。第四类:中西部地区,该地区在个体和组织维度上得分都较低,但创业人数和创业组织增长率较高。

2. 不同地区创业环境差异性分析

(1) 同一创业环境要素在不同区域上差异的比较

为了对不同地区区域创业环境差异性进行分析,本部分研究采用单因素方差分析对同一创业环境要素在不同区域上的差异进行比较,继而对不同区域创业环境差异强度采用多重平均数方差检验进行两两比较。

不同地区区域创业环境各维度的描述性统计分析结果如表 5.24 所示。

表 5.24 不同地区区域创业环境各维度的描述性分析

公司区域	企业数	平均值(标准差)				
		政府政策	创业资源	创业文化	创业网络	创业服务
1. 东部沿海	108	3.64(0.61)	4.27(0.88)	3.91(0.79)	3.76(0.68)	3.51(0.57)
2. 京津冀	146	3.84(0.72)	3.63(0.59)	4.35(0.83)	4.01(0.80)	3.69(0.65)

续表

公司区域	企业数	平均值(标准差)				
		政府政策	创业资源	创业文化	创业网络	创业服务
3. 中西部	83	3.98(0.79)	3.64(0.60)	3.59(0.57)	4.13(0.82)	3.81(0.75)
4. 东北	91	3.87(0.75)	3.76(0.67)	3.58(0.73)	3.70(0.65)	3.68(0.65)
总体	428	3.73(0.66)	3.72(0.65)	3.85(0.79)	3.93(0.80)	3.70(0.61)

不同地区区域创业环境差异的单因素方差分析结果如表5.25所示，由表中数据可以看出，在置信度为95%的水平下，不同区域的创业环境在政府政策、创业资源、创业文化、创业网络、创业服务5个维度上均有显著差异。

表5.25 不同地区区域创业环境方差分析

维度	Sum of Squares	Df	均值差异检验		方差齐性检验	
			F值	Sig.	Sig.	是否齐性
政府政策	96.589	223	6.324	0.000	0.587	是
创业资源	101.273	223	4.271	0.002	0.890	是
创业文化	94.776	223	3.673	0.000	0.525	是
创业网络	89.528	223	4.190	0.001	0.662	是
创业服务	72.195	223	5.368	0.002	0.655	是

注：方差齐性检验的显著性水平为0.05。

方差齐性检验结果显示各因素方差均呈齐性，因而本研究采用LSD法进行事后的比较分析。LSD法对均值的检验是两两比较，结果较多，表5.26仅将在两两比较中均值有显著差异的因素选取出来，表中未出现的因素即为在两两比较中均值处于0.05水平以下无显著差异的。从表5.26可以得到以下结论：其一，东部沿海地区在政府政策和创业资源方面相对于其他地区优势显著；其二，京津冀地区在创业文化方面相对于其他地区优势显著；其三，京津冀地区和中西部地区在创业网络方面相对于其他地区优势显著。

表5.26 不同地区区域创业环境各要素LSD法两两比较结果

维度	分析方法	(I)区域	(J)区域	Mean Difference(I-J)	Sig.
政府政策	LSD	东部沿海	京津冀	0.279 7(*)	0.005
		东部沿海	中西部	0.351 4(*)	0.004
		东部沿海	东北部	0.237 3(*)	0.006
		东部沿海	京津冀	0.644 2(*)	0.003

续表

维度	分析方法	(I)区域	(J)区域	Mean Difference(I-J)	Sig.
创业资源	LSD	东部沿海	中西部	0.638 5(*)	0.003
		东部沿海	东北部	0.514 4(*)	0.004
		京津冀	中西部	0.761 5(*)	0.000
创业文化	LSD	京津冀	东部沿海	0.442 7(*)	0.000
		京津冀	东北部	0.751 2(*)	0.000
		中西部	东北部	0.431 8(*)	0.000
创业网络	LSD	京津冀	东北部	0.318 9(*)	0.002
		中西部	东部沿海	0.375 6(*)	0.004
		中西部	京津冀	0.297 8(*)	0.005

注:*表示 $P<0.05$.

从不同区域创业环境要素比较图5.3中可以看出,在区域创业环境5个要素的比较中发现,东部沿海地区在创业资源上优势明显,其他3个地区在创业资源这一要素上的得分明显低于东部沿海地区;京津冀地区在创业文化和创业网络上优势明显,中西部地区在创业文化上得分最低,东北部地区在创业网络上得分最低;在创业政策方面,东北部地区优势显著,中西部地区和京津冀地区基本持平;在创业服务方面各地区的得分相差不是特别大,京津冀地区在创业服务上得分最高。可以看出,京津冀地区在创业文化、创业网络、创业服务上得分都最高,有比较明显的环境要素优势。

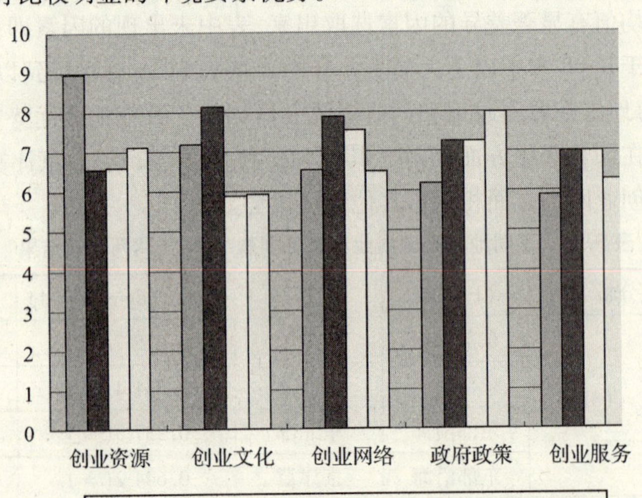

图5.3 不同地区区域创业环境要素差异

（2）不同地区区域创业环境模式差异比较

在表5.24的基础上，本研究根据每一创业区域上5种创业环境要素得分的平均值绘制了如图5.4所示的雷达图。这些图形象地表示了处于4个不同区域的创业环境各要素的差异。东部沿海地区的创业资源最为显著，其次是创业文化、创业网络、政府政策和创业服务；京津冀地区的创业文化最为显著，其次是创业网络、政府政策、创业服务和创业资源；中西部地区的创业网络最为显著，其次是政府政策、创业服务、创业资源和创业文化；东北地区的政府政策最为显著，其次是创业资源、创业网络、创业服务和创业文化。

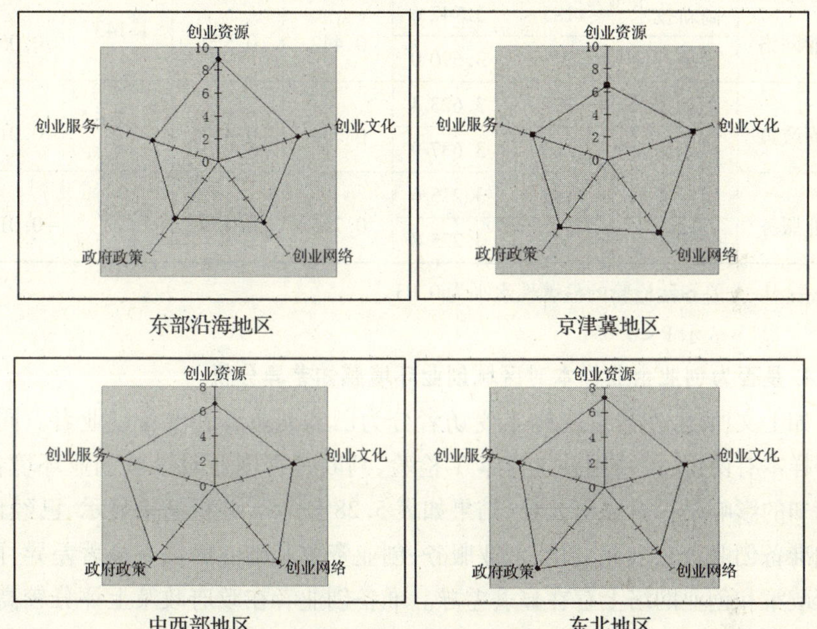

图5.4 不同地区区域创业环境模式比较

3. 不同行业类型样本对区域创业环境感知差异分析

如上文所述，本研究将样本企业分为高新技术企业和传统行业企业。由于样本有两组，可采用独立样本T检验分析不同行业类型样本对区域创业环境各要素感知是否存在显著差异，结果如表5.27所示。分析结果显示，高新技术企业与传统行业企业样本在创业文化、创业网络和政府政策方面存在显著差异，高新技术企业样本在创业文化、创业网络、政府政策要素上的得分都显著低于传统行业企业样本。两种类型的样本在创业资源和创业服务上不存在显著差异。

表 5.27　不同行业类型样本对区域创业环境感知的方差分析表

维度	行业	样本数	均值	方差齐性检验		均值差异检验	
				F 值	Sig.	T 值	Mean Difference
创业资源	高新技术	185	3.542 9	0.254	0.627	0.997	-0.141 5
	传统行业	243	3.684 4				
创业文化	高新技术	185	3.143 9	0.438	0.519	1.332 *	-0.112 9
	传统行业	243	3.256 8				
创业网络	高新技术	185	3.742 6	0.442	0.527	1.143 *	0.052 6
	传统行业	243	3.690 0				
政府政策	高新技术	185	3.623 4	0.534	0.457	1.216 *	-0.014 5
	传统行业	243	3.637 9				
创业服务	高新技术	185	3.215 6	0.735	0.459	0.001	-0.010 2
	传统行业	243	3.225 8				

注：① 方差齐性检验的显著性水平为 0.05。

② * 表示 P<0.05。

4. 是否为创业企业样本对区域创业环境感知差异分析

如上文所述，本研究将样本受访者分为已经创业者和准备创业者。同样，由于样本有两组，可采用独立样本 T 检验，判断是否创业对区域创业环境各要素感知的影响是否有显著差异，结果如表 5.28 所示。分析结果显示，已经创业者和准备创业者在创业文化、创业服务、创业资源基础方面没有显著差异，而在政府政策和创业网络上存在显著差异。准备创业者在政府政策上评分较高，而已经创业者在创业网络上评分较高。

表 5.28　受访者是否为创业企业对区域创业环境感知的方差分析表

维度	行业	样本数	均值	方差齐性检验		均值差异检验	
				F 值	Sig.	T 值	Mean Difference
创业资源	准备创业	219	3.641 9	0.368	0.796	0.472	-0.010 9
	已经创业	209	3.652 8				
创业文化	准备创业	219	3.337 6	0.525	0.574	0.876	-0.068 3
	已经创业	209	3.405 9				
创业网络	准备创业	219	3.527 3	0.361	0.487	3.443 *	-0.814 6
	已经创业	209	4.341 9				

续表

维度	行业	样本数	均值	方差齐性检验		均值差异检验	
				F 值	Sig.	T 值	Mean Difference
政府政策	准备创业	219	3.963 5	0.449	0.512	2.540 *	0.490 7
	已经创业	209	3.472 8				
创业服务	准备创业	219	3.419 5	0.647	0.538	0.961	-0.003 6
	已经创业	209	3.423 1				

注：① 方差齐性检验的显著性水平为0.05。

② * 表示 $P<0.05$。

5.3 本章总结

本书这部分研究基于对以往相关文献的梳理和内容初步编制了区域创业环境问卷，共包含30个条款。进行了预调研和正式调研两次问卷发放与回收工作：第一次回收了225份有效问卷，用以进行区域创业环境测量工具的探索性因素分析。在试测基础上，对问卷进行了一定的调整，第二次发放了2 000份问卷，回收了1 160份问卷，其中有效问卷428份，用以进行区域创业环境测量工具的验证性因素分析，以及不同地区区域创业环境的比较分析。

本部分研究得出3个主要结论：第一，提出并验证了区域创业环境的5个关键构成要素，即政府政策、创业资源、创业网络、创业文化、创业服务，分析结果验证了假设2，区域创业环境是多维概念构思。第二，比较了不同地区区域创业环境的差异，研究结果表明不同地区区域创业环境各要素强度上存在显著差异，验证了假设3，研究发现京津冀地区的创业环境具有明显资源优势，京津冀地区创业文化对创业影响最大，东北地区的创业环境有明显的政策导向，中西部地区的创业环境有突出的创业网络特点。第三，检验了不同行业类型样本对区域创业环境评价的差异，验证了假设4。结果表明高新技术企业较传统行业企业在创业网络、创业文化、政府政策评价上存在显著差异。此外，是否是创业者对区域创业环境的创业网络和政府政策感知上存在显著差异，准备创业者对政府政策评价更高，而已经创业者对创业网络评价更高。

5.3.1 区域创业环境的概念构思与结构验证

创业领域的研究学者有很多都很关注创业环境对创业活动的影响，也提出一些概念框架和测量工具。本研究根据研究目提出并验证了区域创业环境的概念结构模型，共包含创业资源、创业文化、创业网络、政府政策、创业服务5个维度。从验证性因素分析检验结果来看，该模型具有较好的信度和效度，模型满足基本拟合标准。区域创业环境概念构思与结构的验证，为后面的实证研究奠定了科学的基础。

第一个维度是政府政策。政府的创业政策，包括关于创业活动和成长企业的各项规定、关于就业的规定、关于环境和安全的规定、关于企业组织形式的规定以及税收规定等。政府政策环境是指地区和城市政府政策及其具体的实施情况，涉及税收和政府规章制度等方面多大程度上保持中立，以及政府政策是否阻碍或者鼓励新创立和成长型企业。① 政府对创业教育、创业融资渠道的支持也包含在政府政策环境之内。融资难一直是阻碍我国中小企业发展的瓶颈，特别是在创业初期，因而政府投入的引导作用显得异常重要。

第二个维度是创业资源。创业资源维度内涵包括，与创业相关的有形资源的质量和获得的难易程度，比如“六通一平”等；原材料和自然资源的质量和获得难易度；创业专业人才资源和获得难易度；创业金融资本获取的难易度。资源基础学派特别强调创业资源对企业创建和发展的影响，一般认为创业资源丰富的地区，创业活动的积极和成效也更好。创业环境的资源属性将引发创业主体的不同决策模式。

第三个维度是创业文化。文化及社会规范考察现存的社会和文化规范是否鼓励创业行为，是否鼓励人们以新的运营模式经营商业或者经济活动。该维度调查社会对于创业的一般态度，以及对待风险失败、风险和财富创造的态度。还调查社会规范对创业行为的影响和对创业者个人评价的倾向。② 以往的创业领域的研究也证实了鼓励创新冒险、宽容创业失败的文化将有益于创业活动。

第四个维度是创业网络。开放系统理论的观点认为创业企业作为开放系统，无时无刻不与外界进行信息流、资金流和物质流的交换。新创企业在成长过程中所构建或参与的网络定义为创业网络。③ 创业网络可以弥补企业创立与成长过程中由于“新进入者缺陷”所导致的资源和技术能力方面的劣势，促进创业企业的创建和快速成长。创业网络使创业者能更好地与环境互动，不仅能使其快速地发现创业机会，而且还会让其注意市场风险，对风险的防范和控制也

① 高建，颜振军，秦兰，等. 中国城市创业观察报告[M]. 北京：清华大学出版社，2007：24.

② 高建，颜振军，秦兰，等. 中国城市创业观察报告[M]. 北京：清华大学出版社，2007：35.

③ Hoang H., Antonic B. Network-based research in entrepreneurship: A critical review[J]. Journal of Business Venturing, 2003, 18(2): 165-188.

异常重要。

第五个维度是创业服务。创业服务的内涵是指有利于创业者优化配置市场、技术、信息、资本、人才等创业资源，为创业活动的顺利开展提供相应服务，包括各类服务机构和设施为创业活动提供各方面的基础服务。创业服务环境维度需要调查创业者或创业企业能否以合理的成本，比较便利地获得所需的各项针对性服务，如创业教育与培训、问题咨询、融资方案等。创业服务环境被认为是引进创业人才和资金、提高创业资本利用率和创业成功率的重要影响因素。

5.3.2　不同地区区域创业环境比较

一个国家或地区的创业活动的数量和质量，在很大程度上取决于创业者所处的创业环境。虽然民族特质和地理环境可能在某种程度上对创新与创业活动有一定的影响，但创业者身处其中的经济、制度、技术和教育环境对其创业的动机、方向以及效果则起着更为决定性的作用（姜彦福、张帏，2005）。我国不同地区因经济发展水平、历史沿革和自然资源的差异，在区域创业环境上也存在着差异。本部分的第二子研究，首先采用聚类分析按地区创业水平的差异将我国31个省、自治区、直辖市分为4个地区，分别是东部沿海地区、京津冀地区、中西部地区和东北部地区，然后运用方差分析和LSD事后比较法，分析了4个不同地区在区域创业环境各要素上的差异，并将分析结果汇总于表5.25、表5.26、图5.3和图5.4。

我国经济发展呈现明显的地区特征，不同地区创业环境也呈现出一定的差异。地区经济增长取决于资源配置能力，资源配置能力受区位条件、要素资源存在状况与资源配置方式的约束。东部沿海地区经济率先发展与持续增长主要源于区位优势所具有的地区资源集聚效应和体制转轨与技术进步所带来的地区资源配置效应（傅允生，2007）。东部沿海地区在创业资源上有明显优势，再加上较好的资源配置能力和随之而来资源集聚效应，使东部沿海地区成为我国创业活动最活跃的地区，形成了多创业主体互相协作的区域创业生态系统。

京津冀地区在创业文化和创业网络上得分较高，创业资源是其中得分最低的因素。京津冀地区科技整体竞争水平较高，包括中关村和滨海两个国家级自主创新示范区，并拥有多个高新技术产业带和产业区，集聚了国内多所高等院校和国内外各类科研人才，为京津冀地区创新创业发展提供了良好的科技基础。本书第三章的研究分析结论中指出，中关村创业环境形成机理具有明显的“机会主导科技型创业环境演进”的特点，塑造了“连续型创业”的独特文化，形成了以高新技术为核心的创业生态系统。目前已经逐渐形成了以中关村为核心区推动京津冀地区一体化发展的战略路径:从中关村输送科技创新要素,扩大科技创新在京津冀地区的影响;加快创新人才集聚,夯实创新创业基础;传授创业孵化经验,营造创业文化氛围;促进产业集群发展。

东北部地区在创业政策上得分较高有比较明显的优势,在创业网络上得分最低。"东北现象"是指在计划经济向市场经济转轨过程中,在国有企业集中的辽、吉、黑三省,体制性和结构性矛盾日益突出。东北老工业基地有众多的科研机构和大专院校,各方面的专家学者都有,但高校、科研机构和企业的创业活动没能成为东北老工业基地经济发展的直接驱动力。2015 年,国家发改委、科技部、人力资源社会保障部、中科院发布《关于促进东北老工业基地创新创业发展打造竞争新优势的实施意见》,主要内容是完善促进创新创业发展的体制机制,建立健全产权保护机制,完善科技创新资金分配机制,加快社会信用体系建设,深化国有企业改革提升创新效率,支持民营企业提高创新能力,营造鼓励创新创业的文化氛围。

中西部地区在创业文化上是 4 个地区中得分最低的,在其他 4 个维度上也没有比较明显的优势。由于中西部地区处于我国内陆地区,在境内外资源与市场整合中,较高的运输成本和交易费用都使中西部地区在资源配置能力与效率上较弱。

5.3.3 不同行业类型样本对区域创业环境感知的差异

在以往区域创业环境的研究中,大多数研究者将样本的行业类型作为控制变量处理。Brown 和 Kirchhoff(1997)修正了 Covin 与 Slevin(1986)所构建的创业行为模型,加入了资源可获得性的战略概念。基于资源理论的缺陷,他们指出"环境友好"(环境中重要资源存在的范围),以及资源获得性的自我效能感(获取资源的能力)在塑造创业导向过程中有重要作用。因而,本部分研究将样本按所处行业的不同分为两类,利用方差分析检验了不同行业类型样本对区域创业环境感知的差异。研究结果发现,高新技术与传统行业样本对创业文化、创业网络和政府政策这 3 个方面感知存在显著差异,高新技术样本显著较低,但两类样本在创业资源和创业服务上都不存在显著差异。

简单地从数据上来看,高新技术样本对创业文化、创业网络和政府政策的感知更低,对这三要素的要求更高。笔者在调研中发现,现在很多地区的政府政策也是比较倾向于支持高新技术类的创业企业。各大科技园和孵化器,在引进企业、选择孵化项目时,也以技术水平的高低作为考察的重心。对于高新技术创业企业而言，由于其规模较小，经营风险较大，获取创业融资较困难，因而亟待产业扶持、税收优惠、人才激励和知识产权保护等相关的创业便利政策。这些政策的出台可以塑造良好的创新创业氛围，既有利于优化整合各类科技资源，又有利于营造知识创新和技术创新的环境，鼓励、引导创业企业成为自主创新主体。此外，创业网络已成为高新技术企业获取外部信息和资源进而提升竞争能力的重要途径。无论是高新技术行业的创业者还是传统行业的创业者，他们对创业资源和创业服务的要求是一致的。

本部分研究在对不同地区区域创业环境进行比较时，利用聚类分析，按地区创业水平指标将 31 个省、自治区、直辖市分成了 4 个主要地区，这种分法形成地区类别较少，也较笼统，未来可以进行比较深入和细致的研究。本研究采取的是横向比较的研究方法，即选取处于不同地区的样本，进行样本间的比较。这种方法的局限性在于，很难剔除样本在业务、性质、规模等因素方面所受的干扰，影响结果的有效性。未来可以进行面板数据的研究，控制各种干扰因素而得到更加有效的验证。其次，在分析不同行业对区域创业环境感知差异时，对行业的划分过于笼统。未来可以在这两个类型基础上进行细化分析，从而得到更有实践意义的结论。

6 区域创业环境的作用机理研究

本章在前几章研究的基础上对区域创业环境的作用机理进行分析。通过相关分析、结构方程建模等方法检验区域创业环境五要素对创业意向和新创企业成长的影响。此外,本部分研究还将检验创业效能感在“区域创业环境—创业意向—创业活动”关系中的中介效应,从社会认知视角探究区域创业环境对创业效果的整体作用机理框架。

6.1 研究目的

学者在 *Academy of Management Journal* 上发表的关于创业领域的研究论文表明,创业行为和绩效是使用频率最高的因变量(Ireland 等,2005),创业领域的很多研究都是沿用 Zahra、Dess、Lumpkin 等学者开创的“创业导向—创业绩效”的研究路径,围绕着不同的相关变量,采用调节效应模型或整合模型,来探索创业过程的黑箱。在关于区域创业环境的研究中,创业绩效也是经常使用的结果变量,尽管各研究强调创业环境的不同方面,但大多数研究都进行了创业环境维度与创业绩效相关的分析。在对个体创业的研究中,创业结果变量通常使用创业意向和创业行为,而在对公司创业的研究中,创业结果变量通常使用组织创业绩效。

Lohmann(1998)将有关创业活动的研究理论分为三种理论视角,即资源基础理论、生态系统理论和战略管理理论。资源基础理论认为,有形和无形的资源最终决定创业者能否创业和获取竞争优势。生态系统理论认为,外部环境状况是创业成功的决定因素。综合这两种理论视角,战略管理理论认为资源和环境都会影响创业成功,而最重要的成功因素是创业者应对变化环境所进行的战略活动和决策。Shane 和 Venkataraman(2000)认为创业活动是由创业机会和创业个体相互作用产生的,创业者是由创业供需推动的个体。创业者善于决策,即评估未来可能出现的独特情况,决定如何利用机会并获取利润。本研究将借助这些理论观点把创业环境、创业者和创业活动联系起来,探索区域创业环境对创业活动的作用机理。

认知学习理论强调个体认知、行为、环境的互动因果关系，从理论上看，效能感受到环境的影响，也是绩效的有效预测指标，高效能的人对任务有更多的内在兴趣，更愿意努力工作，在面临困难时也更可能坚持，结果运作更有效。创业效能感作为效能感的一种具体表现形式，对创业意向和创业结果产生作用。这一观点也得到一些研究个体创业者实证研究结果的支持。创业效能感与创业意向和创业活动的关系如何，创业效能感是否在“区域创业环境—创业活动”关系中起中介作用，仍需进一步检验，从而更好地探析区域创业环境的作用机理，以提出针对性的政策建议。

6.2 理论拓展与研究假设

6.2.1 创业效能感维度

从本书第二章有关创业效能感的综述可以看出，大多数学者都主张从创业过程的多面性来考察创业效能感。尽管 Chen 等人(1998)对创业效能感五维度划分和测量被广泛使用，但一些学者也指出，Chen 等人(1998)所划分出的市场营销、创新、管理、冒险和金融控制并没有很好地将创业效能与管理效能区分开来。因而 De Noble 等人(1999)提出了创业效能的六维模型，认为从冒险和不确定性管理技能、创新和产品开发技能、人际关系与网络管理技能、机会识别、获得和配置关键资源、发展和维持创新环境这 6 个维度探讨创业效能感更合适。

20 世纪 80 年代，创业研究发生了重大的转折，人们摆脱了创业特质论，而对创业过程进行了深入的探究。机会观主张创业是机会导向，是快速把握机会的过程，认为创业活动是创业主体与机会之间动态匹配关系的体现，具体表现为创业者对机会的发现确定、开发利用。机会观认为，整个创业过程可以通过把创业个体(enterprising individual)与有价值的机会(valuable opportunity)联系起来的方式来解释清楚。Shane(2003)指出创业机会观概念框架的五个重要假设，包括：① 创业前提是存在机会，或者说，人们相信自己能够利用新的手段—目的(means-ends)结构去重新组合资源、创造利润；② 创业存在个体差异，只有当不同的个体具有不同的机会和能力接触信息时，才会对发现和利用机会做出不同的反应；③ 风险承担和管控在创业过程中必不可少，利用机会充满了不确定性，由于不同的个体所拥有的发现和利用机会的信息存在差异，因此对风险认知和管控也存在差异；④ 创业过程需要组织和管理；⑤ 创业过程需要某种形式的创新,如 Schumpeter 式的激进创新,或者 Kirzner 式的温和创新(朱仁宏等,2008)。

总的说来,机会观认为,创业就是“不拘泥于当前资源条件的限制对机会的追寻,将不同的资源组合以利用和开发机会并创造价值的过程”(Stevenson 和 Jarrilo,1990)。在经济处于持续不均衡和变化的状态下,创业者会把资源转化为他们认为更有价值的形式,即新的产品或服务、组织方式、生产方法、市场或材料。创业过程从感知机会的存在或重新配置资源以创造潜在利润开始,如有洞察力的个体(这里是指创业者)发现机会,筹划如何利用机会,然后通过获取资源、确定组织形式、制定和实施创业战略等活动来开发机会。从机会观的创业过程分析可以看出,创业警觉、风险管控和资源获取是公司创业过程中的 3 个重要因素,其对应的效能感也构成了创业效能感,即创业警觉效能感、风险管控效能感和资源获取效能感。其中,创业警觉效能感对应于 De Noble 等人(1999)的机会识别和产品开发效能感;风险管控效能感对应于其提出的冒险和不确定性管理效能感;资源获取效能感对应于其提出的人际关系与网络管理、获得和配置关键资源、发展和维持创新环境效能感。

1. 创业警觉效能感

在机会识别方面,一个特别重要的问题是为什么有人看到机会而其他人没有,相应的为什么一些组织能识别机会而其他组织没有?奥地利学派提出“创业警觉”(alertness)。创业警觉效能感的最直接含义就是,组织成员对所在组织创业警觉能力的信念强度。柯兹纳认为,创业者不需要专业性的能力或品质,他甚至可以完全通过雇佣工人和管理人员来工作。但创业者需要具备一种特别的能力:创业警觉,即对市场中存在可利用机会的快速识别能力。这种警觉过程是一个产生商业念头的过程,取决于行为主体的先前知识、社会资本和独特个性等因素。以往研究表明,创业警觉并不是一种纯粹的天赋,创业者已有的知识会影响到对创业机会的警觉性。打下广博的知识基础,面对更多的信息充满警觉,建立已有知识间的联系,增强实践能力,均有助于强化机会识别能力。

2. 风险管控效能感

创业风险管控是在风险知觉的基础上,对创业风险判断、机会评估,以及必要的风险规避。风险管控效能感的最直接含义就是,创业主体对风险知觉和管控能力的信念强度。风险管控能力有很大差异,当创业主体看到商业信息中更少的风险时,就有可能对信息做出乐观评价,并认为它是一种创业机会,而创业主体获得的信息有差异,对风险的承受能力也存在差异,因而对风险的知觉和评价也存在着差异。如果能够更好地了解风险及其在机会评价中的作用,将有助于提高风险环境中创业决策的质量(Forlani 和 Mullins,2000)。

3. 资源获取效能感

对于任何组织活动而言,资源都异常重要。创业资源获取效能感最直接的含义就是,创业主体对获取创业所需资源的信念强度,它反映了创业过程中创业者的资源整合能力。绝大多数的创业活动受到严重的资源制约,资源的缺乏使创业者必须采用不同于成熟企业的行为策略。“有限资源的创造性利用”行为成为创业过程的一个显著特征,其含义是利用手头现有的东西进行创造。不仅如此,成功进行创业活动的个体往往善于创造性整合资源,利用相应的机制,甚至是不可控制的资源开发自身识别的机会,开展创业活动。

创业效能感的具体测量见本章的研究方法测量部分。

6.2.2 区域创业环境与创业活动

创业意向是创业者愿意成为创业者实施创业行为的内在意愿,是潜在创业者形成创业行为的必要前提。尽管创业意向并不一定会转化为真实的创业行动,但创业意向总体上可以用于预期个体选择创业的概率。以往研究表明,创业意向受很多个体认知层面因素如个体的价值观等的影响。同时,外部环境也将影响创业者对于创业行动的总体看法,进而影响创业意向(Boyd 和 Vozikis,1994)。新创企业成长课题是创业研究的重要内容之一,它主要研究新创企业如何提升经营合法性,赢得生存和发展空间。新创企业的成长性不足,就可能导致失败。区域创业环境与创业活动面向的市场需求有关,也会影响创业者对于经营环境的认知,从而对他们所要实施的战略产生影响。Gilbert 等人(2006)指出创业活动的地理位置可以影响企业吸引合作者的能力,进而影响企业的成长。

当从特定区域的背景考察创业活动的发展特征时,区域创业环境和创业活动的概念都将嵌入在区域的创业情境中,在创业情境的作用下显示出特定的发展效果。因而,本部分研究将创业活动分为两个方面,新创企业成长状况以及普通社会人群的创业倾向(林嵩、刘小元,2013)。

心理学的行为意向研究表明,行为意向不是对未来某种行为的简单预期,而是对未来某种行为的一种积极承诺。根据 Bird(1988)建立的意向模型,行为意向同时建立在理性思维和直觉思维的基础上,环境和个体因素共同影响意向的形成过程。创业意向是创业行为的重要预测指标,Krueger 和 Carsrud(1993)构建的创业意向模型说明,个体只有具有创业意向,才会采取创业行动;而且个体的创业意向越明显，其创业的可能性就越大。探索使个体产生创业意向的因素一直是创业领域的研究焦点之一。

以往创业学者的研究结果表明，许多外部因素，如一个国家或地区的社会、政治和经济环境，会影响个体的创业意向及早期的创业行为。Gnyawali 和 Fogel（1994）提出的创业环境概念框架包括金融支持、非金融支持、创业和商业技能、社会经济状况、创业相关政策与法规，并指出，有利的创业环境会带动创业的发展。政府会直接或间接地影响与创业相关的环境。当社会环境认可创业的价值，环境中有各种各样的创业机会，并且个体有足够的创立和管理企业的能力时，他们将更愿意选择创业。当潜在创业者在创业过程中没有遇到障碍，并且他们相信在需要时可以获得足够的专家支持，他们的创业意向将会进一步加强。

此外，个体的社会网络会直接影响嵌入个体的兴趣、意向和决策。Leyden 等人（2014）研究指出，创业者获得的知识越多其成功的可能性越大，而知识的可获得性与社会网络相关。因而需要培养创业者挖掘和构建社会网络以及将网络运用于创新创业的能力。

创业研究讨论新创企业的区域属性，已有的研究表明，区域创业环境影响着创业者的选择，创业成功也影响着区域经济。区域经济学者认为创业是深层因素的反应，他们提出了一些各地创业差异的假设：创业效果不同，创业投入可获得性差异，创新想法供给差异，地区文化、政治体系、养老保险的差异等（Glaeser 等，2010）。李华晶等人（2012）基于 CPSED 项目的调查结果发现，创业风险、创业资本、创业环境 3 个因素对创业活动具有影响，创业风险对创业活动具有负向影响，创业资本的可获得性、创业环境的支持性对创业活动具有正向影响。林嵩和刘小元（2013）提出了新的创业情境概念，将创业情境作为影响创业活动活跃程度的先决变量，从微观到宏观层面开发对于创业活动存在影响的系列情境，其实证结果表明家庭情境、社会情境、商业情境、空间情境影响创业活动的活跃程度。

笔者在企业调研时，一些言论也印证了区域创业环境对创业意向和新创企业成长的作用（如表 6.1 所示）。根据前文理论分析及实地访谈的结果，本章提出以下假设：

假设 5a：区域创业环境与创业意向正相关。

假设 5b：政府政策、创业资源、创业文化、创业网络和创业服务对创业意向有积极影响。

假设 6a：区域创业环境与新创企业成长正相关。

假设 6b：政府政策、创业资源、创业文化、创业网络和创业服务对新创企业成长有积极影响。

表 6.1　区域创业环境对创业意向和新创企业成长影响的言论摘录

企业	代表性言论摘录
A	目前我们的业务主要包括招商服务、入驻服务和产业服务。其中招商服务主要引进入驻企业；入驻服务包括人力资源、培训等；产业服务主要包括投融资对接。希望通过这一系列服务，能够为入驻的企业提供两层有利于创业的环境：一层是我们通过硬件条件和相关政策构成的硬环境；第二层是通过产业集聚、上下游连接以及本地区的产业环境形成的软环境。形成良好的软硬环境，就有更多的创业者愿意来我们这里创业，创业的持续性和效果也就会比较好。
B	在创新创业政策方面，园区政府针对科技企业发展，围绕财政引导、税收优惠、产业扶持、金融扶持、人才激励和知识产权保护等出台了众多相关优惠便利政策。这些政策的出台，为园区营造了良好的创新创业氛围，既有利于优化整合配置各类科技资源，又有利于营造知识创新和技术创新的环境，在鼓励引导和支持企业成为自主创新主体等方面起到了很好的推动作用。
C	在早期孵化方面，硅谷有 YC Tech、Stars，中关村有创新工场、常青藤创业园；在创业者开放办公方面，硅谷有 I/O Venture、Hacker JoDo，中关村有车库咖啡、3W 咖啡；在创业媒体方面，硅谷有 Tech Crunch，中关村有 36 氪；在创业者网络社区方面，硅谷有 Angellist，中关村有 36tree、天使汇、创投圈等。在创客们的眼中，中关村之所以能够成为“创业天堂”，既是因为这里有便捷的创业服务，有众多的融资机会，更为可贵的，这里还有年轻人之间的思想碰撞，有包容失败、鼓励创新的文化氛围。
D	我们最初也是希望中科大、西交大能够对我们的产业形成推动作用。希望通过高校在苏州的分支连接到其本部。学校和企业之间合作，应该利用信息化时代的优势，建立平台和机制，发布和共享信息。目前没有民间力量来对接这些事情，只能由政府来完成。今后政府的优惠政策会越来越少，政策红利小时，只能依靠生态。我们也会选择创业生态好的区域来投资，因为其创业回报期望更大。
E	社会化开放式的组织和活动还远远不够，活力不够。在产学研协同创新中，由于企业、大学和科研院所各自定位、资源、发展目标方面存在差异，影响各方对合作利益的期待，影响彼此的合作效果。公司目前没有实质性地与高校合作，认为与高校合作需要双方都对彼此需求比较了解，而非“拉郎配”，因此这种合作并不容易。政府应推动引进优质的教育资源，搭建校企合作平台，推动协同创新。

资料来源：笔者根据访谈资料整理。

6.2.3　区域创业环境、创业效能感与创业活动

从本书第二章有关创业效能感的研究回顾可以看出，实证研究证实创业效能感对创业活动有着良好的预测作用。创业效能感在一些研究中作为第三方

变量，也被视作是创业行为、创业绩效的中介变量，并被证实有显著的中介效应（钟卫东等，2007；Luthans 和 Ibrayeva，2006）。社会认知理论用三元交互因果解释心理作用机制（Bandura，1986）。在这因果结构中，行为、认知及其他因素与环境互为影响和作用。一些实证研究也为创业效能感对"区域创业环境—创业活动"的中介作用提供了佐证。本部分研究把创业活动分成创业意向和新创企业成长，即考虑已经创业和尚未创业但有意向创业的两类群体。创业意向是社会群体中个体创业倾向的指标，而新创企业成长通常作为新创企业绩效指标。本研究将创业效能感划分为创业警觉效能感、风险管控效能感和资源获取效能感，在本章下文中将具体阐述，检验各维度在"区域创业环境—创业活动"关系中的作用，以探究区域创业环境对创业活动的作用机理。

1. 区域创业环境、创业活动与创业警觉效能感

创业警觉是指创业主体对市场中可利用机会的快速识别能力。Schumpeter 认为创业机会是与新信息的产生联系在一起的，原因在于市场始终发生着变化，技术、政策、规则和其他因素的变化会产生新的信息，而新信息会改变资源的均衡价格，随之出现大量的创业机会。以 Kirzner 为代表的现代奥地利学派认为，创业机会是由追逐利润的创业个体在非均衡状态下凭借警觉性（alertness）而发现的（方世建、秦正云，2006）。创业主体不仅仅是发现纯粹偶然的机会，而且是在特定时间下通过警觉搜索发现别人发现不了的信息，将市场对象所隐含的内在信息外在化，从而发现创业机会。无论是 Schumpeter 还是 Kirzner 都强调了信息对创业机会的重要性。按此逻辑，如果外部环境存在信息交流与沟通的平台，创业个体处于信息交换的创业网络之中，这将增加创业个体发现创业机会的可能性，提高其创业警觉效能感。从创业机会研究的行为学视角看，创业者往往依赖不同的心智捷径来尽可能拓展有限的信息处理能力，这些心智捷径构成了创业主体识别机会的认知基础，有利于创业主体在复杂的市场环境中发现盈利机会，并做出满意的决策（方世建、秦正云，2006）；从行为学视角看，有利于这种心智捷径形成的区域创业环境将提高创业个体的创业警觉效能感。

机会的识别和利用是创业活动的首要条件。如果创业主体认为自己有能力发现并识别创业机会，那么其将会更有可能产生创业意向，并做出更多的创业行为投入和承诺，从而产生更好的创业结果。Shapero 和 Sokol（1982）以及 Krueger & Carsrud（1993）构建的创业意向模型说明，个体只有具有机会的搜寻和识别能力，才可能产生创业意向，有了创业意向才会采取创业行动，并且创业意向越明显，创业的可能性就越大。Shook 等人（2003）把创业过程归纳为"形成创业意向—搜寻和发现机会—做出创业决策—投入创业实践”，并且进一步阐明了创业意向在创业过程中的作用。无论对于新创企业还是既有企业，创业个体的创业意向在利用商业机会进行扩张、实现技术进步和创造财富的过程中都起到了重要的作用。吴晓波等人（2014）通过向高校大学生群体发放调查问卷，并对数据进行层次回归分析，构建了社会网络特征、创业效能感与创业意向关系的概念模型，结果表明，创业机会识别效能感对创业意向有显著正向作用，并且创业机会识别效能感在社会网络特征与创业意向的因果关系中起到部分中介作用。一些实证研究为创业警觉效能感与新创企业绩效之间的关系提供了佐证。Chandler 和 Hanks（1994）通过对美国 150 位制造行业创业者的调查，检验了创业机会效能感在创业者能力与创业绩效之间所起的作用。结果显示，创业者对创业机会识别能力的效能感与其初创业绩效呈显著正相关。Li（2001）提出了一个包括市场机会和潜在危险、战略选择及组织绩效的理论框架。他认为创业者面临的机会以及潜在的危险将会对新创企业的绩效造成影响，其对中国新创企业的实证研究部分支持了其理论。

根据以上论述，本部分研究在此尝试提出以下假设：

假设 7a：创业警觉效能感对“区域创业环境—创业意向”关系有中介作用。

假设 7b：创业警觉效能感对“区域创业环境—创业活动”关系有中介作用。

2. 区域创业环境、创业活动与风险管控效能感

风险管控是创业成功的前提和保障，如上文所述，风险管控不仅包括风险知觉，还包括在此基础上的评估、判断和适当规避。Petrakis（2005）认为，风险知觉是创业行为和绩效的重要决定因素，它受到文化意识形态、知识和灵活性的影响。风险倾向决定于创业行为框架，它是外部宏观环境到重要个人特质的调节变量。然而，人们的风险行为是不稳定的，受到许多情景因素的影响，因此，对风险行为的研究就逐渐被情景和信息加工模型所取代。现在的研究基本上认为风险行为是任务、问题情景和信息加工策略的函数。如果把风险偏好作为一种稳定的个体差异结构，也就是说，把它视作不随任务或情景变量而改变的变量，那么它是不可能通过人们的选择而测量得到的，因为行为要受到许多情景因素的影响。这是一种“情景依赖性风险行为”的观点。在 Dickson 和 Giglierano（1986）研究框架中，创业风险包含两类，失败的风险和错失良机的风险，即风险是威胁和风险是机会，两者互相独立。将风险视作威胁会降低创业意愿，这与 Venkataraman（1997）的研究成果一致，而将风险视作机会则会提高创业意愿。风险知觉对创业意愿的影响通过影响行为和控制知觉来实现。行为控制知觉是计划行为理论和创业意愿模型中的核心变量。它与效能感和可行性的判断相关。外部环境中创业资源和信息的可获得性、对创业行为支持的政策和氛围、对创业失败的容忍程度,都会影响"情景依赖性风险行为"。

以往研究表明,创业主体往往利用一些认知偏见来拓展有限的信息处理能力。如任旭林和王重鸣(2007)对71名小企业创业者与82名企业管理者基于创业情景的机会评价研究,结果发现,在创业的机会评价过程中,创业者的认知机制是认知偏差系统作用于或通过风险知觉作用于机会评价;创业者比管理者运用了更多的认知偏差,主要体现在:创业主体常常认为自己对自身环境拥有更强的控制力;在复杂的环境中做出的决策往往不是基于对大量随机样本的分析,而是根据少量已经获得成功的样本来做出决策,这会使他们更乐观地展望机会前景,而低估风险;在相似的情景中不考虑过去的经验,对未来结果的预测是以计划与成功的情境作为联系点,往往表现出过度乐观。李华晶等人(2012)基于CPSED项目的调查发现,创业风险、创业资本和创业环境对创业活动具有影响,并在此基础上构建了感知的创业风险、创业资本的可获得性、创业环境的支持性对创业活动影响的结构方程模型,检验结果表明感知的创业风险对创业活动具有负向影响。创业行为本身具有一定的风险性,关键是如何在创业决策和过程中如何把握好冒险度。从这个意义上来看,风险管控能力对创业活动尤为重要。

根据以上论述,本部分研究在此尝试提出以下假设:

假设8a:风险管控效能感对"区域创业环境—创业意向"关系有中介作用。

假设8b:风险管控效能感对"区域创业环境—创业活动"关系有中介作用。

3. 区域创业环境、创业活动与资源获取效能感

如上文所述,对获得和整合关键资源能力的信念是创业效能感的关键要素之一,对创业活动有积极影响。蒂蒙斯(1999)认为机会、资源和团队是创业过程模型中的三个驱动因素,机会吸引创业者形成一个团队,利用内部资源和外部资源开发这个业务机会。李华晶等人(2012)基于CPSED项目的调查结果的研究发现,创业资本的可获得性、创业环境的支持性对创业活动具有正向影响。上文在对创业环境与创业活动关系的论述中指出,创业环境作为创业活动所处的生态系统影响着创业活动的方方面面,从而最终影响创业绩效,即创业环境是创业活动的系统性背景因素。资源获取效能感作为创业决策和行为的前因变量也会受到创业环境的影响。当政府直接干预资源的市场配置过程,包括提供技术服务、增加资金供给、提供孵化支持等,会使创业主体更有可能获得和整合创业资源,特别是创业资金,从而极大地促进创业活动。东亚经济的发展证实了这一结论。Acs(2008)分析了政策对创业活动及地区经济发展的影响,结果表明良好的教育系统会使创业主体提高其获取创业资源的能力，完善的基础设施会提高其获得资源能力的认知。创业网络的相关研究结果表明，创业网络使网络中个体的创业资源信息的沟通和创业资源的交换成为可能，作为创业网络中的节点的个体将认为其更有可能获得所需的创业资源，在创业过程中更有可能获得创业支持和服务，从而更倾向于产生创业行为。

一些实证研究为资源获取效能感与创业活动间的关系提供了佐证。De Noble 等人(1999)将"对获取和配置关键资源能力的感知"作为创业效能感的维度之一，并认为发展和保留核心人才是其中的关键因素。其实证研究支持了他的观点，并证实了资源获取效能感与创业意向、新企业成长之间的显著关系。钟卫东等人(2007)基于孵化器在孵企业样本，对创业自我效能感、外部环境支持与初创科技企业绩效关系的研究结果表明，创业自我效能感对初创科技企业绩效有显著的积极影响，尽管在他的研究中创业自我效能用的是单维度，但测量中考虑了资源获取因素，如"能够说服投资者投入资金"等。

根据以上论述，本部分研究在此尝试提出以下假设：

假设 9a：资源获取效能感对"区域创业环境—创业意向"关系有中介作用。

假设 9b：资源获取效能感对"区域创业环境—创业活动"关系有中介作用。

本部分研究的各假设归纳如图 6.1 所示：

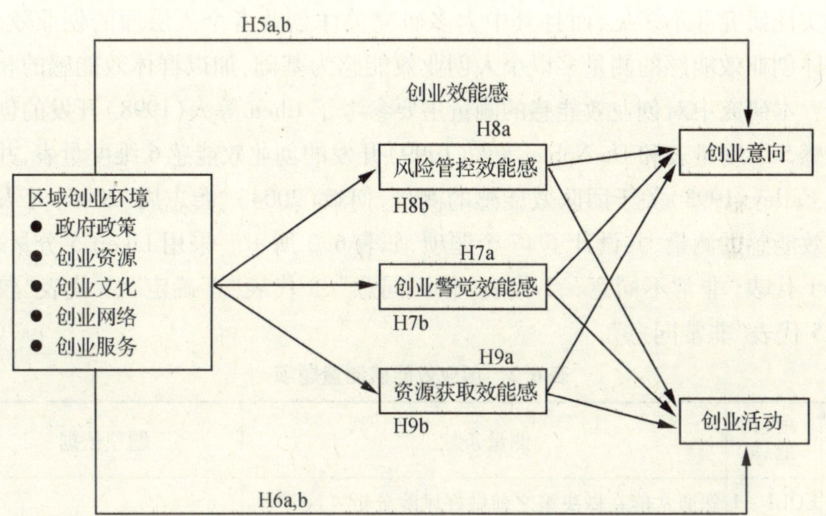

图 6.1　区域创业环境对创业意向和创业活动的影响概念框架

6.3 研究方法

6.3.1 研究样本

本部分研究用与验证性因素分析相同的样本,样本具体情况如表5.3所示。

6.3.2 变量测量

本部分研究采用Likert 5分量表来评估。对于变量的测度通常有主观感知方法的Likert 5分量表和Likert 7分量表两种形式。尽管Likert 7分量表能增加变量的变异度、提高变量间的区分度,但超过五级,填写人难有足够的辨别力,Likert 5分量表最为可靠(吴明隆,2000)。而且Likert 7分量表无疑增加了填表者判断方面的负担,对缺乏学术问卷填写热情的一般应答者而言,更增添了其对调查问卷的抵触情绪,而到最后可能胡乱填写。

1. 创业效能感测量

根据创业效能感内涵及维度的界定,借鉴既有研究成果,本研究从风险管控、创业警觉和资源获取3个方面对创业效能感进行测量。目前关于创业效能感的实证研究并不多见,而且其中大多研究关注创业者个人层面的创业效感。对群体创业效能感的测量多以个人创业效能感为基础,加以群体效能感的相关测量。本研究中对创业效能感的测量主要参考了Chen等人(1998)开发的创业效能感5维度量表和De Noble等人(1999)开发的创业效能感6维度量表,并参考了Earley(1993)关于团队效能感的测量,何斌(2004)、龚志周(2005)等人对创业效能感的测量,共设计了17个题项,如表6.2所示。采用Likert 5分量表,其中1代表"非常不同意"、2代表"较不同意"、3代表"不确定"、4代表"较同意"、5代表"非常同意"。

表6.2 创业效能感测量题项

构思变量	项目编号	测量条款	题项依据
风险管控	EOE1-1	您通常能在做决策之前做好风险分析[a,c,e]	a. Chen 等人(1998); b. De Noble 等人(1999); c. Wilson 等人(2007); d. Earley(1993); e. 龚志周(2005)。
	EOE1-2	您通常能应对工作中面临的压力[a,c,d]	
	EOE1-3	您通常能在面对风险时做出较好决策[a,b,c,e]	
	EOE1-4	您能针对新业务进行战略性的财务分析[a,c,e]	
	EOE1-5	您能针对出现的工作问题设计解决方案[b,d]	

续表

构思变量	项目编号	测量条款	题项依据
创业警觉	EOE2 - 1	您能发现并抓住新产品或服务的市场机会[a,b,c,e]	
	EOE2 - 2	您能发现改进现有产品或服务的新方法[a,b,c,e]	
	EOE2 - 3	您能发现新市场[b,d]	
	EOE2 - 4	您能设计或开发出满足消费者需求的新产品[a,b,c,e]	
资源获取	EOE3 - 1	您能获取创建新业务所需的物质资源[b,d]	
	EOE3 - 2	您能组建新业务所需的人员团队[b,d]	
	EOE3 - 3	您能获得创建新业务所需的资金[b,d]	
	EOE3 - 4	您能保持与潜在投资者间的良好关系[b,d]	

2. 创业意向测量

对于创业意向的测量目前还未形成统一公认的测量工具,一些学者如 Saige 和 Elizur(1999)、Korunka(2003)等主张采用绝对测量法(categorical measures)来测量创业意向,而另一些学者如 Lee 和 Wong(2004)则使用自我分类测量法(self-categorization measures)来对创业意向进行测量。这两种方法都是对创业意向的绝对测量。然而,个体创业意向并不是一个简单地用"是"或"否"就可以概括的问题,而是一个程度问题。个体创业意向的程度和强度因人而异,而同一个体的创业意向也因情境变化而在不同时期表现出差异。因此,评估创业意向应该使用连续测量法(continuous measures)而非绝对测量法(Thompson, 2009)。有学者仅用一项条款,如"评估在未来 5 年内您将创办新企业的可能性"来测量被试的创业意向,这必然会带来单项目测量的信度和效度问题。因而大多数学者建议使用多项目测量创业意向以降低测量误差。多项目测量法是目前测量创业意向的主流方法(Chen 等,1988;Mueller 和 Thomas, 2001;Zhao 和 Seibert, 2005; Thompson, 2009)。因而,本研究采用连续测量法,即采用多项目来测量被试的创业意向。Chen 和 Greene 以及 Crick (1998)开发的 5 条款测量创业意向的量表,5 条款即对创办新企业多感兴趣、对创办新企业的考虑程度、创办新企业的准备程度、尽最大努力去创办新企业的可能性和多久后将创办新企业,量表使用 Likert 5 点量表进行评分。该量表被认为是有较好效标和常被引用的一个量表。本研究在此量表的基础上,参考 Zhao 和 Seibert(2005)4 项目量表、Thompson(2009)个体创业意向量表(IEIS)、范巍和王重鸣(2006)的量表,形成了本研究的创业意向量表,如表 6.3 所示。

表 6.3　创业意向测量题项

构思变量	项目编号	测量条款	题项依据
创业意向	EIN1-1	您对创办新企业非常感兴趣[a,c,d]	a. Chen 等人(1998); b. Zhao 和 Seibert(2005); c. Thompson(2009); d. 范巍、王重鸣(2006)。
	EIN1-2	您为创办新企业做了充分准备[a,c,d]	
	EIN1-3	您将尽最大努力创办新企业[a,b,c,d]	
	EIN1-4	您在未来的一年内将创办新企业[a,b,c,d]	

3. 创业活动测量

在已有创业研究中,新创企业成长是最为常用的创业绩效测量指标,本研究采用已有研究中应用非常广泛的销售额年增长率、投资回报年增长率、雇员增长率、市场份额年增长率这 4 个指标,采用五分的 Likert 量表来测量创业活动的情况,具体的测量条款如表 6.4 所示。

表 6.4　创业绩效测量题项

构思变量	项目编号	测量条款	题项依据
创业活动	PER1-1	销售总额年增长率[a,b,,c,d]	a. Murphy 等人(1996); b. Ciavarella 等人(2004); c. 丁岳枫(2006); d. 李乾文(2006)。
	PER1-2	投资回报率的年增长率[a,b]	
	PER1-3	公司员工数量的增加[a,c]	
	PER1-4	公司市场份额年增长率[a,b,,c,d]	

6.3.3　统计分析方法

对于选择变量分析技术的原则、变量的探索和验证性因素分析方法,与本书第五章区域创业环境的原理相同,这里不再赘述。本部分研究首先对创业效能感、创业意向和创业活动测量进行探索与验证性因素分析,对各因素中的测量条款进行信度和效度分析,并对整体的信度及效度进行分析,同时验证各潜变量维度的有效性。然后,运用结构方程软件 Amos 7.0,分析各潜变量之间的关系,对本研究提出的模型进行测量和修改完善,并对本研究提出的假设进行分析、验证。

解释变量与被解释变量的数据同时来自同一应答者可能存在的同源性偏差(common method variance)问题,即在绝大多数情况下,两者来自同一应答者会导致概念间相关性的膨胀,亦即方法偏差同时出现于概念的测量,产生人为膨胀而导致第一类误差,造成知识累积错误。同源性偏差有时也会造成概念间相关性的降低,而导致第二类误差,造成错失显著的概念相关(李乾文,2006)。

第一种消除同源偏差是在研究前尽可能使用提高事前预防措施，本书使用了答卷者信息隐匿法。第二种检验同源偏差的方法是 Podsakoff 和 Organ（1986）所建议的哈曼单因子检测（Harman's post-hoc single factor test），即把调查问卷的所有题项放在一起做因子分析，看未旋转时得到的第一个主成分是否能解释大部分的变量方差。如果能，则存在较大的同源性偏差问题。本研究将调查问卷所有题项放在一起进行因子分析，未旋转的因子分析得到的第一个主成分的载荷量是35.47%，说明不存在单一主因子，也不存在一个综合因子可以解释大部分的变量方差，因此，本研究的同源性偏差并不严重。

选用结构方程对数据进行分析要满足结构方程模型的几条基本假定，包括变项常态性、无系统遗漏值、足够大的样本、正确的模式界定、简单随机抽样（黄芳铭，2005）。

第一，对于收集的数据，在数据描述中已进行了正态分布的检验（见表6.5）。正态性分布的检验主要包括两个要素：偏态（Skewness）和峰度（Kurtosis）。对于偏态值小于3和峰度值小于10的数据可以认为基本上是符合正态分布（Kline，1998；转引自黄芳铭，2005），在分析结果中可以看到本研究中的数据符合正态分布。

表6.5　各测量条款的描述统计

测量项目	样本量	均值	标准差	偏度		峰度	
	统计	统计	统计	统计	标准差	统计	标准差
EOE1 - 1	428	3.526 4	0.756 23	-0.725	0.177	0.694	0.297
EOE2 - 1	428	3.677 1	0.641 92	0.669	0.177	0.561	0.297
EOE3 - 1	428	3.634 2	0.717 55	-0.962	0.177	1.223	0.297
EOE1 - 2	428	3.714 5	0.821 90	0.328	0.177	0.642	0.297
EOE2 - 2	428	3.487 9	0.821 73	0.645	0.177	0.978	0.297
EOE1 - 3	428	3.643 3	0.736 60	0.579	0.177	0.640	0.297
EOE3 - 2	428	3.769 1	0.834 56	0.742	0.177	1.125	0.297
EOE2 - 3	428	3.523 9	0.621 98	-0.597	0.177	0.668	0.297
EOE3 - 3	428	3.557 8	0.834 46	0.684	0.177	-0.146	0.297
OE1 - 4	428	3.925 6	0.825 4	1.023	0.177	1.216	0.297
EOE2 - 4	428	3.579 2	0.843 7	0.706	0.177	0.875	0.297
EOE3 - 4	428	3.682 1	0.812 8	0.658	0.177	0.873	0.297
EOE1 - 5	428	3.485 3	0.769 8	0.724	0.177	0.873	0.297

续表

测量项目	样本量	均值	标准差	偏度		峰度	
	统计	统计	统计	统计	标准差	统计	标准差
EIN1-1	428	3.178 3	1.025 61	0.277	0.179	-0.535	0.364
EIN1-2	428	2.974 5	1.112 86	-0.024	0.179	0.726	0.364
EIN1-3	428	3.129 8	1.035 67	0.234	0.179	-0.631	0.364
EIN1-4	428	3.215 6	1.034 6	0.278	0.179	0.597	0.364
PER1-1	428	3.337 9	0.994 26	-0.105	0.179	-0.520	0.364
PER1-2	428	3.567 8	1.002 67	0.307	0.179	-0.236	0.364
PER1-3	428	3.439 2	0.943 82	-0.284	0.179	0.169	0.364
PER1-4	428	3.368 2	0.995 76	0.296	0.179	-0.379	0.364

第二,量表回收后,根据比较严格的规则对无效问题进行了剔除,以保证调查问卷的有效性,由此也可以保证调查问卷中无系统遗漏值。

第三,对于最佳样本数量的样本,学者的观点并不相同,Shumacker 和 Lomax(1996)指出,在大部分的 SEM 研究中,样本数都在 200~500 之间(转引自黄芳铭,2005)。Sudman(1976)认为,初学者进行与前人相类似的研究时,可参考别人的样本数,作为自己取样的参照(转引自吴明隆,2000)。本研究中的有效样本量为 428,且样本为企业,可以认为该样本数量满足用 SEM 进行分析研究的样本数量要求。

第四,对于模式的界定问题,本研究的模型是基于前人研究的理论基础上产生的,根据理论模型中的假设建构因果关系路径图,并将该路径图转换为一系列的结构方程式与测量方程式,可以认为本研究进行了正确的模式界定。

第五,针对数据的收集,主要采用走访、电邮、关键被调查人技术等,样本来自全国各地,样本来源和地域的多样性保证了样本的代表性,基本可以满足第五条关于抽样的要求。

由此,在本部分研究中将采用 SEM 的研究方法,对数据进行分析,并对本书前文中提出的模型进行分析和验证。

6.4 研究结果

6.4.1 各测量条款评价值的描述统计

在进行下一步分析前,有必要对调查问卷中各变量测量条款的均值、标准差、偏态、峰度等描述性统计量进行分析,以验证调研所获取的数据是否服从正态分布,分析结果如表6.5所示。可以看出,各测量条款的评价值偏度绝对值小于3,峰度绝对值小于10,表明数据基本上符合正态分布,可以为下一步分析所用。

6.4.2 测量信度与效度分析

结构方程模型通常有两阶段分析方法:测量模型的信度和效度检验;结构模型内部的因果关系检验。只有在构思变量测量的可信性和有效性得到保证后,基于潜变量间的统计关系得出的结论才有意义(王庆喜,2004)。

1. 创业效能感测量信度与效度分析

(1) 内部一致性信度

创业效能感量表的CITC和内部一致性信度分析结果如表6.6所示。所有测量条款的CITC值均大于0.5,且任何条款的删除均不会导致α系数显著增加,同时,该量表的整体α系数为0.947,大于0.7,表明该量表满足信度要求。各分量表的内部一致性信度如表6.7所示,α系数也都大于0.7,且各因子载荷大于0.5。

表6.6 创业效能感量表CITC值及内部一致性信度分析

测量项目	CITC	删除该项后α系数	整体α系数
EOE1-1	0.784	0.931	α=0.947
EOE2-1	0.623	0.923	
EOE3-1	0.699	0.917	
EOE1-2	0.752	0.916	
EOE2-2	0.637	0.911	
EOE1-3	0.669	0.924	
EOE3-2	0.701	0.935	
EOE2-3	0.732	0.919	
EOE3-3	0.654	0.903	
EOE1-4	0.656	0.913	
EOE2-4	0.685	0.906	
EOE3-4	0.705	0.924	
EOE1-5	0.691	0.916	

表 6.7 创业效能感探索性因素分析结果

	因素 1	因素 2	因素 3
因素 1:风险管控 α 系数 = 0.821 04			
EOE1 - 3	0.854		
EOE1 - 1	0.738		
EOE1 - 2	0.829		
EOE1 - 5	0.812		
EOE1 - 4	0.786		
因素 2:创业警觉 α 系数 = 0.831 88			
EOE2 - 2		0.765	
EOE2 - 1		0.773	
EOE2 - 3		0.812	
EOE2 - 4		0.789	
因素 3:资源获取 α 系数 = 0.796 09			
EOE3 - 3			0.830
EOE3 - 4			0.698
EOE3 - 2			0.714
EOE3 - 1			0.735

(2) 创业效能感建构信度、聚合效度和测量模型适配性

由于验证性因素分析模型拟合指数容易受项目数量的影响,为使拟合效果达到最佳,本研究在探索性因素分析的因素结构基础上将那些测量同一因素的项目进行整合合并(Foxall 和 Hackett,1992;Goldsmith,1985;转引自丁岳枫,2006)。本研究在项目组合时采用部分聚合法①(卞冉、车宏生,2007)。一般来说,结构方程中的每个因素用 3 个项目来测量,结构就能够比较稳定(侯杰泰,2004)。因此,本研究将每个因素包括的项目合并为 3 个指标,合并的原则是"保持项目负荷平衡",即首先把负荷最高的几个项目放到各个项目小组中去作为锚定项目,然后按照反方向加入次高项目进行平衡(卞冉、车宏生,2007)。最终得到 EOE 验证性因素分析模型如图 6.2 所示。

① 项目的完全聚合是指将某个因素的所有测量项目加总使之成为一个指标;项目的部分聚合是指将某个因素的部分测量项目加总使之成为一个指标;项目的完全分散是指将因素的所有测量项目作为一个独立指标,有多少项目就有多少指标;项目的部分分散则是指将项目根据某个原则进行局部整合,整合后的指标个数大于 1 而小于测量项目的个数(丁岳枫,2006)。

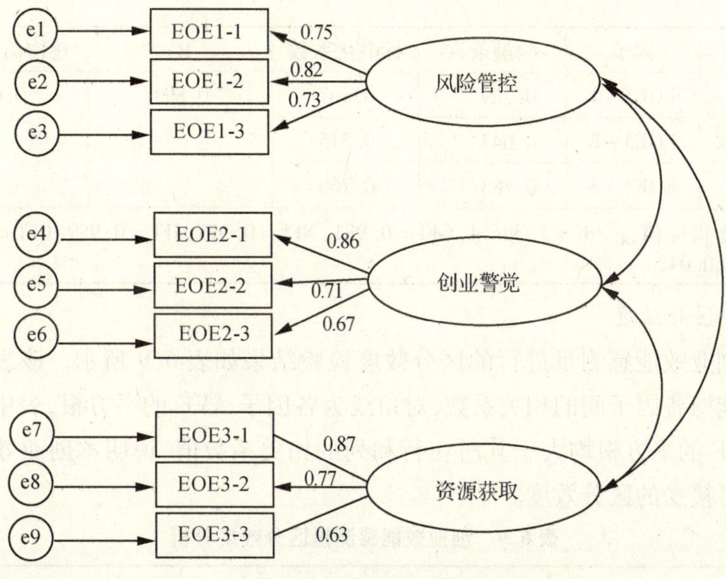

图 6.2　创业效能感验证性因素分析模型

按照与本书第五章组织创业环境测量相同的分析方法，对创业效能感的建构信度（CR）和聚合效度（AVE）指标进行计算，结果如表 6.8 所示。各测量条款的标准因子负荷均大于 0.7，各测量条款的 R^2 都在 0.4 以上，表明单个测量条款的信度较高。3 个因子的建构信度（CR）分别为 0.852、0.837 和 0.891，均大于 0.6，表明各因子测量条款的整体信度及内部一致性较高。3 个因子 AVE 值分别为 0.734、0.697 和 0.672，均大于 0.5 临界值，表现出较好的聚合效度。就拟合优度指标而言，其中 $\chi^2/df = 1.3964$，不仅小于 5，而且更小于更严格的标准 3；GFI = 0.981，NFI = 0.977，IFI = 0.989，CFI = 0.990，均大于 0.9；RMSEA = 0.042，不仅小于 0.10，而且小于更严格的标准 0.05，表明本创业效能感量表的拟合效果较为理想。

表 6.8　创业效能感测量建构信度和聚合效度分析结果

AVE	因子	测量条款	标准化系数	R^2	建构信度（CR）
风险管控	EOE1 - 1	0.817***	0.642	0.852	0.734
	EOE1 - 2	0.829***	0.731		
	EOE1 - 3	0.804***	0.693		
创业警觉	EOE2 - 1	0.821***	0.677	0.837	0.697
	EOE2 - 2	0.815***	0.680		
	EOE2 - 3	0.834***	0.712		

续表

AVE	因子	测量条款	标准化系数	R^2	建构信度(CR)
资源获取	EOE3－1	0.729***	0.567	0.891	0.672
	EOE3－2	0.643***	0.515		
	EOE3－3	0.783***	0.766		
拟合优度指标值：$\chi^2/df=1.3964$，GFI＝0.981，NFI＝0.977，IFI＝0.989，CFI＝0.990，RMSEA＝0.042					

（3）区分效度

对创业效能感测量进行的区分效度检验结果如表6.9所示。该表显示了创业效能感各因子间的相关系数，对角线为各因子AVE的平方根，表中显示各因子AVE的平方根均大于其所在行和列的相关系数值，说明本创业效能感量表具有可接受的区分效度。

表6.9 创业效能感测量区分效度分析

维度	风险管控	创业警觉	资源获取
风险管控	0.857		
创业警觉	0.786	0.835	
资源获取	0.773	0.845	0.820

2. 创业活动测量的信度与效度分析

（1）内部一致性信度

创业意向和创业活动量表的CITC及内部一致性信度分析结果如表6.10所示，所有测量条款的CITC值均大于0.5，且任何条款的删除均不会导致α系数的增加，同时，量表的整体α系数分别为0.8534和0.8497，均大于0.7，表明本创业效能感量表满足内部一致性信度要求。

表6.10 创业意向和创业活动量表CITC及内部一致性信度分析

测量项目	CITC	删除该项后α系数	整体α系数
EIN1－1	0.664	0.883	α＝0.8534
EIN1－2	0.697	0.865	
EIN1－3	0.721	0.834	
EIN1－4	0.762	0.852	
PER1－1	0.704	0.821	α＝0.8497
PER1－2	0.696	0.834	
PER1－3	0.658	0.875	
PER1－4	0.719	0.847	

(2) 建构信度、聚合效度和测量模型适配性

进行验证性因素分析之前,按照上文所述原则对创业活动的测量条款进行合并,得到创业活动验证性因素分析模型如图 6.3 所示。创业意向与新创企业成长之间的相关系数为 0.65,达到中等程度的相关。Liden 和 Maslyn(1998)认为,验证多维度的构思结构,模型中因素之间的相关值只要小于 1,就是可以接受的。因而,在本模型中,创业活动表现为双维结构,这与以往研究结果相符。

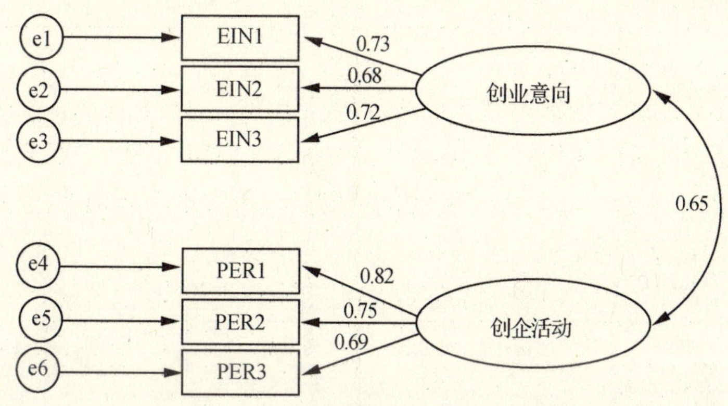

图 6.3 创业绩效验证性因素分析模型

对创业活动的建构信度(CR)和聚合效度(AVE)指标进行计算,结果如表 6.11 所示。各测量条款的标准因子负荷均大于 0.7,各测量条款的 R^2 都在 0.4 以上,表明单个测量条款的信度较高。两个因子的建构信度(CR)分别为 0.823 和 0.775,均大于 0.6,表明各因子测量条款的整体信度及内部一致性较高。两个因子 AVE 值分别为 0.752 和 0.761,均大于 0.5 临界值,表现出较好的聚合效度。就拟合优度指标而言,其中 $\chi^2/df = 2.336\ 1$,小于 5;GFI = 0.981,NFI = 0.952,IFI = 0.963,CFI = 0.955,均大于 0.9;RMSEA = 0.048,表明本创业活动量表的拟合效果尚可接受。

表 6.11 创业活动测量建构信度和聚合效度分析结果

因子	测量条款	标准化系数	R^2	建构信度(CR)	AVE
创业意向	OP1	0.823***	0.801	0.823	0.752
	OP2	0.835***	0.714		
	OP3	0.759***	0.648		
新企业成长	IP1	0.834***	0.746	0.775	0.761
	IP2	0.726***	0.731		
	IP3	0.676***	0.685		
拟合优度指标值:$\chi^2/df = 2.336\ 1$, GFI = 0.981, NFI = 0.952, IFI = 0.963, CFI = 0.955, RMSEA = 0.048					

6.4.3 相关分析

对这部分研究涉及的变量进行简单相关分析，计算两两间简单相关系数如表6.12所示。结果显示，区域创业环境与创业意向、创业活动有正向且显著的相关关系，风险管控效能感、创业警觉效能感和资源获取效能感与区域创业环境有正向且显著的相关关系，初步验证了本研究的假设预期。

表 6.12 区域创业环境、创业效能感、创业活动各维度相关分析

因子	均值	标准差	政府政策	创业资源	创业服务	创业网络	创业文化	风险管控	创业警觉	资源获得	创业意向	创业活动
政府政策	3.379 6	0.773 68	1									
创业资源	3.462 7	0.736 58	0.677**	1								
创业服务	3.598 4	0.689 17	0.695**	0.701**	1							
创业网络	3.746 2	0.714 95	0.746**	0.679**	0.765**	1						
创业文化	3.654 2	0.675 42	0.736**	0.568**	0.650**	0.782**	1					
风险管控	3.653 8	0.785 46	0.710**	0.582**	0.665**	0.751**	0.625**	1				
创业警觉	3.663 7	0.721 98	0.768**	0.645**	0.717**	0.689**	0.670**	0.782**	1			
资源获得	3.529 8	0.689 37	0.778**	0.659**	0.739**	0.650**	0.576**	0.789**	0.802**	1		
创业意向	3.552 7	0.789 04	0.498**	0.390	0.527**	0.679**	0.759**	0.629**	0.439**	0.595**	1	
创业活动	3.663 5	0.864 13	0.596**	0.760**	0.584**	0.673**	0.559**	0.387**	0.749**	0.650**	0.748**	1

注：① $^{**}P<0.01$。

② 以上各变量均采用因子得分。

6.4.4 创业效能感中介效应检验

为了验证这部分研究所提出的各项假设,本研究通过结构方程建模的方法来验证各项假设。越来越多的学者赞同且采用结构方程建模技术检验变量的中介效应,其优点在于不仅可以得到逐步回归分析法的效果,而且还能综合考虑测量误差项目造成的影响(侯杰泰等,2004)。判断变量是否起到中介变量的作用,Baron 和 Kelmy(1986)认为需要同时满足以下 4 个条件:第一,中介变量对自变量的回归,回归系数达到显著水平;第二,因变量对中介变量的回归,回归系数达到显著水平;第三,因变量对自变量的回归,回归系数达到显著水平;第四,因变量同时对自变量和中介变量的回归,中介变量的回归系数达到显著水平,自变量的回归系数减少。另外,当自变量的回归系数减少到不显著水平,说明中介变量起到完全中介的作用,自变量完全通过中介变量对因变量产生影响;当自变量的回归系数减少,但仍然达到显著水平时,则此时的中介变量只起到部分中介作用,即自变量不仅通过中介变量间接影响因变量,而且还会对因变量产生直接的影响。根据同样的原理,运用结构方程建模的方法进行回归分析,对中介效应进行检验。当自变量到假设的中介变量的回归系数达到显著水平,假设的中介变量到因变量的回归系数显著,自变量到因变量的回归系数不显著,中介作用存在。如果自变量到因变量的回归系数显著时,则认为存在部分中介作用(李晶,2010)。

本研究采用 AMOS 7.0 统计软件进行分析,对数据的分析参照上述对中介效应的判定原则进行。创业效能感对区域创业环境和创业活动的中介效应模型如图 6.4 所示。表 6.13 是模型各项拟合指标,从表中的各项指标来看,该中介效应模型拟合较好。

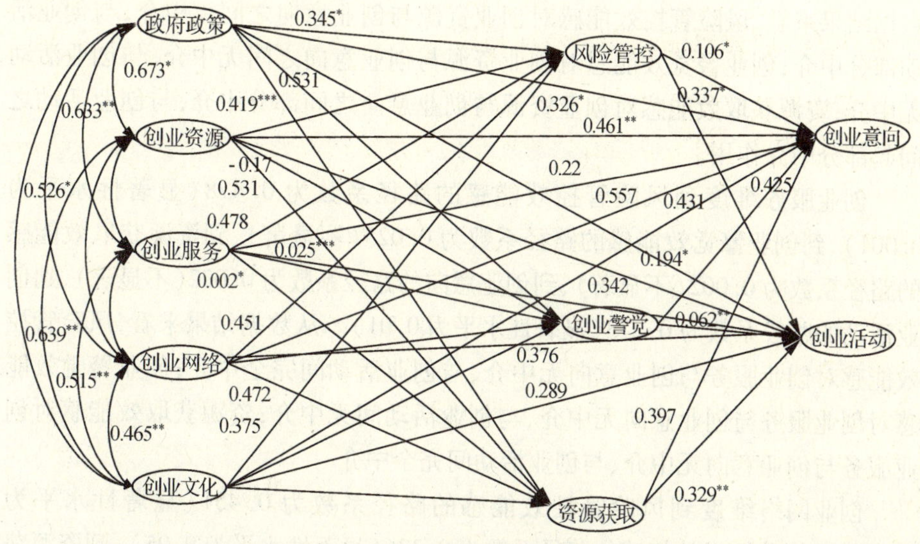

图 6.4　区域创业环境对创业活动影响机理图

表 6.13　模拟拟合优度指标

CMIN/df	GFI	AGFI	NFI	IFI	CFI	RMSEA
1.780	0.940	0.923	0.953	0.954	0.946	0.044

从图 6.4 可以看出，资源获取效能感到创业意向和创业活动的路径系数均显著，风险管控效能感到创业意向的路径系数不显著、到创业活动的路径系数均显著，而创业警觉效能感到创业活动的路径系数不显著、到创业意向的路径系数均显著。

政府政策维度到风险管控效能感的路径系数为 0.345（显著性水平为 0.05）、到创业警觉效能感的路径系数为 0.531（显著性水平为 0.05）、到资源获取效能感的路径系数为 0.012（不显著）、到创业意向的路径系数为 0.426（显著性水平为 0.05）、到创业活动的路径系数为 0.194（显著性水平为 0.05）。从数据结果来看，风险管控效能感对政府政策维度与创业意向无中介，与创业活动完全中介；创业警觉效能感对政府政策维度与创业意向部分中介，与创业活动无中介；资源获取效能感对政府政策维度与创业意向之间无中介，与创业活动之间起完全中介作用。

创业资源维度到风险管控效能感的路径系数为 0.419（显著性水平为 0.001）、到创业警觉效能感的路径系数为 -0.017（不显著）、到资源获取效能感的路径系数为 0.431（显著性水平为 0.01）、到创业意向的路径系数为 0.361（显著性水平为 0.01）、到创业活动的路径系数为 0.642（显著性水平为 0.05）。从数据结果来看,风险管控效能感对创业资源与创业意向之间无中介,与创业活动部分中介;创业警觉效能感对创业资源与创业意向之间无中介,与创业活动无中介;资源获取效能感对创业资源与创业意向之间部分中介,与创业活动之间起部分中介作用。

创业服务维度到风险管控效能感的路径系数为0.478(显著性水平为0.001)、到创业警觉效能感的路径系数为0.025(不显著)、到资源获取效能感的路径系数为0.002(不显著)、到创业意向的路径系数为0.022(不显著)、到创业活动的路径系数为0.273(显著性水平为0.01)。从数据结果来看,风险管控效能感对创业服务与创业意向无中介、与创业活动间完全中介;创业警觉效能感对创业服务与创业意向无中介、与创业活动间无中介;资源获取效能感对创业服务与创业意向无中介、与创业活动间完全中介。

创业网络维度到风险管控效能感的路径系数为0.451(显著性水平为0.05)、到创业警觉效能感的路径系数为0.326(显著性水平为0.05)、到资源获取效能感的路径系数为0.472(显著性水平0.05)、到创业意向的路径系数为0.357(显著性水平为0.01)、到创业活动的路径系数为0.376(显著性水平0.05)。从数据结果来看,风险管控效能感对创业网络与创业意向无中介、与创业活动间部分中介;创业警觉效能感对创业网络与创业意向部分中介、与创业活动间无中介;资源获取效能感对创业网络与创业意向部分中介、与创业活动间部分中介。

创业文化维度到风险管控效能感的路径系数为0.375(显著性水平为0.05)、到创业警觉效能感的路径系数为0.024(不显著)、到资源获取效能感的路径系数为0.105(不显著)、到创业意向的路径系数为0.431(显著性水平为0.05)、到创业活动的路径系数为0.189(显著性水平为0.05)。从数据结果来看,风险管控效能感对创业文化与创业意向无中介、与创业活动间部分中介;创业警觉效能感对创业文化与创业意向无中介、与创业活动间无中介;资源获取效能感对创业文化与创业意向无中介、与创业活动间无中介。

创业效能感的中介效应检验结果如表6.14所示。

表6.14　创业效能感中介效应检验结果

创业效能感中介效应检验结果					
自变量	显著系数	中介变量	显著系数	因变量	中介效应
政府政策	0.345	风险管控效能感	0.106	创业意向	无中介
		无中介变量显著系数:0.326			

续表

创业效能感中介效应检验结果					
政府政策	0.531	创业警觉效能感	0.426	创业意向	部分中介
		无中介变量显著系数:0.326			
政府政策	0.012	资源获取效能感	0.397	创业意向	无中介
		无中介变量显著系数:0.326			
创业资源	0.419	风险管控效能感	0.106	创业意向	无中介
		无中介变量显著系数:0.461			
创业资源	-0.017	创业警觉效能感	0.426	创业意向	无中介
		无中介变量显著系数:0.461			
创业资源	0.531	资源获取效能感	0.397	创业意向	部分中介
		无中介变量显著系数:0.461			
创业服务	0.478	风险管控效能感	0.106	创业意向	无中介
		无中介变量显著系数:0.022			
创业服务	0.025	创业警觉效能感	0.426	创业意向	无中介
		无中介变量显著系数:0.022			
创业服务	0.002	资源获取效能感	0.397	创业意向	无中介
		无中介变量显著系数:0.022			
创业网络	0.451	风险管控效能感	0.106	创业意向	无中介
		无中介变量显著系数:0.557			
创业网络	0.326	创业警觉效能感	0.426	创业意向	部分中介
		无中介变量显著系数:0.557			
创业网络	0.472	资源获取效能感	0.397	创业意向	部分中介
		无中介变量显著系数:0.557			
创业文化	0.375	风险管控效能感	0.106	创业意向	无中介
		无中介变量显著系数:0.431			
创业文化	0.024	创业警觉效能感	0.426	创业意向	无中介
		无中介变量显著系数:0.431			
创业文化	0.105	资源获取效能感	0.397	创业意向	无中介
		无中介变量显著系数:0.431			
政府政策	0.345	风险管控效能感	0.337	创业活动	完全中介
		无中介变量显著系数:0.194			

续表

创业效能感中介效应检验结果					
政府政策	0.531	创业警觉效能感	0.062	创业活动	无中介
		无中介变量显著系数:0.194			
政府政策	0.012	资源获取效能感	0.329	创业活动	完全中介
		无中介变量显著系数:0.194			
创业资源	0.419	风险管控效能感	0.337	创业活动	部分中介
		无中介变量显著系数:0.342			
创业资源	-0.017	创业警觉效能感	0.062	创业活动	无中介
		无中介变量显著系数:0.342			
创业资源	0.531	资源获取效能感	0.329	创业活动	部分中介
		无中介变量显著系数:0.342			
创业服务	0.478	风险管控效能感	0.337	创业活动	完全中介
		无中介变量显著系数:0.173			
创业服务	0.025	创业警觉效能感	0.062	创业活动	无中介
		无中介变量显著系数:0.173			
创业服务	0.002	资源获取效能感	0.329	创业活动	完全中介
		无中介变量显著系数:0.173			
创业网络	0.451	风险管控效能感	0.337	创业活动	部分中介
		无中介变量显著系数:0.376			
创业网络	0.326	创业警觉效能感	0.062	创业活动	无中介
		无中介变量显著系数:0.376			
创业网络	0.472	资源获取效能感	0.329	创业活动	部分中介
		无中介变量显著系数:0.376			
创业文化	0.375	风险管控效能感	0.337	创业活动	部分中介
		无中介变量显著系数:0.289			
创业文化	0.024	创业警觉效能感	0.062	创业活动	无中介
		无中介变量显著系数:0.289			
创业文化	0.105	资源获取效能感	0.329	创业活动	无中介
		无中介变量显著系数:0.289			

6.5 本章总结

这部分研究主要检验了组织创业环境对创业绩效的影响。通过对收集的428份问卷分析,运用AMOS 7.0统计软件,用结构方程建模方法对前文提出的理论假设进行了实证检验,这部分研究假设的检验情况如表6.15所示。

表6.15 区域创业环境与创业活动假设检验结果汇总

序号	假设内容	检验结果
H5a	区域创业环境与创业意向正相关	支持
H5b	政府政策、创业资源、创业服务、创业网络、创业文化这5种组织创业环境要素对创业意向有积极影响	部分支持
H6a	区域创业环境与创业活动正相关	支持
H6b	政府政策、创业资源、创业服务、创业网络、创业文化五种组织创业环境要素对创业活动有积极影响	部分支持
H7a	创业警觉效能感对"区域创业环境—创业意向"关系起中介作用	部分支持
H7b	创业警觉效能感对"区域创业环境—创业活动"关系起中介作用	不支持
H8a	风险管控效能感对"区域创业环境—创业意向"关系起中介作用	不支持
H8b	风险管控效能感对"区域创业环境—创业活动"关系起中介作用	支持
H9a	资源获取效能感对"区域创业环境—创业意向"关系起中介作用	部分支持
H9b	资源获取效能感对"区域创业环境—创业活动"关系起中介作用	支持

这部分研究主要得出以下结论:第一,区域创业环境的5个维度分别与创业意向、创业活动显著正相关。区域创业环境各维度对创业活动有着不同的影响模式,政府政策对创业意向、创业活动有显著正向影响;创业资源对创业意向有显著影响,但对创业活动直接作用不显著;创业服务对创业活动有直接作用,但对创业意向直接影响不显著;创业网络和创业文化对创业活动都没有显著直接作用。第二,创业效能感在"区域创业环境—创业活动"关系中的中介作用得到部分验证,且不同的创业效能感维度对这一关系的中介作用有所差异。

6.5.1 区域创业环境对创业活动的直接影响作用

在进行结构建模之前,这部分研究首先对相关变量进行了相关分析(见表6.12),识别各变量之间的关联程度,初步验证相关研究假设。相关分析结果表明,区域创业环境各维度与创业意向、创业活动之间均呈正向相关关系,且相关系数都达到0.01以上的显著性水平。

从区域创业环境对创业绩效的直接效应检验可以看出:第一,区域创业环境中对创业意向直接影响显著的维度有创业政策和创业资源,回归系数在0.05的水平以上;第二,区域创业环境中对创业活动有直接影响显著的维度有创业政策和创业服务,回归系数分别在0.05和0.01的水平以上。从以上分析可以看出政府政策对创业活动的重要性,它对创业意向和创业活动都有显著直接影响。而创业网络和创业文化对创业意向和创业活动都没有显著直接影响,因而有必要进一步探析创业效能感在"区域创业环境—创业活动"关系中的中介效应。

6.5.2 创业效能感对"区域创业环境—创业活动"的中介作用

第一,风险管控效能感的中介作用。从图6.2和表6.14中对风险管控效能感的中介效应的验证情况来看,风险管控效能感的中介效应在5条路径上得到验证。其在创业资源—创业活动、创业网络—创业活动、创业文化—创业活动关系中有部分中介作用,而政府政策和创业服务通过风险管控效能感影响创业活动。

第二,创业警觉效能感的中介作用。从图6.2和表6.14中对创业警觉效能感的中介效应的验证情况来看,创业警觉效能感的中介效应在两条路径上得到验证,"政府政策—创业意向"和"创业网络—创业意向"的关系中有部分中介作用。

第三,资源获取效能感的中介作用。从图6.2和表6.14中对资源获取效能感的中介效应的验证情况来看,资源获取效能感的中介效应在6条路径上得到验证。其在创业资源—创业意向、创业网络—创业意向、创业资源—新创企业成长、创业网络—新创企业成长关系中起部分中介作用,而区域创业环境中的政府政策和创业服务主要通过资源获取效能感影响创业活动。已有研究证实了信息、社会资本、创业经验等创业稀缺资源对于创业活动的影响。因而,对这些稀缺资源获取能力的感知将影响创业个体的创业动机、承诺和投入,并最终影响创业活动。

7 研究结论与展望

本课题在申请国家社会科学研究基金时提出了主要需要解决的三个问题：

第一，区域创业环境概念的构思建构。

对区域创业环境概念内涵和内容结构的探析是区域创业环境形成与作用机理建模的前提，是本研究的重点，本研究拟通过对以往研究进行全面梳理，科学设计访谈方案和资料分析过程，以得到比较科学的结论。

第二，区域创业环境的形成机理研究。

区域创业环境作为开放的复杂自适应系统，也应有其内在反馈和演化机制。本研究结合社会生态理论，运用扎根理论的案例分析方法，模拟实际情境控制干扰变量，以寻找影响区域创业环境形成的因素，并构建区域创业环境的形成路径理论模型。

第三，区域创业环境的作用机理研究。

由于目前对区域创业环境作用机理研究较少，且现有理论彼此差异较大，建构区域创业环境形成和作用理论框架，将区域创业环境形成与作用机理纳入互动相连的理论模型，形成比较完整的区域创业环境的分析体系是本研究的重点，也是难点。

针对以上提出的问题，本研究围绕以下几个关键研究问题展开，基本解决了在申请国家社会科学研究基金时所提出的主要问题。

① 基于已有文献梳理和扎根理论的案例研究方法，探究区域创业环境的形成机理；

② 基于访谈研究和内容分析提出并验证了区域创业环境的概念构思；

③ 深入分析我国不同地区区域创业环境的差异；

④ 将区域创业环境、创业效能感、创业活动纳入社会学习理论所提出的环境、认知和行为的互动因果环中，深入探究区域创业环境对创业活动的作用机理，及创业效能感在此关系中的中介作用。

针对以上几个问题，本书分别运用深度访谈、问卷研究等方法，围绕区域创业环境形成和作用机理这一基本问题，对不同研究主题进行全面而系统的理论分析与实证研究。本研究尝试将社会学习理论的认知、行为、环境互动框架纳入创业活动的系统内进行研究，从而深入剖析区域创业环境的作用机理。过程复杂和因果模糊使得从不同视角分析创业活动都显得尤为必要、互为补充。从社会认知和学习理论视角对创业活动进行研究，将为更好地理解区域创业环境对创业活动的作用机理等方面提供新思路。对区域创业氛围系统深入地探究，能更好地解释创业活动，优化区域创业环境，为实现创业型经济发展提供更可靠的理论基础。

本章将对前文研究进行总结，阐明本研究的主要研究结论、可能创新与管理启示，并说明本研究存在的一些局限，在此基础上指出未来可能的研究方向。

7.1 研究主要结论与讨论

7.1.1 区域创业环境的形成机理

区域创业环境是一个复杂的开放系统，在开放系统中，任何一个因素的变化都会引起其他因素的变化，而其他因素的综合反映又会反过来影响该因素，从而形成一种系统相向作用机制（Gonzalez-Roma 等，2002）。以往对区域创业环境形成机理的质性研究并没有很好地阐明区域创业环境这一复杂开放系统中的关键因素及其相互关系。本研究运用基于扎根理论方法的多案例研究，分析不同区域创业环境的形成路径，形成动态的分析链条，尝试构建系统的区域创业环境形成机理的理论框架。

由于课题研究时间所限，课题组成员资源和水平所限，考虑到典型区域、发展规模较大、具有一定创业特征、资料可获得性等因素，本研究选择了苏州工业园区和北京中关村国家自主创新示范区这两个比较典型的区域进行了案例分析。在后续的研究中可以增加更多的案例对这一问题更深入地分析和比较。本研究对苏州工业园区和北京中关村国家自主创新示范区进行案例研究，得到了两条不同的区域创业环境形成路径，即"政府主导外向型创业环境演进"和"机会主导科技型创业环境演进"。两种区域创业环境形成路径的差异主要体现在：一是区域创业环境形成的源动力不同。"政府主导外向型创业环境演进"中区域创业环境形成的源动力是政府政策；而"机会主导科技型创业环境"演进中的源动力是创业机会。二是资源传导机制不同。"政府主导外向型创业环境演进"路径包括，政府主导园区成立、外资企业集聚发展、共生集群、协同创业 4 个阶段，可以看出跨国公司在苏州工业园区创业环境形成过程中发挥着重要的作用;"机会主导科技型创业环境演进"路径包括,机会型个体创业、政府主导园区成立、高新技术企业集聚、创业生态系统4个阶段,可以看出自主创新是中关村示范区创业环境形成的核心,政策引导资源在创新创业网络间传递,形成了较为开放的资源传导方式。但两种区域创业环境演进过程受一些共同要素的影响,如政策、创业资源、创业氛围等,而且都通过协同创业形成区域创业生态系统。

本研究的结果证实,区域创业环境是一个复杂的生态系统,它的形成是一个由多个创业主体相互获取并传导资源的过程,由于各区域资源禀赋和传导机制的差异,区域创业环境的形成过程也存在差异。创业认知、创业意愿、创业成功率和收益率互动作用形成区域创业环境的内在演化机制。从生态系统理论视角观察,区域创业环境是一个开放的动态复杂系统,各主体之间的作用是非线性的,并且具有较强的自适应能力和进化能力(肖勇军,2012)。创业是可以组织的活动,区域创业环境也是可以引导和塑造的。

7.1.2 区域创业环境五维结构

从与创业活动匹配的视角出发,本研究通过对经典理论和以往研究的梳理;对相关企事业单位高管半结构化的深入访谈和小组讨论;邀请创业和社会学习领域专家对访谈材料的编码;对编码结果的分析与讨论,通过捕捉区域创业环境的特征与内涵,形成了区域创业环境的五维概念构思。区域创业环境是包含各创业环境要素的复杂系统,是各创业要素主体间互动的结果,是创业活动的基础,并最终影响创业动机和创业行为的结果。它是一个系统的多维构思,包括政府政策、创业资源、创业文化、创业网络、创业服务5个维度。

本研究通过以往文献回顾和访谈研究,尝试将创业政策界定为与创业相关的政府制度、政府政策、相关管理和政府服务。创业资源,其内涵包括影响创业活动的基础设施、创业资源、技术环境等。完善的基础设施,影响着创业企业的地理集聚。创业文化是指现有的区域共同的价值观和规范鼓励创业行为,以及宽容对待创业失败、理性评价创业风险和积极的财富创造的态度。创业主体通过所构建的人际、商业和机构网络能获取创业所需的资产资源和知识资源,这里人际、商业和机构网络共同形成了创业主体的创业网络。创业服务是指为创业活动提供市场、技术、信息、资本、环境、人才等一系列相应服务,是创业成功的保障。

结合访谈研究和内容分析的结果,通过编制区域创业环境测量问卷,并通过试测对测量问卷进行修订,对这一构思进行探索性因素分析,继而用修订过的量表进行大样本数据收集，对这一构思进行验证性因素分析。实证检验结果表明，区域创业环境的五维度构思具有较好的结构效度，五维度构成的区域创业环境概念模型拟合良好。其中政府政策、创业资源、创业文化与以往大多数对创业环境的研究成果相符，如GEM创业环境测评体系等。通过访谈研究和实证检验，本研究认为创业网络和创业服务是区域创业环境概念的构成要素，在创业过程中起了非常重要的作用。创业网络和创业服务维度体现了开放系统的思想和动态匹配的观点，在不确定性环境下创业研究都是建立在创业主体是开放系统基础上，一些研究结果表明，创业个体与外部环境的互动将有助于其识别和利用环境中的机会（Zahra 和 Covin，1995），实现与环境共同演化（Volberda 和 Lewin，2003），实现创业网络中主体之间信息的交流、互相之间在技术情感上的匹配、相互承诺的升级，从而有利于在创新创业活动中的相互合作、在困难时期的相互扶持。

区域创业环境的概念构思在以往研究成果基础上，其内涵包含对创业活动影响的各要素，可以说这一区域创业环境构思既是状态表征，也是解决方案，5个维度对其内涵和解决方案进行了具体的诠释。从与区域创业活动适配角度出发构建的这一系统性构思，体现了开放性、动态匹配性的特征，并且力求贴切简洁地表述理论意义，直接切入区域创业环境的本质。

7.1.3 不同地区区域创业环境差异

我国不同地区由于经济发展水平、资源禀赋、文化氛围等方面的差异，因而创业水平差异也比较明显，创业活动与环境间的互动演化导致不同地区区域创业环境上也存在差异。本研究首先根据各地创业水平指标对我国31个省、自治区、直辖市进行聚类分析，共分成四个区域：东部沿海地区、京津冀地区、东北部地区和中西部地区，继而运用方差分析的方法探究了不同地区区域创业环境的差异。分析不同区域创业环境的差异，可以发现各区域不同的问题，提出比较有针对性的政策建议。

东部沿海地区在创业资源上有明显优势，创业资源上特别明显的优势体现在人才资源和金融资源。东部沿海地区是我国最早实行改革开放的地区，国际经贸参与度高，参与国际分工和协作的能力较强，且呈现升级的趋势。参与国际经贸与国际分工带来该区域人才结构国际化和高智力化。此外，该地区由于地理位置的优势和人才战略的显著成效，为区域引进了大量高层次人才，促进了本地区创新创业的发展。东部沿海地区是我国经济发展最发达的区域，在金融资源占有上具有得天独厚的优势，这一地区是我国创投业发展最快和最好的区域。但本课题组在调研过程中发现，东部沿海地区的创投业发展并未与创业活动形成协同效应。一方面是创投业持续扩张，无论是备案数量，还是实收资本，都持续增长，表明对科技创新创业积聚了充足的资金准备，形成了优异的创新创业融资环境和氛围；另一方面无论是个体工商户，还是私营企业，每月新增户数持续稳定增长，表明创新创业活动日益活跃。从理论上看，优异的创新创业融资环境与创新创业活动日益活跃应该是相互促进的两种现象，却在实证中表现出灰色关联度较低，说明我国东部沿海地区以创投业为代表的创新创业融资氛围并没有在实际创业过程中发挥全方位作用。创业资源上的显著优势，如果能够改善资源配置能力，将会带来更好的资源集聚效应，形成多创业主体、主体互相协作的区域创业生态系统。

京津冀地区在创业文化和创业网络上得分较高，创业资源是其中得分最低的因素。如前文所述，京津冀地区科技整体竞争水平较高，该区域创业环境的形成有明显的"机会主导科技型创业环境演进"的特征，在区域创业环境演进过程中，该区域形成了比较独特的"连续型创业"文化和比较成型的创业网络，使这一地区整体创业水平较高。但本课题组在调研中发现，京津冀地区的创新作为创业活动核心竞争力的效果不明显。创新成果必须转化成创业实践，才能实现其满足市场需求的价值。调研中笔者发现，一方面是不断增加的各类知识产权，另一方面是活跃的创业行为，但两者之间关联度不高。说明当前这一地区所取得的知识产权没有充分转化为创业实践，没有进一步开发出成品或服务，满足市场需要。此外，北京作为科技中心城市的技术扩散效果随地理距离而发生变化，越临近北京的地区受到技术扩散影响效果越大，对外技术扩散辐射半径有限（许冶等，2013）。

东北部地区在创业政策上得分较高有比较明显的优势，在创业网络上得分最低。自实施东北地区等老工业基地振兴战略以来，东北地区的自主创新能力不断提升，创新创业环境得到改善，但制约科技与经济结合的体制机制障碍依然突出，创业活动不活跃，新兴产业发展滞后，科教优势未能有效转化为经济优势。本课题组在调研中发现，东北部地区小微企业整体发展对创业活动的示范和引领作用有待提高。东北部地区创新成果并未明显成为创业支撑力，工业性知识产权产业化效果不高，一定程度上使得工业产值与创业活动关联度不高。创新创业氛围强调的是示范和集聚。分散性创业活动不利于互相交流，也不利于公共服务平台的搭建和利用。因此，东北部地区小微企业整体发展较快与创业活动活跃两个正面现象之间缺少关联度，意味着这一地区创业环境建设工作还有待加强，特别是要创造更多的互相沟通机会，构建创业网络帮助创业者实现优势互补。

中西部地区在创业文化上是四个地区中得分最低的,在其他4个维度上也没有比较明显的优势。根据《中国区域创新能力报告》显示,中国创新能力从东部沿海地区向内陆地区由高到低呈阶梯分布,沿海地区表现出强劲的创新能力,中西部与东部创新能力差距明显,影响了中西部地区创新创业活动的开展。但中西部地区的劳动力成本较低,可以利用目前产业转移带来的各种资源,加强创新创业主体的培育,拓宽创业融资渠道,营造创业文化,建立健全创业服务体系,从而改善中西部地区的创业环境,提高地区的创业活力和效果。

7.1.4 区域创业环境对创业活动的作用机理

区域创业环境概念构思的提出与验证为其作用机理的研究奠定基础,使区域创业环境与创业活动相联系成为可能。对区域创业环境形成机理的分析是其动态分析的尝试,对不同地区区域创业环境差异的分析是其横向分析的尝试,而对区域创业环境作用机理的探究,则是其纵深探究的尝试。从而可能形成纵横交互的立体分析框架。本研究对区域创业环境作用机理的探讨建立在社会学习理论对行为解释的行为、环境和认知的互动因果框架,从这一逻辑出发,本研究基于对相关文献的梳理,采用实证调研方法,对区域创业环境的作用机理加以解释,尝试为区域创业环境研究的认知视角研究提供新的思路。

1. 创业效能感的剖析

创业效能感从本质上来看是个体对其创业能力的感知,从理论上而言,创业效能感的维度分析属于创业过程的分析框架(Krueger 等,2000)。创业警觉是创业主体对环境中的刺激或变化的感知与解析,是一个对创业机会认知地图开发和解析的过程;风险管控从本质上来说是机会的选择机制,对风险的知觉与管理反映了快速制定、评估、选择创业机会,是一个抉择过程;资源获取则是综合运用各种资源和机制实施创业行为,是一个实施过程。创业警觉、风险管控、资源获取体现了从机会识别到机会实施的创业过程。

本书基于此,从创业过程角度,提出创业效能感是创业警觉效能感、风险管控效能感和资源获取效能感的整合,对大样本数据分别进行的探索性和验证性因素分析,实证分析结果表明组织创业效能感三维度构思具有良好的结构效度。创业警觉效能感、风险管控效能感和资源获取效能感共同演化、相互耦合,创业效能感正是在这三种效能感的互适互促的过程中实现自我提升与演化。

2. 区域创业环境对创业活动的作用机理

(1) 区域创业环境对创业活动影响的直接效应

从区域创业环境对创业活动影响的直接效应检验可以看出:区域创业环境

中对创业意向直接影响显著的维度有政府政策和创业资源；区域创业环境中对创业活动直接影响显著的维度有政府政策和创业服务；创业文化和创业网络对创业活动没有明显的直接作用。

政府政策对创业意向和创业活动都有显著的直接作用。以往的研究结果也表明政府政策对创业活动的重要作用。《创业理论与实践》杂志分别于2008年和2010年出版了以“政府政策与创业活动”和“制度理论与创业”为主题的专辑，对政府政策与创业活动之间的关系以及相关问题进行了深入的探讨。赵都敏和李剑力(2011)将政府政策对创业活动的影响途径分成三类：一是政府直接介入创业活动。George和Prabhu(2003)研究了公共开发金融机构对技术型创业的影响。从国家层面看，公共开发金融机构属于准政府机构，他们以印度为例分析了公共开发金融机构对经济体创新和创业活动的影响。结果表明，印度以开发金融机构为核心的技术支持政策促进了印度人力资本和金融资本的发展，也刺激了印度基础设施投资，最终极大地促进了技术创新和创业活动。二是营造创业环境。Wagner和Sternberg(2004)研究了德国不同地区创业支持政策对创业活动的影响，结果发现人们的创业态度不仅受个体因素的影响，而且还与地区环境密切相关。因此，他们认为地区政策应当充分考虑企业集群等创业环境对个体创业态度的影响，以及营造良好的创业文化氛围。三是政策的导向作用。Sobel(2008)对以美国本土48个州为研究对象考察了地区制度(包括经济、政治、法律等方面)的质量水平对生产性创业活动水平和非生产性创业活动水平的影响。结果表明，地区制度质量较高的州表现出更高的生产性创业活动水平。高质量的制度通过促进生产性创业活动来推动地区经济增长。考虑到生产性创业活动对地区经济的影响，政府促进创业的最佳方式是进行制度改革，增加生产性创业活动的回报(降低或取消州所得税)，降低非生产性创业活动的回报，而不应该仅仅强调诸如贴息贷款、劳动力培训等创业支持项目。四是政府政策作用的复杂效用。Kerr和Nanda(2009)研究发现，对创业活动的金融支持会极大地提高新创企业的数量，但同时也会导致创业失败率上升，这是因为降低金融支持标准会导致创业活动的总体质量趋于下降。

(2) 创业效能感在“区域创业环境—创业活动”中的中介作用

运用结构方程模型，分别检验创业效能感三维度在“区域创业环境—创业活动”的中介作用，实证研究结果表明：

第一，创业警觉效能感的中介效应在两条路径上得到验证，其在“创业政策—创业意向”和“创业网络—创业意向”的关系中有部分中介作用。

内部知觉、内部响应、外部知觉与外部响应四者相互作用，构成了基于信息流所形成知识链（Koulopoulos，1999），信息流动的过程又形成了由感知（sense）、解析（interpret）、决策（decide）与行动（action）构成的“调适环”（Haeckel，1999；转引自李大元，2008）。个体对环境信息、机会的搜寻与解析受一定基模（Schema）与框架的影响。在区域层面，个体通过对区域内部气氛线索的编码与意义赋予来意会情境，因而区域创业环境在某种意义上起着基模的作用。本课题的扎根理论的案例研究结果表明，创业政策比较丰富、创业网络构建得比较发达的地区，创业个体对其创业警觉能力有更强的感知，并且创业警觉效能感最终影响创业意向。这与相关效能感的研究结果一致。效能感与行为导向和结果强相关的结论相符。创业政策在鼓励、引导和支持个体创业方面起到了很好的推动作用，有助于个体感知市场需求变化状况与趋势识别创业机会，从而实现外部知觉与响应。创业网络则使创业个体有更多的机会以其经验和能力解析背景信息，从噪声中分离出有意义的隐含信号，从而实现内部知觉与响应。

创业警觉是创业主体开发对环境的认知地图的过程，是创业个体为了识别和开发有效的创业机会而搜寻内外环境信息并进行的有效解析。从这个意义上看，创业警觉更像一个过程而非状态，在不确定性的环境中，信息量非常大、变化非常快，快速搜寻、发现与解析关键信息变得尤为重要。个体对环境变化的敏感性、决策能力与行动能力很大程度上取决于个体对信息的处理。创业网络关注创业个体对环境的调适，创业个体通过更主动的搜寻而获取更多的信息，通过信息交换而实现更好的沟通，通过同时吸收多维环境信息和多元视角的思考而更准确地分析更多的信息、提高有效重构与配置资源的能力以适应变化的环境（Neill 等，2007）。创业警觉能强化战略创造性和战略响应，更好地理解顾客需求，探寻最佳市场进入时机，生产或提供更合理的产品或服务，最终将创业机会转化为创业行动。

第二，风险管控效能感的中介效应在五条路径上得到验证。其在创业资源—创业活动、创业网络—创业活动、创业文化—创业活动关系中有部分中介作用，而区域创业环境中的创业政策和创业服务两个维度主要通过风险管控效能感影响创业活动。

从结构方程建模分析的结果来看，风险管控效能感对区域创业环境五维度与新企业成长间的关系，都有完全或部分的中介效应。风险承担通常被认为是创业导向的核心维度之一（Covin 和 Slevin，1991），创业导向的企业通常都具有承担风险性行为的特性，为了追寻高报酬的市场机会而不惜投入大量资源。然而，创业者（内创业者）并非职业赌徒，用“有限风险承受”来描述创业者（内创业者）的行为应该更为现实。对成功的无尽追求并不意味着敢冒任何风险，只有一定程度的、经过计算和分析的风险才是他们所偏好的(李志能等,2000)。Brockhaus(1980)通过实证研究表明在特定条件下,创业者对风险可能会采取谨慎规避的态度。Palich 和 Bagby(1995)研究也显示出创业者在从事经营活动的过程中比较倾向于降低风险。在企业层面,战略应该为计划的创新划定恰当的范围,必须明确地为组织成员定义机会"雷达防线"。Begley 和 Boyd(1987)研究表明风险承担与公司的绩效呈现一种非线性关系,承担中等水平的风险可以促进公司取得高绩效,而承担极高或极低水平风险则无助于公司取得满意的绩效。从以往研究可以看出建立在风险知觉基础上的风险管控对创业活动的重要性。

创业活动的发展过程如同一种有生命力的组织活动,创业资源让创业主体有可能孕育成长。为满足新创企业的发展需求和减轻环境不确定性带来的影响,组织会对不同的资源产生不同的需求程度,充足的创业资源能让创业主体确信其能更好地管控风险。以往的研究表明,新创企业能够通过创业网络获取多元化的竞争性资源,提升创业能力(林嵩,2011)。在创业网络中创业个体对资源的获取形成了一种复杂的非线性动力机制,创业个体在搜寻创业资源的过程中不可能具有追求价值最大化的完全理性,从克服信息不对称性和降低搜寻时间角度出发,他们会通过其所拥有的网络关系搜寻相关信息,并通过其关系间信任度的差异筛选信息。创业网络中的网络关系和信任关系成为创业资源搜寻过程中甄别与筛选信息的重要机制(周冬梅,2011)。创业政策的支持、创业文化塑造的创业氛围、创业过程中所能获得的创业服务,会使创业主体面临更多的机遇和挑战,这时风险管控能力就像一种选择机制,只有分析和控制了风险的机会才是真正的机会,才能使新创企业获益。

第三,资源获取效能感的中介效应在 6 条路径上得到验证。其在创业资源—创业意向、创业网络—创业意向、创业资源—创业活动、创业网络—创业活动关系中起部分中介作用,而区域创业环境中的政府政策和创业服务主要通过资源获取效能感影响创业活动。

从实证分析结果中可以看出,资源获取效能感在"区域创业环境—创业意向",还是"区域创业环境—创业活动"关系中都有作用。创业过程一般划分为三个步骤:识别商业机会、为了将机会资本化建立经营模式和战略,以及为了实现这个经营模式和战略而获取或开发资源(Stevenson 和 Gumpert, 1985),资源获取在整个创业过程中举足轻重。抢先发现并投资于未被其他人认识到的有价值的资源,以创新方式整合资源,可以使产出建立在更低的成本或更高差异化的基础上。争取资源是创业能力的一种体现,创业领域的资源不仅包括传统的职能领域内的资源(建立在行政管理基础上的资源),还包括信息、社会资本和创业警觉与经验,而后面这些无形资源被认为是创业稀缺资源(赫特等,2002)。从这个意义上看,创业警觉就是创业主体的重要创业资源之一。创业政策和创业服务为创业主体开发其潜在创业警觉提供了动机,而强调内外互动的创业网络则为创业主体开发其创业敏感性搭建了信息平台。新创企业可以与各利益相关者,比如潜在投资者保持互动,以累积企业的社会资本;与各利益相关者进行信息互换,以不断更新企业的信息资源库,进而使创业主体感知其获取创业资源更加容易。

7.1.5 本研究的整合模型

根据实证研究结果的提炼与总结,本研究将主要结论绘制成"区域创业环境形成和作用机理研究整合模型"图(如图7.1所示)。

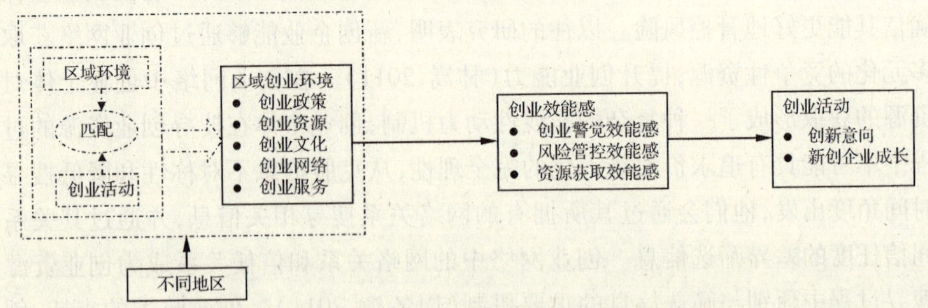

图7.1 区域创业环境形成和作用机理研究整合模型

区域创业环境的形成是一个动态的过程,本研究运用扎根理论方法分别对苏州工业园区和北京中关村国家自主创新示范区的案例进行分析,得到了两种典型的区域创业环境形成路径:一是"政府主导外向型创业环境演进",政府在创业环境形成过程中发挥着非常重要的作用,是区域创业环境形成的源动力,同时在创业环境形成过程外向型经济发挥着非常重要的作用。这一路径有3个主要特征:政府政策是区域创业环境形成源动力;外向型经济促进区域创业环境形成;协同创业是区域创业活动的持续动力。二是"机会主导科技型创业环境演进",创业机会在区域创业环境的形成过程中有非常重要的作用,科技企业是区域创业环境演进过程中的关键主体。这一路径具有以下3个特征:机会是区域创业环境形成的源动力;政府政策促进区域创业环境的形成;创新是区域创业活动的持续驱动力。两种区域创业环境形成路径的源动力和资源传导机制存在差异。通过扎根理论的案例研究,解决本课题需要解决的"区域创业环境形成机理"问题。具体结论及分析详见本书第三章相关内容。

对区域创业环境形成机理的研究发现,区域环境与创业活动的互动匹配形成了区域创业环境，在区域创业环境的形成过程中，有一些共同起作用的要素。本研究通过访谈研究和内容分析以及问卷调研方法，对其进行了探索性和验证性因素检验，验证了创业政策、创业资源、创业文化、创业网络和创业服务构成了区域创业环境的基本要素。具体分析和结论详见本书第四章相关内容。

不同类型的创业对环境要求差异很大，不同地区的创业环境又对不同类型的创业活动有不同的吸引力。我国经济发展呈现明显的地区特征，不同地区创业环境也呈现出一定的差异。本研究通过创业水平指标将我国31个省、自治区、直辖市划分成4个区域，检验了不同地区区域创业环境之间的差异，各地在区域创业环境五维度上得分各异：东部沿海地区在创业资源上有明显优势；京津冀地区在创业文化和创业网络上得分较高；东北部地区在创业政策上得分较高，有比较明显的优势；中西部地区在创业文化上是四个地区中得分最低，在其他四个维度上也没有比较明显的优势。具体分析和结论详见本书第五章相关内容。

本研究最后分析了本课题需要回答的另一个问题"区域创业环境的作用机理"。通过检验区域创业环境和创业活动之间的关系，本研究发现区域创业环境对创业活动有一定程度的促进作用，区域创业环境中对创新意向直接影响显著的维度有创业政策和创业资源，对新创企业成长直接影响显著的维度有创业政策和创业服务。本研究还检验了创业效能感各维度在"区域创业环境—创业活动"中的中介作用。总的说来，创业警觉效能感、风险管控效能感、资源获取效能感对"区域创业环境—创业活动"关系有部分或完全中介效应。具体的分析与结论详见本书第六章等相关内容。

7.2 研究理论进展与启示

7.2.1 研究理论进展

1. 探讨了区域创业环境的形成机理

区域创业环境的形成是创业者通过互动学习来整合和转化特定区域内的创业认知以达到持续匹配的过程，创业认知理论为研究复杂的区域创业环境的形成机理提供了新思路(Baron,2004)。此外，区域创业环境作为开放的复杂自适应系统，也应有其内在反馈和演化机制，区域创业环境的反馈和演化机制使分析其影响因素间的互动关系显得更为必要。本研究从区域创业环境与创业活动适配视角，将区域创业环境嵌入创业过程和企业成长阶段中，尝试形成基于创业发展阶段的区域创业环境纵向动态分析框架。

如上文所述，本研究分别对苏州工业园区和北京中关村国家自主创新示范区进行案例研究，得到了两条不同的区域创业环境形成路径，即“政府主导外向型创业环境演进”和“机会主导科技型创业环境演进”。两种创业环境形成路径的差异主要体现在：区域创业环境形成的源动力和资源传导机制不同。但两种区域创业环境演进过程受一些共同要素如政策、创业资源、创业氛围等的影响，而且都通过协同创业形成区域创业生态系统。

本研究的案例分析结果证实了不同区域创业环境形成机理的差异，并归纳出不同地区区域创业环境形成路径，支持了“区域创业环境是一个复杂的生态系统，它的形成是一个由多个创业主体相互获取并传导资源的过程，由于各区域资源禀赋和传导机制的差异，区域创业环境的形成过程也存在差异”的理论观点，从侧面说明了区域创业环境各要素在创业过程中的动态变化，创业发展阶段的递进演化与创业活动的差异性是区域创业环境演化的内在动力。

通过扎根理论的案例分析，本研究为揭示区域创业环境形成机理“黑箱”进行了有益的探讨，寻找区域创业环境演进过程中的共同影响要素，为建构区域创业环境的概念模型和分析区域创业环境的作用机理奠定了基础。

2. 建构了区域创业环境的五维度概念模型

人与环境的交互作用的观点是创业环境研究中坚实的理论基础，而人可以从社会背景分开来分析则是 Lewin 研究框架的研究特色，这也较符合互动视角和社会建构视角，使得用实证研究方法分析环境变得可能。许多学者在这一研究框架的基础上，提出了不少好的理论模型和研究思路，从不同方面阐述个体如何从认知和行为两方面对环境与任务的适应，从而实现个人成长和组织战略目标。

本研究正是基于 Lewin 研究框架，对区域创业环境的概念构思进行了探讨。一方面，以往关于区域创业环境的研究多把创业环境作为创业活动的外生变量因素考虑，而没有纳入创业系统作为一个系统内的元素来看待。区域创业环境是具有创造性和革新性区域环境的典型特征，形成了区域内部个体的创业“生活空间”。行为是生活空间的函数，也就是说，人的行为是他与所处环境交互作用的函数 $B = f(P, E)$。从这个意义上说，区域创业环境应纳入创业系统作为某系统内的元素之一来看待。本研究尝试将区域创业环境纳入创业活动过程，离析其包含的内容结构因素，通过对访谈资料的内容分析和对调查问卷数据的因素分析，提出区域创业环境包含 5 要素：政府政策、创业资源、创业网络、创业文化和创业服务，对问卷数据的验证性因素表明该结构具有较好的构思效度。另一方面,我国特定的经济发展时期、特有的文化背景、各地区不同的创业活动特征,也必然会对区域创业环境的形成和作用产生影响。本研究尝试通过深层访谈和内容分析的方法,结合国外区域创业环境领域较成熟的研究理论与实际操作,提出适合中国企业实际情况的区域创业环境维度,并设计本土化的区域创业环境测量工具。对调查问卷的数据分析结果表明,本研究测量模型具有良好模型适配度,并具有较好的聚合和区分效度。

通过以上理论和实证研究,本研究将区域创业环境嵌入创业活动系统,提出具体的区域创业环境维度,进一步深化了对区域创业环境概念构思的理解,并且在以往研究的基础上尝试提出相应的测量项目,为更加充分而准确的测量及相关的实证研究做了一些铺垫。

3. 探究了区域创业环境对创业活动的作用机理

客观的环境系统因素会经由个体主观的知觉后引发其动机倾向,并导致个体的外显行为,进而影响个体或组织效能。社会学习理论强调认知、行为、环境的互动因果关系,从理论上看,效能感受到环境的影响,也是行为有效的预测指标,创业效能感作为效能感的一种具体表现形式,也应对创业活动产生作用,这一观点也得到一些实证研究结果的支持(De Noble 等,2007;钟卫东等,2007)。本研究基于社会学习理论的认知、行为、环境互动因果构架来建构区域创业环境的作用机理模型,探究区域创业环境、创业效能感与创业活动三者之间的关系。

按照社会学习理论有关认知、行为、环境互动因果逻辑,环境能被个体感知体验,个体对区域环境是否具有创业特性的主观知觉与描述,会影响个体的态度、信念、动机、价值观和创新行为,影响创业个体对自身创业能力的判断,并最终影响个体的创业能力与新创企业成长绩效。本研究尝试将区域创业环境、创业效能感和创业活动纳入一个整体的分析框架,以考察区域创业环境与创业活动的关系,及创业效能感在此关系中的中介作用。本研究从创业意向和新创企业成长两方面来衡量创业活动。创业意向是创业者愿意成为创业者、实施创业行为的内在意愿,是潜在创业者形成创业行为的必要前提,而新创企业成长则反映了创业行为的结果。

相关分析结果表明,区域创业环境的各维度与创业效能感各维度都呈正向的相关关系,且都达到0.01以上的显著性水平。这与社会认知理论的观点相符,认知机能是环境作用的产物,但环境的存在及其作用并不是绝对的,而是潜在的,并取决于主体的认知把握。结构方程建模结果表明,本研究所建构的“区域创业环境—创业效能感—创业活动”模型有较好的模型适配性,区域创业环境各维度对创业活动有着不同的影响模式，创业效能感在“组织创业环境—创业绩效”关系中的中介作用得到部分验证，且不同的创业效能感维度对这一关系的中介作用有所差异。这一结论不仅回应了新创企业是开放系统的讨论，也为创业效能感是内外部环境的交互作用的产物提供了佐证，创业效能感不是由创业个体产生的对创业能力的简单感知，而是兼由内外环境交互适配产生的动态耦合。此外，本研究对这一模型的验证丰富了认知、行为、环境因果互动的理论内涵，为尚未充分研究的创业认知和区域创业环境作用机理提供了有益的思路。

7.2.2 实践指导意义

本研究发现不同地区在区域创业环境的形成和作用方面存在差异，可以针对不同地区区域创业环境存在的问题提出针对性的对策。此外，本研究发现区域创业环境对创业活动具有显著的预测作用，这为提高区域创业活动水平提供了明确的努力方向。从区域创业环境对创业活动的直接效应检验可以看出，区域创业环境中对创业意向直接影响显著的维度有创业政策和创业资源，对新创企业成长直接作用显著的维度有创业政策和创业服务。实证研究还验证了区域创业环境对创业活动的间接作用，创业效能感在这一关系中的中介作用。结果表明创业效能感的三维度在“区域创业环境—创业活动”关系中有完全或部分中介作用。可以看出，区域创业环境对创业活动有直接和间接作用，对区域创业环境的塑造应根据不同地区创业活动的特点，形成与创业活动匹配的动态系统性演进。

鉴于本课题的目的，本研究在此处就上文所提出的问题提出具体的可供参考的对策建议。

1. 营造开放氛围，坚持并完善创新创业风险补偿机制

鼓励创新创业，需要全社会形成开放氛围，以包容的心态对待创新创业，而不能简单以财务指标作为唯一考量。从而使创业者的创业效能感和创业意愿得到提升，推动了创新创业氛围的形成。

(1) 完善企业研发成本补偿机制

一是鼓励创新创业者积极申报各类科技支撑项目和国际科技合作项目；辅导有竞争力的创新者申报国家级技术创新基金项目或省级技术创新资金计划项目。将各类项目和基金的申报要求与流程详细告知社会，并提供免费专业服务，培训创新创业者掌握申报技巧，在全社会形成一种大众知晓、大众参与的申报高潮，尽管这会有很高的失败率，但容许试错、容许失败，是创新创业氛围的内在要求。

二是鼓励创新创业者引进国内外优秀的科技成果项目，对经认定的科技项目，按技术合同交易额给予一定的比例补助。本研究建议结合各地产业转型升级整体需要，以及科技创新创业空间布局与产业布局规划，分产业类型、分技术含量确定不同补贴档次，更有利于吸引国内外高水平科技项目落户，带动项目本身及周边配套项目的创新与创业。

三是鼓励创新创业者与高等院校和科研机构联合开展自主创新成果转化项目。鼓励创新创业者与高校和科研机构合作，能充分利用后者雄厚的科研基础设施条件，为创新者提供更广阔空间，是创新创业氛围建设的主要环节。对经认定的项目，按技术合同交易额给予补助。本研究建议根据产业转型升级目标和规划，细化补助比例，并且为确保多主体发挥各自优势，联合开发创新的积极性，应该对补助的分配做出进一步细分。

(2) 完善企业研发融资风险补偿机制

良好的创新创业氛围，不仅让创新创业者更充分得到资金支持，而且使之更轻松地使用资金。企业家应该集中精力创新与创业，而不要为资本运作操心劳神。目前，多地金融支持科技创新创业已经取得长足进步，形成了由银行、创投、保险、担保以及小贷机构组成的各种组合融资模式。政府也设立了引导基金，鼓励社会资本参与创投基金，政府既投入了资金，又起到对被投资企业的间接担保作用。然后，社会资本逐利的本质与容许被投资企业失败的开放氛围相抵触。过分要求金融机构放松对被投资项目的要求是不科学的。为此，本研究建议政府部门在降低创新创业融资成本的同时，也给予金融机构风险以补偿，有利于开放性氛围的持续存在。

2. 塑造关系网络，搭建并完善创新创业服务平台

良好的关系网络是创新创业氛围的重要组成部分，创业网络是创新创业氛围形成的持续动力。关系网络既有社会成员内部的私人关系网络，也有政府与社会成员间的公共关系网络。搭建并完善各类服务平台，整合平台资源形成健全的平台体系，是政府参与关系网络建设的主要内容。本课题研究发现，目前在创新创业服务平台构建过程中存在3个问题，包括研发成果转化为创业实践渠道不畅通，创投机构支持创业不明显，已有创业成果的示范效应不充分等。从政府角度看，政府应该进一步搭建和完善各类服务平台，能有效消除上述3类问题，塑造活跃的创新创业氛围。

(1) 完善各类科技成果转化平台

科技成果转化包括多种形式，最直接的是将专利技术等各类成果转化为满足市场需求的产品或服务，这也是最终目标。但需要较长时间，并且很可能需要在原有成果基础上持续改进和创新。间接渠道是将科技成果资本化，即抵押或转让给其他社会成员，以换得资金或资本。例如，苏州已经搭建起科技成果转化服务平台——科易宝交易系统，这是全国首创的技术交易服务系统。此外，还通过各类展会，推进科技成果转化。苏州还建立了知识产权交易市场，以便开展技术鉴定、评估和经纪业务。本研究建议从两个方面继续完善成果转化平台建设：一是完善技术中介平台；二是发挥科技智囊团作用。

(2) 完善创投机构与创新创业项目的对接平台

当前，各地有创业大赛、创业训练营、对接会等渠道，鼓励社会创新创业实践者将成熟的项目通过路演方式介绍给创投机构，并获得改进建议，或者直接获得融资机会。本研究建议建立具有行业特色的对接平台。创投机构投资收益不仅取决于被投资企业自己的努力程度，也取决于创投机构的资源使用效率。跨行业投资尽管是一种投资组合策略，但从政府角度看，引导对接平台往特色化、集群化方向发展，不失为一种高效率举措，也更有利于形成专业化社会关系网络。例如，建立生物医药对接平台，将地区范围内生物医药领域的创新创业项目，与该领域创投机构和天使投资者集聚在一起，定期开展交流、培训和路演，更有利于形成专业化创新创业氛围。

(3) 建立产业联盟，营造创新创业的文化氛围

建立产业联盟，打造引智新模式，营造创新创业的文化氛围，是为了建立优良的产业生态环境。要打造有活力的创新创业氛围，形成优良的产业生态环境，有赖于政府减少干预、破除垄断，让企业在宽松的环境中竞争、成长。在营造氛围宽松而竞争充分的产业环境之外，政府还要加强交通、教育、医疗等公共服务配套体系建设，打造宜工作宜生活的成熟"创新创业社区"，达到吸引人才、留住企业的目的。

创新创业文化的形成，有赖政府部门进行引导，可以通过建立一个培训机制，也可以开办一个读书会，或设立一个咖啡馆，以非常轻松的学习交流方式让创新创业者参与进去。政府也可以通过第三方的 NGO 组织建立类似的机制，举办相应的活动。政府通过穿针引线，不断引入优质"活水"，营造创新创业的文化氛围，吸引人才，留住企业。

3. 完善市场机制科技创新创业政府服务的重点内容

政府服务和政策支持是促进创新创业氛围形成的外部保障。打造理想的创新创业氛围，离不开政府服务理念转变和服务水平的提高。只有进一步通过体制机制创新，以企业创新创业过程中产生的实际需求为出发点，增加政策措

施有效供给,才能实现创新创业环境的不断完善,吸引越来越多优秀人才的落户。

(1) 利用财税政策进行创新创业扶持

丰富各类创新创业基金,扶持创新创业活动。对众创空间等孵化机构的办公用房、用水、用电、网络等软硬件设施给予适当优惠,给予众创空间科技企业孵化器的税收优惠政策。为鼓励天使投资者、创业投资机构对种子期和初创期的创新创业活动开展投资,政府要统筹研究相关税收支持政策。

(2) 形成开放的创新创业融资环境

不断扩大社会资本参与创投基金规模,引导创业投资更多向种子期和初创期项目延伸。不断完善新兴产业创业投资引导基金,建立支持创新创业的市场化长效运行机制。在现有两大"双创"高地基础上,建立一批"双创"示范基地,引导社会资金支持创新创业。形成并发挥科技金融方面的优势,推动发展"银行+创投+保险+担保+政府"模式。

(3) 鼓励专利驱动型创新创业

通过股权、期权、分红等激励方式,调动科研人员创业积极性。鼓励苏州各类高等院校统筹资源,落实大学生创业指导服务机构、人员、场地、经费等,邀请成功创业者、知名企业家、天使和创业投资人、专家学者等担任兼职创业导师,提供包括创业方案、创业渠道等创业辅导。继续发挥留学回国人才特别是领军人才、高端人才的创业引领带动作用,吸引高级人才创业,对高端人才和境外高端人才创办高科技企业给予一次性创业启动资金,并落实配偶就业、子女入学、医疗、住房、社会保障等方面完善相关措施。

7.3 研究的不足与展望

创业环境是影响创业的核心要素,是创业领域研究的关键问题之一。本研究对区域创业环境的形成和作用机理进行了一定的探索,尽管具有一定的创新性,也得出了比较有意义的结论,但本研究仍然存在一些局限,需要在未来的研究中进一步深化和完善。

第一,本研究尽管扎根理论的多案例,深入动态地分析了区域创业环境的形成机理,尝试对区域创业环境的纵向动态特征进行探究,但仍有一些研究问题有待深入。区域创业环境形成机理本身的复杂性,使本研究对这一问题的论述可能还不够全面。未来可以增加更多的案例对这一问题更深入地分析和比较。为了进一步探索组织创业气氛的动态过程及其功效,采用纵向时序研究也是后续努力的方向。未来可以采用跨期数据，用 10 年、20 年或更长时间的数据，以更科学的分析区域创业环境形成的动态过程。

第二，区域创业环境内涵的丰富性带来其分析过程的复杂性，本书运用了访谈与内容分析、结构建模等多种方法，从社会认知视角对其概念构思及对创业活动的作用机理进行了比较深入的分析。未来可从网络视角将更多创业领域的元素和外部环境因素嵌入分析中，利用仿真或准实验方法控制一些干扰因素，运用网络分析软件，在更复杂的背景下探究区域创业环境的内涵，更好地剖析区域创业环境对创业活动的影响机理，并对创业效能感和创业活动对区域创业环境的反作用进行分析，从而对区域创业环境、创业效能感、创业活动之间的关系进行更科学、明晰的阐释。或从其他视角进一步解构这一复杂的作用机理，增加其他中介变量和缓冲变量，全面地对这一机理进行解析。

第三，对区域创业环境和创业效能感的概念与测量尚需进一步深化和完善。本书对区域创业环境和创业效能感构思开发过程中，采用基于以往研究成果和访谈结果而自行开发的测量工具，虽然在研究的数据分析过程中，这两个概念的测量工具有效性和可信性都达到了预期的效果，但受到样本的限制，本研究对区域创业环境测量工具并没有进行大规模的反复检验，今后还需对测量工具在不同结构的大样本下进行反复验证，以期得到更为可靠的结果。另外，考虑到被访者记忆偏差，本研究对新创企业成长的测量只采用一年而不是更长的时间跨度，后续研究可用更长时段的跨期数据来测量，以进一步探讨区域创业环境对创业活动系的动态演化过程。

第四，本书在研究过程中，在多源数据的采集方面做了相当大的努力，也采取统计分析方法对同源性偏差进行了诊断与控制，最后收获的有效调查问卷数量也基本满足实证分析的要求。但由于数据获取的难度，不可避免地存在共同方法偏差的问题。未来研究力求将问卷调查数据与统计数据相结合分析，尽量采用客观性测量而减少主观报告的比例，以进一步加强实证分析的说服力。

附录1 扎根理论案例分析备选案例

案例1 北京中关村国家自主创新示范区

中关村国家自主创新示范区起源于20世纪80年代初的“中关村电子一条街”。党中央、国务院高度重视中关村的发展建设，国务院先后6次做出重要决定。1988年5月，国务院批准成立北京新技术产业开发试验区（中关村科技园区前身），由此中关村成为中国第一个高科技园区；1999年6月，国务院要求加快建设中关村科技园区；2005年8月，国务院做出关于支持做强中关村科技园区的决策；2009年3月13日，国务院批复建设中关村国家自主创新示范区，要求把中关村建设成为具有全球影响力的科技创新中心，这也是我国第一个国家自主创新示范区；2011年1月26日，国务院批复同意《中关村国家自主创新示范区发展规划纲要（2011—2020年）》；2012年10月13日，国务院批复同意调整中关村国家自主创新示范区空间规模和布局，成为中关村发展新的重大里程碑。

中关村经过20多年的发展建设，已经聚集以联想、百度为代表的高新技术企业近2万家，形成了下一代互联网、移动互联网和新一代移动通信、卫星应用、生物和健康、节能环保、轨道交通6大优势产业集群，集成电路、新材料、高端装备与通用航空、新能源和新能源汽车4大潜力产业集群和高端发展的现代服务业，构建了“一区多园”各具特色的发展格局，成为首都跨行政区的高端产业功能区。

中关村是我国科教智力和人才资源最为密集的区域，拥有以北京大学、清华大学为代表的高等院校40多所，以中国科学院、中国工程院所属院所为代表的国家（市）科研院所206所；拥有国家级重点实验室112个，国家工程研究中心38个，国家工程技术研究中心（含分中心）57个；大学科技园26家，留学人员创业园34家。中关村是中央人才工作协调小组首批授予的“海外高层次人才创新创业基地”，留学归国创业人才1.8万人，累计创办企业超过6 000家，是国内留学归国人员创办企业数量最多的地区。目前，中关村共有中央“千人计划”人才874人，占全市近八成。“北京海外人才聚集工程”的368名人才，占全市七成以上。共有158名高端人才及其团队入选"高聚工程"。成长出以联想的柳传志、百度的李彦宏、博奥生物的程京、中星微电子的邓中翰、科兴生物的尹卫东、碧水源的文剑平、神雾热能的吴道洪等为代表的一批国内外有影响的新老企业家。2011年3月,中组部、国家发改委等15个中央部门和北京市联合印发了《关于中关村国家自主创新示范区建设人才特区的若干意见》,鼓励中关村加快建设人才特区。

中关村每年发生的创业投资案例和投资金额均占全国的1/3左右;截至2014年年底,上市公司总数达到254家,其中境内156家,境外98家,中关村上市公司总市值达到30 804亿元。2012年8月,国家发改委等9部委和北京市联合发布了《关于中关村国家自主创新示范区建设国家科技金融创新中心的意见》,中关村将进一步建立并完善政府资金与社会资金、产业资本与金融资本、直接融资与间接融资有机结合的科技金融创新体系,加快国家科技金融创新中心建设。

中关村围绕国家战略需求和北京市社会经济发展需要,取得了大量的关键技术突破和创新成果,涌现出汉卡、汉字激光照排、超级计算机、非典和人用禽流感疫苗等一大批重大科技创新成果,为航天、三峡工程和青藏铁路等国家重大建设项目实施提供了强有力的支撑;中关村企业获得国家科技进步一等奖超过50项,承接的"863项目"占全国的1/4,"973项目"占全国的1/3;创制了TD-SCDMA、McWill、闪联等86项重要国际标准,798项国家、地方和行业标准;中关村的技术交易额达到全国的1/3以上,其中80%以上输出到北京以外地区。

2013年中关村示范区实现总收入超过3.05万亿元,同比增长20%以上;高新技术企业增加值超过4 100亿元,占北京市GDP比重超过20%;企业实缴税费1 506.6亿元;企业利润总额2 265亿元,同比增长26.6%;实现出口336亿美元,同比增长28.5%,约占全市出口总额四成;企业科技活动经费支出1 165亿元,同比增长27%。

中关村目前"一区多园"的空间格局包括海淀园、昌平园、顺义园、大兴—亦庄园、房山园、通州园、东城园、西城园、朝阳园、丰台园、石景山园、门头沟园、平谷园、怀柔园、密云园、延庆园共16个园区。"十二五"期间,中关村将继续完善"一区多园"各具特色的发展格局,重点建设"两城两带",即中关村科学城、未来科技城和由海淀北部、昌平南部和顺义部分地区构成的北部研发服务和高技术产业带,以及由北京经济技术开发区、大兴和通州、房山的部分地区构成的南部高技术制造业和战略性新兴产业带,促进高端产业集群发展。

面向未来,中关村示范区将秉承面向世界、辐射全国、创新示范、引领未来的宗旨,坚持"深化改革先行区、开放创新引领区、高端要素聚合区、创新创业集聚地、战略产业策源地"的战略定位,服务于首都世界城市的建设,力争到2020年建成具有全球影响力的科技创新中心。

资料来源:中关村管委会官网. http://www.zgc.gov.cn/sfqgk/56261.htm.

案例2　上海张江高科技园区

上海市张江高科技园区成立于1992年7月,位于浦东新区中部,规划面积25平方千米,分为技术创新区、高科技产业区、科研教育区、生活区等功能小区。是国家级的高新技术园区,是浦东新区4个重点开发小区之一。

1999年8月,上海市委、市政府颁布了"聚焦张江"的战略决策,明确园区以集成电路、软件、生物医药为主导产业,集中体现创新创业的主体功能,时任上海市市长徐匡迪在全国技术创新大会上提出,上海将集中力量把张江高科技园区建设成申城技术创新的示范基地,"聚焦张江"的战略决策就此拉开了序幕。自此,张江高科技园区步入了快速发展阶段。党和国家领导人江泽民、胡锦涛、温家宝、吴邦国、李岚清等先后来张江高科技园区视察,勉励大家把张江建成具有竞争力的世界级高科技园区。

目前,张江园区注册企业1万余家,初步形成了以信息技术、生物医药、文化创意、低碳环保等为重点的主导产业,第三产业占2/3以上。

信息技术产业,主要包括集成电路、软件与信息服务、光电子、消费电子终端等,其中集成电路产业形成了包括设计、制造、封装、测试、设备材料在内的完整产业链,产值约占全国的1/3。软件行业也聚集了大批国内外知名软件企业、研发机构,包括宝信软件、美国花旗、印度INFOSYS、TATA等,全球30强中有8家、中国100强中有11家在张江设立了研发中心。

生物医药产业,形成了从新药研发、药物筛选、临床研究、中试放大、注册认证到量产上市在内的完备创新链。园区形成新药产品超过230个,新药证书超过50个,目前正在研发药物品种近300个。目前全球排名前10的制药企业中,已有7家在张江设立了研发中心(如罗氏、辉瑞、诺华),集聚相关科研机构和研发企业400余家、40余家CRO公司。

文化创意产业,以数字出版、动漫影视、网络游戏以及创意设计领域为产业特色,园区集聚了盛大文学、炫动卡通、Blizzard Entertainment(暴雪娱乐)、Electronic Arts(美国艺电)、聚力传媒、沪江网、河马动画等一大批国内外优秀文化创意企业。2008年,张江文化产业园被国家新闻出版总署正式命名为全国第一家国家级数字出版基地,2011年被国家文化部现文化和旅游部正式命名为国际级文化产业示范园区。

低碳环保产业,重点发展智能电网、水处理、生物燃料、生物脱硫、节能环保设备研发及环保服务业务,林洋电子、益科博等企业发展迅速。

此外,借助上海建设全球科技创新中心的契机,张江园区着力打造"四新"经济创业基地,培育、引进一批"四新"经济企业,加快推动园区"四新"经济企业集聚发展,使张江成为"四新"经济发展的策源地和集聚地。具体表现为:

① 创新资源持续聚集。张江园区现有国家、市、区级研发机构403家,上海光源中心、上海超算中心、中国商飞研究院、药谷公共服务平台等一批重大科研平台,以及上海科技大学、中科院高等研究院、中医药大学、复旦大学张江校区等近20家高校和科研院所,为园区企业发展提供研究成果、技术支撑和人才输送。

② 科技金融不断深化。目前,张江园区集聚了银行类金融机构20家、创业投资机构34家。累计支持企业上市28家、新三板挂牌企业25家、股交中心挂牌企业19家。园区陆续推出孵化贷、SEE贷、互惠贷、创新基金贷、"张江中小企业集合信托理财"产品、张江中小企业集合票据、科技一卡通等,努力破解中小企业融资难问题。

③ 高层次人才加快集聚。目前,园区从业人员近35万人,其中大专以上学历人员占56%。拥有博士5 500余人,硕士近4万人。拥有中央"千人计划"人才96人,上海市"千人计划"人才92人,上海市领军人才15人,留学归国人员和外籍人员约7 600人。涌现出武平、常兆华、于刚、陈天桥等一批自主创新领军人物。

④ 改革创新深入推进。以浦东综合配套改革为契机,研究推出张江"创新十条"政策,在股权激励、国资创投、财税扶持、人才集聚方面加大创新突破力度。深入推进生物医药合同化生产CMO试点、集成电路保税监管改革试点,推进园区空服中心建设,深化张江审批制度改革,推进张江土地"二次开发"和工业用地转型,探索建设张江信用体系,争取更多的改革试点在张江先行先试。

综合环境不断优化。进一步健全地铁、公交、有轨电车等公共交通基础设施,推出传奇广场、长泰广场、汇智中心等商圈,完成4万平方米诺贝尔湖公园改造以及张江体育休闲中心项目建设;加大人才公寓建设力度,推出"2个1 000"政策,将人才公寓的月租金控制在每间1 000元以内,着力营造生活便利、生态优美、服务到位、生活舒适的综合发展环境。

资料来源:① 上海市张江高科技园区管委会官网 http://www.zhangjiang.net/Default.aspx? tabid=152.

② 百度百科:“张江高科技园”词条。

案例3　深圳高新技术产业园

深圳市高新技术产业园区(以下简称“深圳高新区”)成立于1996年9月,面积11.5平方千米,是国家科技部“建设世界一流科技园区”发展战略的6家试点园区之一,是国家级高新技术产品出口基地、亚太经合组织开放园区、先进国家高新技术产业开发区、国家知识产权试点园区、中国青年科技创新行动示范基地、国家火炬计划软件产业基地、国家高新技术产业标准化示范区、国家海外高层次人才创新创业基地、科技与金融相结合全国试点园区以及国家文化和科技融合示范基地。深圳高新区坚持以人为本,技术创新。营造产业生态、人文生态、环境生态“三态合一”的综合环境。倡导敢于冒险、勇于创新,宽容失败、追求成功,开放包容、崇尚竞争,富有激情、力戒浮躁的创新文化。高新区正成为“创业的沃土,成功的家园”。

深圳高新区有6大特色:

① 自主知识产权的高新技术产品。高新区企业研发生产的基因抗癌药物、SARS与禽流感病毒检验试剂已达到世界先进水平。具有自主知识产权、自主品牌的计算机与通信产品、软件产品、光器件产品、数字电视产品、数字无线对讲机产品以及生物医药、医疗器械、新材料、装备制造业产品等都在国内外具有相当影响,对全市高新技术产业的发展形成了辐射与带动作用。电子信息、生物医药与医疗器械、光机电一体化已成为高新区主导产业。深圳高新区电子信息产品产值占98%已成为主导产业,具有自主知识产权的高新技术产品产值超过50%。

② 不断完善的高新技术产业链。高新区已形成了从移动通信、程控交换到光纤光端、网络设备的通讯产业群,从配件、部件到整机的计算机产业群,从集成电路设计、嵌入式软件到系统集成软件的软件产业群,从检验试剂、基因疫苗、基因药物到医疗器械的医药产业群。高新区高新技术产业规模不断扩大,涌现出了一批产值超10亿甚至100亿元的大、中型企业。

③“官产学研”资介相结合的区域创新体系。高新区正在建立和完善以市场为导向,产业化为目的,企业为主体,人才为核心,公共研发体系为平台,形成辐射周边、拓展海内外、官产学研资介相结合的区域创新体系。高新区汇集了一大批国内外知名企业和大学的研发中心,一些企业的研发经费超过销售额的10%。高新区现有市级以上企业研发中心36个、技术中心24个、重点实验室38个、企业博士后工作站23个。

④ 名校汇聚高新区。“名校在深圳,汇聚高新区”。由48所海内外著名院

校组成的深圳虚拟大学园，经过8年的发展，已形成了高层次人才培养、大学成果转化和产业化基地，在深培养硕士以上研究生20 000余人，被授予“广东科技人才基地”；在深创办企业304家，成果产业化项目236个，被授予“国家高新技术创业服务中心”。由各院校91个国家级重点实验室、工程中心组成的“深圳虚拟大学园重点实验室平台”已经启动，目前有50家在深设立分中心。国家科技部、教育部批准的“深圳虚拟大学园国家大学科技园”正在建设中。虚拟大学园利用大学的有效人才、有效技术，在有效环境下，形成有效贡献。

⑤ 多元化、专业型、互动式孵化器群。由政府兴办的深圳软件园、国家IC设计深圳产业化基地、深圳国家电子工试中心、生物孵化器；由清华、北大、哈工大、深圳虚拟大学园创办的院校孵化器；由政府、留学生协会共同兴办的留学生创业园构成的孵化器群正在形成，目前在孵企业达600余家。由政府、海内外、民间资本参与的创业投资体系正在为孵化企业提供强大的风险投资支持。

⑥ 面向世界的科技园区。作为国际科学园协会成员单位和亚太经合组织科技园区，深圳高新区和美国、意大利、韩国、埃及、澳大利亚等十几个国家的政府部门、科研机构和大企业建立了长期稳定的合作关系，市政府在高新区设立了“深圳国际科技商务平台”，为跨国公司在深投资、设立机构牵线搭桥，为海外科技商务机构和技术转移机构服务。深圳高新区致力于“深港创新圈”的建设，以国际领域有影响、国家战略有地位、区域发展有贡献为定位，借此促进两地资源共享、教育同构和交通便利。园区企业在积极开拓国际市场的同时也把自己的研发中心建到国外，使我们的技术进步融入国际技术发展的大平台上。

资料来源：① 百度百科：“深圳高新技术产业园区”词条。

② 魏达志. 深圳高新技术产业发展的十大启示[M]. 深圳：海天出版社，2000：280－520.

案例4　重庆高新技术产业开发区

重庆高新区于1991年3月经国务院批准成立，是首批5个国家综合改革试点开发区，先后被评为全国先进高新区、国家级软件产业基地、高新技术产业标准化示范区、国家生物产业基地、高技术服务基地和科技兴贸创新基 地。重庆高新区位于重庆都市发达经济圈核心区、两江半岛中心地带、成渝经济区重庆门户，是重庆市发展高新技术产业和改造提升传统产业的重要基地。

2010年10月，重庆高新区管委会重新组建，新规划面积73平方千米，其中，东区石桥铺、二郎片区20平方千米，西区金凤、含谷、白市驿组团53平方千米。经过30多年的发展，重庆高新区已形成良好的产业基础、较强的科研实力和完善的配套体系，站在了加快“三次创业”、推进跨越式发展的新起点。

重庆高新区大力发展电子信息、生物医药和先进制造业等战略性新兴产业,打造金凤电子信息产业园,成功引进华硕电脑建设华硕中国第二营运总部,拥有重庆最大数码产品市场,构建起从研发、制造到销售、服务的电子信息完整产业链;前沿生物、赛诺药业、泰濠制药等一批生物医药企业和格力空调、梅安森科技等一批先进制造业企业蓬勃发展;国家质检中心基地、莱佛士国际教育园等一批重大项目相继落户高新区拓展区。2011 年 4 月,重庆高新区成为西南地区首个“国家高新技术产业标准化示范区”。

2013 年 9 月,重庆市委、市政府明确重庆高新区由九龙坡区统一管理。高新区主要负责经济发展、开发建设、招商引资等职能。目前,重庆高新区管委会下设办公室、经济发展局、建设管理局、投资促进局、财务局 5 个内设机构和土地储备中心、创新服务中心、征地服务中心 3 个事业单位,下属重庆高新区开发投资集团有限公司、重庆金凤电子信息产业有限公司、重庆西部国际涉农物流加工区建设发展有限公司 3 个国有企业。

目前,重庆高新区拥有机械工业第三设计研究院、高新区创新服务中心、煤炭科学技术研究院等重点科研院所 7 家;拥有创新服务中心、机械工业第三设计研究院、生产力促进中心等专业创新服务机构;建成留学生创业园、二郎高科孵化园等一批科技孵化平台和产业楼宇;出台促进科技创新及高层次人才引进激励等系列政策,每年安排科技创新奖励扶持资金将超过 1 000 万元;形成较为完善的科技创新金融体系,大力争取将高新区纳入国家“新三板”扩大试点;加快与三军医大等高校和科研院所建立“产、学、研、服”战 略联盟,为促进科技创新及成果转化提供强力支撑。重庆高新区管委会重新组建以来,累计新认定国家高新技术企业 12 家,成功申报高新技术产品 58 项,成为重庆市 知识产权试点区。

资料来源: ① 百度百科:“重庆高新技术产业开发区”词条。
② “重庆高新技术产业开发区”官网,http://www. cqgxq. gov. cn/index/.

案例 5　合肥高新技术产业开发区

合肥国家高新技术产业开发区(简称“合肥高新区”)地处蜀山脚下,董铺水库之滨,1990 年 10 月奠基,1991 年 3 月 经国务院批准成为国家级高新区,是合芜蚌自主创新综合改革示范区核心区和合肥现代化新兴中心城市“空间发展战略”西部组团的核心区域,是首批“中国亚太经济合作组织科技工业园区”、全国首批光伏发电集中应用示范区、“国家新型工业化产业示范基地”(军民结合)、首批国家级文化和科技融合示范基地,荣获全国“先进国家高新技术产业开发区”“全国精神文明建设先进单位”“全国模范劳动关系和谐工业园区”“国家生态工业园区”等荣誉称号，在114家国家高新区“创新能力评价”中位居第11位。

合肥高新区是安徽省最大的高新技术产业化基地，已形成智能家电、电子信息、高端装备制造、智能语音、新能源、公共安全、文化创意、生物医药、新材料等高新技 术产业集群。园区内高新技术企业迅速聚集，培育了科大讯飞、四创电子、安科生物、阳光电源、量子通信等高新技术企业，引进了格力电器、美的电器、惠而浦（中国）、大陆轮胎、长安汽车、晶澳、美国3M、韩国乐天、日本NSK等知名龙头企业，一大批企业的技术水平处于行业领先水平。高新区现有企业8 100多家，外商投资企业400多家，世界500强投资企业10余家，境内外上市公司投资企业50余家，培育国家高新技术企业365家，上市企业15家，“新三板”企业10家。

合肥高新区科教资源丰富，周边聚集了以中国科学技术大学为代表的50多所高等院校和以中国科学院合肥物质研究院为代表的300多个国家级与省部属科研机构，现已初步形成了一个科技创新创业型的专业技术人才队伍和企业家群体。区内建有融科技成果交易、转化、服务功能于一体的合芜蚌自主创新综合试验区合肥创新平台（一“中心”三“基地”），建成高新技术创业服务中心、留学人员创业园、软件园、生物医药产业园、大学科技园、民营科技园、科园创业服务中心等12家科技企业孵化器，总面积100余万平方米，在孵化企业近千家，孵化成功500多家企业。中科大先研院一期建成投用，已孵化企业67家，合工大智能制造研究院、中科院合肥技术创新工程院已开工建设。高新区通过提供种子基金（天使投资）、孵化资金、创新基金、风险基金等投融资服务，营造适于技术创新、科技成果转化的环境。在高新区开展风险投资业务的公司20余家，参与各类技术咨询、产权交易、资产评估等中介机构60余家，为区内企业提供了良好的创新创业平台。

合肥高新区秉持“发展高科技，实现产业化”的宗旨，按照“工业发展主引擎，创新发展新高地”的战略地位，以中科大先进技术研究院和中科智城建设为契机，聚焦合芜蚌综合改革试验区核心区，集聚创新资源，壮大新兴产业，全力打造融科技、产业、人文、山水于一体的绿色、宜居、和谐的生态工业示范园区，实现创新发展与城市西部组团建设的双跨越。到2020年中科智城建设初成规模，园区发展环境显著改善，机制体制创新取得突破；创新人才、创新载体、创新平台、创新体系基本建立，成为创新能力强劲、科教资源丰富、高端产业发达、国际化水平较高、城市功能完善、人居环境优美的现代科技新城。

资料来源:“合肥高新技术开发区”官网,http://www.hefei-stip.com.cn/news.php? id =2.

案例6 苏州工业园区

苏州工业园区是中国和新加坡两国政府间的重要合作项目,于1994年2月经国务院批准设立,同年5月实施启动,行政区划面积278平方千米,其中,中新合作区80平方千米,下辖四个街道,常住人口约78.1万。

2014年实现地区生产总值2 000亿元,同比增长8.5%;公共财政预算收入228亿元,增长10.2%;实际利用外资19.6亿美元、进出口总额800亿美元、固定资产投资700亿元,均保持稳定;社会消费品零售总额310亿元,增长14.1%;城镇居民人均可支配收入达5.35万元,增长9%。经济社会保持持续健康较好发展。

目前,苏州工业园区以占苏州市3.4%的土地、7.4%的人口创造了15%左右的经济总量,并连续多年名列“中国城市最具竞争力开发区”排行榜首,综合发展指数位居国家级开发区第二位,在国家级高新区排名居江苏省第一位。近年来,园区在转型发展方面重点抓了以下工作:

① 推进产业优化升级。积极抢抓全球产业布局调整机遇,大力开展择商选资,加快转变经济发展方式,提升发展质效。高端制造能级提升,累计吸引外资项目超5 200个,实际利用外资267亿美元,其中91家世界500强企业在区内投资了150个项目;全区投资上亿美元项目139个,其中10亿美元以上项目7个,在电子信息、机械制造等方面形成了具有一定竞争力的产业集群,首期投资30亿美元的三星高世代液晶面板项目竣工投产。新兴产业迅速壮大,实施生物医药、纳米技术应用、云计算等战略性新兴产业发展计划,2014年实现新兴产业产值2 390亿元,占规模以上工业总产值比重达60.5%,成为全国唯一的“国家纳米高新技术产业化基地”。集约发展水平领先,坚持集约节约发展,注重生态环境保护和资源有效利用,万元GDP能耗为0.272吨标准煤,CO_2和SO_2排放量分别仅为全国平均水平的1/18和1/40,生态环保指标连续4年列全国开发区首位,成为全国首批“国家生态工业示范园区”。

② 聚焦科技自主创新。以独墅湖科教创新区为主阵地,大力推进“科技跨越计划”和“科技领军人才创业工程”,加快建设创新型园区。创新资源日益丰富,R & D经费支出占GDP比重达3.4%(科技部火炬中心口径为5%),累计建成各类科技载体超380万平方米、公共技术服务平台30多个、国家级创新基地20多个,国际科技园、创意产业园、中新生态科技城、苏州纳米城等创新集群基本形成。创新主体加速集聚,每年新增科技项目约500个,拥有各类研发机构

356个、国家高新技术企业554家；中科院苏州纳米所、国家纳米技术国际创新园等国家级创新工程加快推进；苏州纳米科技协同创新中心入选全国首批“高等学校创新能力提升计划”；万人有效发明专利拥有量达57件，PCT国际专利申请136件；上市公司总数达13家，“新三板”挂牌企业18家。科技金融不断加强，国内首个“千人计划”创投中心暨东沙湖股权投资中心加快建设，管理资金规模超600亿元，国内规模最大的股权投资和创业投资母基金（国创母基金）运作顺利，一批科技支行、科技保险机构、小贷公司、科技金融超市、融资租赁公司落户，科技金融服务体系更加完善。

③ 加快建设综合商务城。按照苏州中心城市“一核四城”发展定位，加快城市建设，促进城市繁荣。城市功能不断完善，坚持以高起点规划引领高水平开发，金融商贸区、科教创新区、国际商务区、旅游度假区等重点板块加快建设，东方之门、苏州中心、中南中心等多幢地标建筑加快推进，环金鸡湖区域成为苏州新的商业商务和文化中心，园区成为全国首个“国家商务旅游示范区”，阳澄湖半岛旅游度假区获批为“省级旅游度假区”。服务产业倍增发展，服务业增加值占GDP比重达40.8%；集聚金融和准金融机构574家，外资银行数量在全省排名第一；经认定的各级总部项目达70个。园区已成为全国服务贸易创新示范区、国家商务旅游示范区和江苏省商贸金融集聚示范区，并成功获批开展国家现代服务业综合试点、跨境电子商务试点、贸易多元化试点。信息化水平显著提升，启动实施了数字城管、智能公交、智慧环保、智慧医疗等一批重点信息化项目，政务信息化、社会信息化、公众信息化、企业信息化水平显著提升，入选全国首批智慧城市试点，成为全国首个数字城市建设示范区、全省首个两化融合示范区。城市环境日益优化，积极实施美化亮化绿化工程，建成白塘植物园等一批开放式生态公园，绿地覆盖率达45%，加强对阳澄湖等生态功能区的保护，区域环境质量综合指数达97.4，整体通过ISO14000认证。

④ 大力构筑人才高地。积极实施“科教兴区”战略，创新人才工作机制，强化人才支撑。招校引研成效显著，独墅湖科教创新区引进美国加州伯克利大学、乔治华盛顿大学、加拿大滑铁卢大学、澳大利亚莫纳什大学、新加坡国立大学等一批世界名校资源，25所高等院校和职业院校入驻，在校学生规模超7.5万人，其中硕士研究生以上近2万人，成为全国唯一的“国家高等教育国际化示范区”。高端人才加速集聚，园区科技领军人才工程成功评选七届，共评选出606个领军项目；累计97人入选国家“千人计划”，119人入选“江苏省高层次创业创新人才计划”，138人入选“姑苏创新创业领军工程”，均居苏州各区及下辖市首位。在园区就业的外籍人才近6 000名，累计引进外国专家1 000多名，

4 000名海外归国人才创办了400多家企业，大专以上人才总量列国家级开发区第一位，被评为国家级“海外高层次人才创新创业基地”。人才环境不断优化，创新设立了中小企业服务中心和培训管理中心，重点加强对创新创业型企业和人才的服务；专门设立2亿元的人才开发专项资金，以留学人员联谊会、博士联谊会等高层次人才组织建设为抓手，努力从创业扶持、薪酬待遇、住房优惠、社会保障、子女入学等多方面为人才创造一流的环境。

⑤ 持续改善社会民生。把保障和改善民生放在重要位置，努力使全体居民更好地分享园区开发成果。区域一体加快推进，推进撤镇建街道改革，“老镇城市更新、动迁社区改造提升、社区干部培训”三大计划扎实推进；累计动迁民房5.72万户，建设动迁房1 300多万平方米。公共服务功能提升，教育均衡发展，率先实现教育一体化管理，教育现代化水平跃居全省前列；积极推进医药卫生体制改革，新建了一批学校、医院、保障房等民生工程；社会治理创新完善，建立了以邻里中心和社区工作站为依托的新型社区服务管理体系，民众联络所、社情民意联系日、劳资和谐机制、邻里守望等工作获多方肯定，园区获评“全国社区治理和服务创新实验区”“全国和谐社区建设示范城区”。法治建设扎实推进。积极推动三级依法行政示范点建设，稳妥推进财政预决算公开试点，健全完善了专项资金和政府投资建设项目管理办法，严格规范了国有土地上企业房屋征收、企业用地回购、国有土地收购工作，切实做到权责分明、分工有序。文化软实力不断提升，积极弘扬开放包容、现代时尚、精致和谐、创新创优的园区圆融文化，文化艺术中心、美术馆、文化馆等一批文化亮点项目纷纷落成，群众性精神文明创建活动广泛开展，成为苏州市首批文明城市示范城区。

⑥ 注重创新体制机制。加强先行先试探索，不断增创发展优势。中新合作持续深化，坚持“合作中有特色、学习中有发展、借鉴中有创新”，推动中新双方合作迈上新台阶，园区获得了第一届新加坡“通商中国”企业奖，中新社会管理合作试点获评中国管理科学奖，中新跨境人民币4项试点业务稳步推进。改革探索不断加强，在物流通关、现代服务业、科技创新和生态环保等方面创造了多个全国“第一”和“唯一”，例如，全国首个综合保税区、首个“服务贸易创新示范基地”、首个“鼓励技术先进型服务企业发展试点”、首个“国家新型工业化产业示范基地”等，较好地发挥了改革开放“试验田”功能。国资实力持续壮大，着力优化调整国资产业结构、股权结构、治理结构、人才结构，创新市场运作模式，推进国企股权多元化、资产证券化，国企总资产近1 700亿元。园区经验加快辐射，积极实施“走出去”战略，园区—相城合作经济开发区加快推进，苏宿工业园在全省南北共建工业园区考核中名列第一，苏通科技产业园首期基础设施建设

提前完成，霍尔果斯经济开发区援建项目加快推进，苏滁现代产业园稳步推进，辐射带动能力得到增强。党的建设全面加强，高度重视非公有制经济组织和新型社区党建工作，基层党建实现“有效覆盖”，湖西社区党委获“全国先进基层党组织”称号，园区检察院被评为“全国先进基层检察院”。

资料来源：“苏州工业园”官网，http://www.sipac.gov.cn/zjyq/yqgk/201501/t20150106_333971.htm.

案例7 包头稀土高新技术产业开发区

包头稀土高新技术产业开发区于1992年11月经国务院批准成立，是自治区第一个国家级高新区，也是全国117个国家级高新区中唯一冠有“稀土”专业名称的高新区。稀土高新区位于市区南侧，属全市规划中心，管辖面积150平方千米，其中滨河新区面积为88平方千米。包头“高校园区”和“科技园区”也一并纳入稀土高新区，进一步完善了“一区多园”的发展模式。

包头稀土高新区由建成区、滨河新区、希望园区、稀土应用产业园区、稀土高新技术产业开发区4部分组成，总规划面积约121平方千米，总人口约12.5万。其中位于市区南侧的建成区面积15.54平方千米，全部实现了“八通一平”，建成了较为完善的基础设施保障体系和配套服务体系，是稀土高新区高新技术产业的集中区。位于昆都仑河东岸、包兰铁路两侧的希望工业园区面积12平方千米，已入驻了东方稀铝、华鼎铜业等大型企业。位于黄河北岸的万水泉地区面积88平方千米，将建成内蒙古西部地区环境优美、独具特色的滨河新区。稀土应用产业园区规划面积5.3平方千米。

包头稀土高新区现有注册企业4 600多家，其中稀土企业65家，上市公司投资企业22家，世界500强企业7家，外资企业39家；高新技术企业49家、占自治区的40%；拥有“千人计划”人才6名、占自治区的60%，“草原英才”工程人才26名、占自治区的50%；专利总数2 410项、占全市的50%；研发中心达50家、其中国家级3家，创新创业团队5个，“创业海归”329人。包头稀土高新区先后被国家有关部委认定为：国家新型工业化产业示范稀土新材料基地、国家稀土新材料高新技术产业化基地、全国稀土新材料产业知名品牌创建示范区、国家海外高层次人才创新创业基地、国家创新型特色园区等18个国家级基地（中心）。

园区主要的优势产业包括：① 新能源及配套产业，以现有多晶硅、单晶硅、石墨蓄能、热传导、生物质能和风电设备制造为产业和技术基础，继续完善风电、光伏发电、太阳能、生物质能产业链；② 新能源汽车，以现有的北方股份、恒通金安、宏远电器等企业和动力电池、控制系统、永磁电机的生产能力为产业基础，重点研发电动汽车电机、汽车动力电池、控制系统等关键部件，最终培育出整车；③ 通用航空产业，依托众翔飞机，抓住国家“十二五”期间逐步开放低空飞行的历史机遇，发挥高新区通用产业先发优势，打造通用航空产业基地和飞机驾驶员培训基地，以及通用航空技术研发体系和飞机技术支援与服务体系；④ 稀土新材料及其应用产业；⑤ 装备制造产业，包头稀土高新区以北方股份、阿特拉斯、华泰汽车、恒通汽车为龙头，加快形成矿用车和轿车产业集群，同时大力发展工程机械、矿山设备及配套零部件生产。着力打造国家级矿用车生产基地和西部地区轿车生产基地；⑥ 光电信息产业，东方光大塑料光纤项目，新签约的八寸晶圆项目和在谈的激光投影仪项目，均代表了本行业国内外领先水平；⑦ 现代服务业。

资料来源：① 百度百科：“包头稀土高新技术产业开发区”词条。

②“包头稀土国家高新技术产业开发区”官网，http://www.rev.cn/.

附录2 “苏州工业园区创业环境与政策”专题讨论研究报告

一、研究背景和目的

本焦点小组讨论旨在分析苏州工业园区创新创业环境与政策的现状，探究苏州工业园区内政、产、学、研等之间的联动与深度融合现状及发展模式，从而为园区在协同创新发展方面提出相关政策建议，并为中国大学城的提升创新能力以及持续发展提供参考。

二、研究方法

1. 参与讨论人员的确定与邀请

为全面而深入地讨论园区创新创业环境与政策的现状和展望，参与人员的范围确定为以下4类：区内企业家和创业者代表、学校方面的负责人、政府部门和机构负责人、科技园和孵化器负责人。

最终参与人员名单如下：

类别	姓名	单位	职务
政府部门和机构负责人	A	苏州工业园区管委会	副主任
	B	独墅湖科教区管委会	常务副主任
	C	中小企业服务中心	副处长
企业家和创业者	D	苏州纳微生物科技有限公司	创始人
	E	飞依诺科技（苏州）有限公司	总经理
	F	海狸纳米科技有限公司	CEO
机构负责人	G	洛加大先进技术研究院（苏州）	科技处处长
科技园和孵化器负责人	H	苏州国际科技园	总经理助理
	I	联想之星（苏州）	负责人
	J	苏大天宫创业投资	总经理

2. 讨论大纲

本焦点小组讨论大纲的主题来源于前期的研究，在相关资料分析、文献研读、深度访谈和焦点小组讨论的基础上对与独墅湖科教区创新创业环境与政策的现状和展望相关的内容进行了分类、归纳及分析，提炼了形成了此次焦点讨论的大纲。

具体讨论大纲如下：

① 聚焦企业：区内初创企业数量增加快，但存活率较低，成长速度不够快，占经济总量的比重小；区内“海归”型企业技术优势和国际视野较好，但缺乏对国内市场和环境的了解；区内本土民营企业比重小，未能与“海归”型企业形成有效的优势互补局面；区内缺乏龙头型企业，未能形成自然行业集群；区域产业政策偏重新技术，而忽略商业平台模式，因此区域内技术型企业较多，平台型企业少。

② 聚焦创新创业中介：园区政府部门和部分高校组织了很多与创新创业相关的活动。但总体来说区内交流活动数量少，多样化程度低，主要原因是民间创新创业非营利组织少、自发活动少，园区缺乏鼓励与创新创业相关的民间非营利组织的政策；政府和学校是区内孵化器与投资的主力，但投资和管理主体较单一，民间力量弱，服务内容多样性程度较低。

③ 聚焦高校和产学研：区内已聚集一批高校，部分高校发展较好、形成规模，但也有一些高校发展慢，所有高校都认为缺乏资源；企业认为高校培养的学生与需求脱节。学生本地就业率不够高；区域内很多企业技术水准高于区内高校教师，因此高校很难提供高层次的服务；高校和企业合作项目的价值与产出物差别很大，产学研合作市场机制失灵。

3. 专题讨论的实施

此次焦点讨论的程序如下：

① 介绍研究背景和目的；

② 参与者自我介绍；

③ 针对本讨论大纲列举的问题进行讨论并形成解决方案；

④ 讨论总结。

三、讨论结果与分析

序号	问题	观点	小结
1	区内初创企业数量增加快,但存活率较低,成长速度不够快,占经济总量的比重小。	A:苏州工业园区内已经存在很多企业,有一小部分已经做得很好,但大部分还在初创期,还需要突破。 E:对于医疗行业的企业来说,国内医疗器械行业的市场存在结构性的缺陷,需要政府的引导和帮助。以通过加强和优化政府采购的形式改善这个问题。例如可以参照浙江省的政府采购,通过给本地产品加分的方式,完善政府采购扶持本地产品的政策。 B:有关政府采购的政策我们可以建议江苏省和苏州市通过立法等形式,以法律的手段来保证实施。 F:政府采购原则是有利于中小企业成长的,但真正实施的时候,在执行层面会有很多问题,做不到绝对公平。 I:很多科技型企业的成长速度低于我们的预期,其实这与本地的产业机构有关。苏州工业园区本地的产业基础是制造业,制造业有自身的规律、自身独特的风险和时间成本,因此需要一定时间内的政府扶持,目前不应该拼政策,政策红利的时代已经过去了,现在的核心是拼氛围、树口碑。第一要去中心化,要营造更加开放互助合作的文化,鼓励机构之间的相互合作;第二是政府的支持要有延续性新兴技术门槛高,成长需要一定的周期,因此政府的支持要有长期性和延续性;第三是政府的补贴不要大而全,要有针对性。 E:建议对企业的发展分析要分行业,因为各个行业均有自己的特点。	① 新兴技术门槛高,成长需要一定的周期,因此政府的支持要有长期性和延续性。 ② 建议对企业的发展分析要分行业,因为各个行业有自己的特点。例如国内医疗器械行业的市场存在结构性缺陷,需要政府的引导和帮助。 ③ 政府采购是一个扶持企业发展的有效措施,但需要在执行层面加强监督和设计。 ④ 政府补贴不要大而全,要在客观分析的基础上有针对性。

续表

序号	问题	观点	小结
2	区内“海归”型企业技术优势和国际视野较好，但缺乏对国内市场和环境的了解。	D:园区的高端创业环境很不错，都是海归、技术派，创业周期比较长。高端创业发展周期长，但是一旦起来，会有很大的影响力。难点是难以接地气。相比较而言，深圳的创业企业，各种层次都有，低端企业虽然技术水平低，但获得利润、获得成功的时间短。 对于各家企业来说，良好的生态系统都是其需要的。 E:清一色的“海归派”肯定是不可以的，海归大多数是技术派，管理、市场和销售都是弱项。	①“海归派”创业属于技术派，创业周期比较长。高端创业周期长，难点是难以接地气，对管理、市场和销售等不熟悉。 ② 对于各家企业来说，良好的生态系统都是其需要的，以形成优势互补。 ③ 生物园的场地租金很高，阻挡了一部分创业者，目前也有很多场地空闲着，建议降低租金。 ④ 经过多年的发展，加以一定的引导，园区的企业即将迎来一个爆发式的发展阶段，形成一些明星企业、标杆企业。对现有的一些政策，企业需要有效地加以利用。
3	区内本土民营企业比重小，未能与“海归”型企业形成有效的优势互补局面。	D:生物园的场地租金很高，这阻挡了一部分创业者，目前也有很多场地空闲着，建议降低租金。 H:对于生态圈来说，各种机构都是必须有的，这样才能形成优势互补的效果。例如通过“金马”带“黑马”的形式，实现知识传承、文化传承、精神传承。	
4	区内缺乏龙头型企业，未能形成自然行业集群。	B:你怎么看待你的下属以后单独出去创业？ E:我可以接受，这是推动区域创新的一种方式，这种创业者有一定经验，不需要培训，成功率高。但目前苏州工业园区尚缺少龙头企业，不存在这种现象。 H:企业这方面，我觉得经过多年的发展，加以一定的引导，苏州工业园区的企业即将迎来一个爆发式的发展阶段，形成一些明星企业、标杆企业。我们也有一些相应的政策支持，例如小巨人计划，企业要有效利用。	

续表

序号	问题	观点	小结
5	区域产业政策偏重新技术，而忽略商业模式。因此区域内技术型企业较多，平台型企业较少。	F:我觉得科学家是技术出身，还是专注自己的本职比较好。市场和销售应该交给专业人士去做。 J:我一直认为技术不等于产品，产品不等于市场，市场不等于利润。商业模式是十分重要的。 B:创新有两种创新，除了技术创新以外，还有商业模式的创新。 E:在创新方面，目前我实践了两种创新模式，一种是迭代创新，一种是协同创新。我将自己公司的产品与别家公司的产品整合，就形成一种新功能的产品，效果不错。 H:对于我们国际科技园来说，最开始很看重技术门槛，目前也在调整，也越来越重视商业模式，也开始注重创业社区、创业生态的营造。	创新有两种形式，除了技术创新以外，还有商业模式的创新。应在技术创新的同时，注重商业模式的创新。
6	园区政府部门和部分高校组织了很多与创新创业相关的活动，但总体来说区内交流活动数量少，多样化程度低，主要原因是民间创新创业非营利组织少、自发活动少，园区缺乏鼓励与创新创业相关的民间非营利组织的政策。	E:我联合四家企业一起成立了独墅联盟，目前参与单位已经有 20 多家。独墅联盟成立的目的在于发掘同一行业内企业的共同需求，互相宣传，共同寻找代理商，销售商渠道，一起整合上下游产业链。目前已经正式注册，影响力正在逐步形成。 D:我们从 2014 年开始，成立了生物医药联盟，主要通过举办研讨会和培训班的形式。之所以成立这个联盟，是因为我们在日常工作中发现产品的好坏，其使用效果与用户的使用水平有关。因此我们定期邀请能够解决实际问题的专家，给用户讲授解决问题的方法。另外，我觉得做公益活动，主持人和发起者一定要有公益心，而且参与者之间必须是互利的。 F:我曾经发起成立生物光电联盟，但是因为真正能够做出贡献、做工作的人少，慢慢地就没办法坚持下去了。 J:深圳地区的创业与苏州工业园区不同，深圳地区的创业以企业为主导，例如新材料在线就挖掘整合市场需求、落地需求、投融资需求，定期形成各种会议和交流活动。苏州工业园区企业民间的力量不够强大，民间的创业大赛不多。	① 苏州地区的民间创新创业公益活动较少。 ② 发展民间公益活动，在形式和模式上需要特别关注，需要让参与者能看到益处，并且要形成互惠互利的氛围，尽量避免搭便车。 ③ 政府应该对社会机构组织创新创业相关的公益活动给予各种形式的资助 。

续表

序号	问题	观点	小结
7	政府和高校是区内孵化器和投资的主力，但投资和管理主体较单一，民间力量弱，服务内容多样性程度较低。	E:联想之星的培训已经形成自己的特色，做得很好。 J:现在创业很流行拼图的方式。孵化器的服务内容在不断多样化，组合拼图的方式是一个潮流。 H:我们创业长廊主要通过以下几种方式来推动孵化器的发展：第一是把一些创业要素放在一起；第二是搭建高效的平台；第三是注重孵化器之间的合作，形成内部互动，并且强强联合吸引外部的资源。孵化器的发展需要注重以下几个方面：内部打通、内部联动；内外联动、利用外部的资源；外部联动，将外部的资源的联系起来，变成自己的资源，外部打包，内外联动。 C:我觉得目前需要通过扶持各种科技服务机构来共同提高创新创业生态的氛围，仅仅依靠政府的力量是不够的。应该支持各类孵化器等社会化机构。	① 孵化器要经过挖掘和实践形成自己的特色服务。 ② 孵化器之间要开放，加强合作和互动。 ③ 政府要加强对民间孵化器的支持力度
8	区内的高校已经形成一定聚集，部分高校发展较好、有规模，但也有一些高校发展慢，所有高校都说缺资源。	I:我们与高校的合作很多。就国内目前来说，突破性的技术创新肯定还是要依赖高校和研究所的。但我们的经验也表明，纯科学家的创业团队成功率是不高的。我认为高校的核心使命还应该是培育人才。以培养学生和科研为主，但同时利用本地的优势，在培养学生和研究过程中，与企业走得近一些。 G:我觉得高校最重要的还是教育和培训。	① 学校的核心使命还应该是培育人才。 ② 学校充分利用区域的企业优势，加强与企业的合作。
9	企业认为高校培养的学生与需求脱节。学生本地就业率不够高。	G:关于高校培养的人才和社会脱节的问题，我觉得通过实习和创业可以有所改善。另外高校也应该增加展示创业案例的平台。 J:我认为大学生创业是有益的，但大学生创业大多是会失败的。成功的创业学生自不必说，带动了就业。对于失败的创业学生来说，失败也是对其自身的一种锻炼，因此应该鼓励大学生创业。孵化器比较适合推动大学生创业。具体来说，可以通过创业大赛的形式帮助大学生创业，苏州本地比较有名的大学生创业大赛有创业姑苏、挑战杯、云彩创业大赛等。目前政府已经出台了对大学生创业的补贴办法。	① 实习和创业是提高大学生适应市场需求的有效手段。 ② 孵化器是推动大学生创业的有效手段。创业大赛也是帮助大学生创业的一种方式。

续表

<table>
<tr><th>序号</th><th>问题</th><th>观点</th><th>小结</th></tr>
<tr><td>10</td><td>区域内很多企业技术水准高于区内高校教师,因此高校很难提供高层次的技术服务。</td><td>B:我们最初也是希望中科大、西交大能够对我们的产业形成推动作用。希望通过高校在苏州的分部连接到本部。目前没有民间力量来对接这些事情,只能由政府来完成。但是今后的优惠政策会越来越少,政策红利小时,只能依靠创业环境。</td><td rowspan="2">① 大学与企业之间信息、理念、知识水平存在差距,需要有中间桥梁。
② 学校和企业之间合作,应该利用信息化时代的优势,建立平台和机制,发布和共享消息。
③ 鼓励企业家去高校兼任兼职教授或客座教授。</td></tr>
<tr><td>11</td><td>大学和企业就合作项目的价值与产出物认识差别很大,产学研合作市场机制失灵。</td><td>E:目前我们公司主要和北大、西交大有合作。由于跟学校存在理念的差异,彼此在合作过程中还要经历很多磨合。经过磨合,还是基本达成预期的目标。与园区内的高校没有合作,一个原因是双方的需求供给对接不畅。我觉得企业家应该去高校当客座教授和兼职教授。
H:学校和企业之间合作,应该利用信息化时代的优势,建立平台和机制,发布和共享消息。</td></tr>
</table>

四、研究结论

本次焦点小组讨论围绕上述5个方面的11个问题,经过讨论得到了一些基本研究结论,具体如下:

(1) **企业发展方面**

• 新兴技术门槛高,成长需要一定的周期,因此政府的支持要有长期性和延续性。

• 建议对企业的发展分析要分行业,因为各个行业分别有自己的特点。例如国内医疗器械行业的市场存在结构性的缺陷,需要政府的引导和帮助。

• 政府采购是一个扶持企业发展的有效措施,但需要在执行层面加强监督和设计。

• 政府补贴不要大而全,要在客观分析的基础上有针对性。

• "海归派"创业,其所创业多属于技术型企业,创业周期比较长;其不足是难以接地气,对管理、市场和销售等不熟悉,这需要在与其他企业和机构的沟通合作中不断弥补不足。

• 对于各家企业来说,良好生态系统都是其需要的,以形成优势互补。

• 生物园的场地租金很高,阻挡了一部分创业者,目前也有很多场地空闲着,建议降低租金。

• 创新有两种创新，除了技术创新以外，还有商业模式的创新。应在技术创新的同时注重商业模式创新，例如政府部门、科技园以及孵化器在挑选项目的时候应将商业模式创新作为考核指标之一。

（2）创新创业相关的非营利组织方面

• 政府应该对社会机构组织创新创业相关的公益活动给予资助。

• 发展民间公益活动，要注重组织模式的优化，要让参与的人能看到益处，并且要形成互惠互利的氛围，尽量避免搭便车。

（3）孵化器多样化发展方面

• 孵化器要经过挖掘和实践形成自己的特色服务，形成核心竞争力。

• 孵化器之间要开放，加强彼此的合作和互动。

• 政府要加强对民间孵化器的支持力度。

（4）高校引进和发展方面

• 高校的核心使命还应该是培育人才。

• 高校充分利用区域的企业优势，加强与企业的合作。

• 实习和创业是提高大学生适应市场需求的有效手段；孵化器可以发展推动大学生创业的业务；创业大赛也是帮助大学生创业的一种方式。

（5）产学研合作方面

• 高校与企业之间信息、理念、知识水平存在差距，需要有“桥梁”“中介”式的机构。

• 高校和企业之间合，应该利用信息化时代的优势，建立平台和机制，发布和共享消息。

• 鼓励企业家去高校任兼职教授或客座教授。

附录3 调查问卷

区域创业环境及其对创业活动作用机理研究

调查问卷

尊敬的女士/先生：

您好！首先感谢您在百忙之中抽出时间完成这份问卷。

本调查问卷是国家社会科学基金项目的一个专题调研。本问卷不涉及公司名称及填写者信息，答案无对错之分，您的回答仅作学术研究之用，您提供的任何信息都将得到严格保密，不会对您个人和公司造成任何影响。

如果您愿意为我们提供访谈机会，或者期望获得本课题的研究成果，请您能提供以下联系方式，以便我们将本研究成果反馈给您。电子邮箱/手机号：________________

提示：您在选择时，请在认同的"□"或数字处打"√"。

第一部分：背景信息

1. 请问您是： □创业者 □高层管理者 □中层管理者 □普通员工 □其他（请注明）
2. 请问您是否已经创业 □是 □否
3. 您所在公司主营业务所属的行业类型：

□农、林、牧、渔业 □采矿业 □制造业

□交通运输、仓储和邮政业 □建筑业 □金融业

□电力、燃气及水的生产和供应业 □批发和零售业 □住宿和餐饮业

□科学研究、技术服务和地质勘查业 □房地产业 □租赁/商务服务业

□信息传输、计算机服务和软件业 □水利、环境和公共设施管理业

□居民服务和其他服务业 □公共管理和社会组织

4. 贵公司成立的年数： □3年以下 □3～6年 □7～10年 □10年以上
5. 贵公司现有规模： □20人及以下 □20～50人 □51～200人 □200人及以上
6. 贵公司所在地区：

□东部沿海地区（上海、江苏、浙江、山东、广东、福建）

□京津冀地区（北京、天津、河北）

□中西部地区(辽宁、吉林、黑龙江、内蒙古)

□东北地区(广西、重庆、贵州、海南、山西、安徽、江西、河南、湖北、湖南、四川、云南、西藏、宁夏、新疆、陕西、甘肃、青海)

第二部分:区域创业环境量表

根据您所在地区域创业环境的实际符合程度打分	非常不符合	较不符合	不确定	比较符合	非常符合
1. 新技术、新科学和其他知识迅速从高校、公共研究机构向新成立和成长型公司转移	1	2	3	4	5
2. 有充足的创业资本提供给新成立和成长型公司	1	2	3	4	5
3. 新创企业能够找到服务中介机构	1	2	3	4	5
4. 政府对新成立公司提供创业融资渠道	1	2	3	4	5
5. 政府政策整合创业教育	1	2	3	4	5
6. 所在区域,产学研究合作普遍	1	2	3	4	5
7. 有多种融资渠道解决新成立和成长型公司的资金问题	1	2	3	4	5
8. 当地媒体对成功创业事迹广为宣传	1	2	3	4	5
9. 税务不构成新成立和成长型公司的负担	1	2	3	4	5
10. 所在区域存在各种形式的创业社交组织	1	2	3	4	5
11. 创企能从周围高校、科研机构聘请所需数量的专业人才	1	2	3	4	5
12. 新创企业获得专业人才的成本较合理	1	2	3	4	5
13. 地方政府制定政策,优先扶持新成立的和成长型公司	1	2	3	4	5
14. 所在区域经常举办各种形式的创业活动	1	2	3	4	5
15. 基础设施(道路、设施、通信、互联网、污染处理)为新成立和成长型公司提供良好的支持	1	2	3	4	5
16. 社会环境鼓励人们去创业	1	2	3	4	5
17. 地方政府为创业提供了足够的支持	1	2	3	4	5
18. 新成立或成长型公司在应付政府机制、规章制度和许可证方面不是很难	1	2	3	4	5
19. 我的很多朋友都在创业	1	2	3	4	5
20. 新创企业可以获得高质量的中介服务(咨询、法律、会计等)	1	2	3	4	5

续表

根据您所在地区域创业环境的实际符合程度打分	非常不符合	较不符合	不确定	比较符合	非常符合
21. 新创企业获得中介服务成本合理	1	2	3	4	5
22. 所在区域有充足的资质高的中介机构为创业企业提供帮助	1	2	3	4	5
23. 教育鼓励创造性、自立和个人原创	1	2	3	4	5
24. 新成立和成长型公司负担得起新市场的进入成本	1	2	3	4	5
25. 当创业企业遇到问题时，孵化器能为其提供针对性的服务	1	2	3	4	5
26. 新创企业经常接受创业文化教育与培训	1	2	3	4	5
27. 所在区域，产业联盟内企业联系密切	1	2	3	4	5

第三部分：创业效能感量表

根据您对自我能力真实感觉打分	非常不同意	较不同意	不确定	较同意	非常同意
1. 您通常能在做决策之前做好风险分析	1	2	3	4	5
2. 您能发现并抓住新产品或服务的市场机会	1	2	3	4	5
3. 您能获取到创建新业务所需的物质资源	1	2	3	4	5
4. 您通常能应对工作中面临的压力	1	2	3	4	5
5. 您能发现改进现有产品或服务的新方法	1	2	3	4	5
6. 您通常能在风险情况上做出较好决策	1	2	3	4	5
7. 您能组建新业务所需的人员团队	1	2	3	4	5
8. 您能发现新市场	1	2	3	4	5
9. 您能获得创建新业务所需的资金	1	2	3	4	5
10. 您能针对新业务进行战略性的财务分析	1	2	3	4	5
11. 您能设计或开发展出满足消费者需求的新产品	1	2	3	4	5
12. 您能保持与潜在投资者间的良好关系	1	2	3	4	5
13. 您能针对出现的工作问题设计解决方案	1	2	3	4	5

第四部分:创业活动评价量表

(如果您还未创业,请回答 1-4 题) 请根据您的实际情况打分	非常不符合	较不符合	不确定	比较符合	非常符合
1. 您对创办新企业非常感兴趣	1	2	3	4	5
2. 您为创办新企业做了充分准备	1	2	3	4	5
3. 您将尽最大努力创办新企业	1	2	3	4	5
4. 您在未来的一年内将创办新企业	1	2	3	4	5
(如果您已经创业,请回答 5-8 题) 与本地同行业平均水平相比,贵公司近一年来……	较大低于	有点低于	等同于	有点高于	较大高于
5. 销售总额年增长率	1	2	3	4	5
6. 投资回报率年增长率	1	2	3	4	5
7. 公司员工数量年增加率	1	2	3	4	5
8. 公司市场份额年增长率	1	2	3	4	5

问卷调查到此结束,再次感谢您的参与和帮助!祝您万事顺意!祝贵公司基业长青!

参考文献

[1] Abetti, P. A. Planning and Building the Infrastructure for Technological Entrepreneurship[J]. International Journal of Technology Management, 1992,7(1-3): 129-139.

[2] Ahuja G. The Duality of Collaboration: Inducements and Opportunities in the Formation of Interfirm Linkages[J]. Strategic Management Journal, 2000,21(3):317-343.

[3] Adler, P. S. & Kwon, S. W. Social Capital: Prospects for a New Concept [J]. Academy of Management Review,2002,27(1):17-40.

[4] Aldrich, H. E. & Martinez, M. A. Many Are Called but Few are Chosen: An Evolutionary Perspective for the Study of Entrepreneurship [J]. Entrepreneurship Theory and Practice, 2001,25(4):41-56.

[5] Aldrich, H. E. & Pfeffer, J. Environment of organizations [J]. Annual Review of Sociology, 1976,2(11): 79 -105.

[6] Aldrich, H. E. & Reese, P. R. Does Networking Pay off? A Panel Study of entrepreneurs in the research triangle [C]//Frontiers of Entrepreneurship. Churchill, N. S. Birley, S. & Doutriaux, J. et al. Center for Entrepreneurial Studies. Babson Park, 1993.

[7] Anders Lundst Rom1 Lois Stevenson. Entrepreneurship Policy:Theory and Practice [M]. New York: Springer, 2005: 189-216.

[8] Arthurs, J. D. & Busenitz, L. W. Dynamic Capabilities and Venture Performance: The Effects of Venture Capitalists[J]. Journal of Business Venturing, 2006(21): 195-215.

[9] Ashkanasy, N. M., Broadfood, L. E. & Falkus, S. Questionnaire Measures or Organizational Culture[C]//Ashkanasy, N., Wilderom, C. P. M. & Peterson, M. F. Handbook of Organizational Culture and Climate. Thousand Oaks. CA: Sage Publications Inc., 2000.

[10] Backhaus, K. & Liff, J. P. Cognitive Styles and Approaches to Studying in Management Education[J]. Journal of Management Education, 2007, 31(4): 445-466.

[11] Bandura, A. & Cervone, D. Differential Engagement of Self-reactive Influences in Cognitive Motivation[J]. Organizational Behavior & Human Decision Processes, 1986, 38(1):92-114.

[12] Bandura, A. Perceived Self-Efficacy in Cognitive Development and Functioning[J]. Educational Psychologist, 1993, 28(2): 117-148.

[13] Bandura, A. Social Cognitive Theory: An Agentic Perspective[J]. Annual Review of Psychology, 2001(52): 1-26.

[14] Bandura, A. Exercise of Human Agency Through Collective Efficacy [J]. Current Directions Psychological Science, 2000, 9(3):75-78.

[15] Barbosa, S. D., Kickul, J. & Matthew, L. Development and Validation of A Multidimensional Scale of Entrepreneurial Risk Perception[J]. Academy of Management Proceedings, 2007(1): 1-6.

[16] Barling, J. & Beattie, R. Self-efficacy Beliefs and Sales Performance [J]. Journal of Organizational Behavior Management, 1983(5): 41-51.

[17] Baron, R. A. The Cognitive Perspective: A Valuable Tool of Answering Entrepreneurship's Basic "Why" Questions[J]. Journal of Business Venturing, 2004, 19(2): 221-239.

[18] Baron, R. A. Cognitive Mechanisms in Entrepreneurship: Why and When[J]. Journal of Business Venturing, 1998, 13(4): 275.

[19] Baron, R. A. Potential Benefits of the Cognitive Perspective: Expanding Entrepreneurship's Array of Conceptual Tools[J]. Journal of Business Venturing, 2004, 19(2): 169-173.

[20] Baron, R. A. & Ward, T. B. Expanding Entrepreneurial Cognition's Toolbox: Potential Contributions From the Field of Cognitive Science[J]. Entrepreneurship: Theory & Practice, 2004, 28(6): 553-573.

[21] Barrett, H., Balloun, J. L. & Weinstein, A. Marketing Mix Factors as Moderators of the Corporate Entrepreneurship-business Performance Relationship: A Multistage, Multivariate Analysis[J]. Journal of Marketing Theory & Practice, 2000, 8(2): 50.

[22] Baum J. R., Locke E. A. & Smith K. G. A Multidimensional Model of

Venture Growth [J]. Academy of Management Journal,2001,44(2):92 -303.

[23] Baum, J. R. ,Frese, M. & Baron, R. A. The Psychology of Entrepreneurship [M]. New Jersey: Lawrence Erlbaum Associates, 2006.

[24] Bird B. J. Implementing Entrepreneurial Ideas: The Case for Intention [J]. Academy of Management Review, 1988,13(3):27 -38.

[25] Birley, S. The Role of Networks in the Entrepreneurial Process [J]. Journal of Business Venturing,1985(1):16 -37.

[26] Bos, W. & Tarnai, C. Content Analysis in Empirical Social Research [J]. International Journal of Educational Research,1999,31(8):659 -671.

[27] Bourdieu, P. The Forms of Capital [C]//J. G. Richardson. Handbook of Theory and Research for the Sociology of Education. New York: Greenwood Press, 1986:241 -258.

[28] Boyd N. G. & Vozikis G. S. The Influence of Self-Efficacy on the Development of Entrepreneurial Intentions and Actions[J]. Entrepreneurship Theory and Practice, 1994,18(4):63 -77.

[29] Brockhaus, R. Risk-taking Propensity of Entrepreneurs[J]. Academy of Management Journal, 1980, 23(3): 509 -520.

[30] Buchanan, M. Nexus: Small Worlds and the Groundbreaking Science of Networks[M]. New York: W. W. Norton & Company, 2002.

[31] Burt,R. Structural Holes:The Social Structure of Competition[M]. Cambridge, MA:Harvard University Press,1992.

[32] Busenitz, L. W. & Barney, J. B. Differences Between Entrepreneurs and Managers in Large Organizations: Biases and Heuristics in Strategic Decision-making[J]. Journal of Business Venturing, 1997, 12(1):9 -30.

[33] Busenitz, L. W. & Lau, C. M. A Cross-cultural Cognitive Model of New Venture Creation[J]. Entrepreneurship Theory and Practice, 1996, 20(4):25 -39.

[34] Butler, J. E. & Hansen, G. S. Network Evolution, Entrepreneurial Success and Regional Development[J]. Entrepreneurship & Regional Development, 1991, 3(1):1 -16.

[35] Burt R. S. Structural Holes: The Social Structure of Competition[M]. Cambridge, MA: Harvard University Press, 2009.

[36] Bygrave, W. D. & Hofer, C. W. The Orizing About Entrepreneurship [J]. Entrepreneurship Theory and Practice, 1991, 16(2):13 -22.

[37] Carolis, D. E. & Saparito, D. M. P. Social Capital, Cognition & Entrepreneurial Opportunities: A Theoretical Framework [J]. Entrepreneurship Theory and Practice, 2006, 30(1):41 -56.

[38] Castells, M. The Rise of the Network Society[M]. Oxford: Blackwell,1996.

[39] Chandler, G. N. & Hanks, S. H. Founder Competence, the Environment and Venture Performance[J]. Entrepreneurship Theory and Practice, 1994,18(3):77 -90.

[40] Chandler, G. N. & Jensen, E. The Founder's Self-assessed Competence and Venture Performance[J]. Journal of Business Venturing, 1992, 7(3):223 -236.

[41] Chen, C. C., Greene, P. G. & Ann, C. Does Entrepreneurial Self-efficacy Distinguish[J]. Journal of Business Venturing, 1998, 13(4): 295 -317.

[42] Chen, C. J. & Huang, J. W. How Organizational Climate and Structure Affect Knowledge Management: The Social Interaction Perspective[J]. International Journal of Information Management, 2007, 27(2):104 -118.

[43] Chenhall, R. H. & Langfield, S. J. Multiple Perspectives of Performance Measures[J]. European Management Journal, 2007, 25(4): 266 -282.

[44] Child, J. Organizational Structure, Environment and Performance: The Role of Strategic Choice [J]. Sociology, 1972(6): 1 -22.

[45] Chrisman J. J., Bauerschmidt A. & Hofer C. W. The Determinants of New Venture Performance: An Extended Model[J]. Entrepreneurship Theory and Practice, 1998,23(1):5 -30.

[46] Claryssea, B., et al. Creating Value in Ecosystems: Crossing the Chasm Between Knowledge and Business Ecosystem[J]. Research Policy, 2014, 43(4): 1164 -1176.

[47] Coleman, J. C. Social Capital in the Creation of Human Capital[M]. American Journal of Sociology, 1988.

[48] Corbett, A. C. Learning Asymmetries and the Discovery of Entrepreneurial Opportunities[J]. Journal of Business Venturing, 2007, 22(1): 97 -118.

[49] Davidsson P. Determinants of Entrepreneurial Intention [C]//Paper Prepared for the RENT IX Workshop. Piacenza, Italy, 1995.

[50] De Carolis D. M., Litzky B. E. & Eddleston K. A. Why Networks Enhance the Progress of New Venture Creation: The Influence ofSocial Capital and Cognition[J]. Entrepreneurship: Theory and Practice, 2009,33(2):527 -545.

[51] De Noble, A. F., Jung, D. & Ehrilich, S. B. Entrepreneurial self-

efficacy: The Development of a Measure and its Relationship to Entrepreneurial Action[C]//Wellesley, MA: Babson College, 1999.

[52] Edelman L. & Yli-Renko H. The Impact of Environment and Entrepreneurial Perceptions on Venture-Creation Efforts: Bridging the Discovery and Creation Views of Entrepreneurship[J]. Entrepreneurship: Theory and Practice, 2010,34(5):833-856.

[53] Edward L. Glaeser, Stuart S. Rosenthal & William C. Strange. Urban Economics and Entrepreneurship[J]. Journal of Urban Economics,2010,67(10):1-14.

[54] Fogel G. An Analysis of Entrepreneurial Environment and Enterprise Development in Hungary[J]. Journal of Small Business Management, 2001,39(1): 103-109.

[55] Forbes, D. P. Cognitive Approaches to New Venture Creation [J]. International Journal of Management Reviews, 1999, 1(4):415-439.

[56] Forbes, D. P. The Effects of Strategic Decision Making on Entrepreneurial Self-efficacy[J]. Entrepreneurship: Theory & Practice, 2005, 29(5): 599-626.

[57] Gaglio, C. M. The Role of Mental Simulations and Counterfactual Thinking in the Opportunity Identification Process[J]. Entrepreneurship Theory and Practice, 2004, 28(6): 533-552.

[58] Gartner, W. B. A Conceptual Framework for Describing the Phenomenon of New Venture Creation[J]. Academy of Management Review, 1985, 10(4): 696-705.

[59] Gatewood, E. J., et al. A Longitudinal Study of Cognitive Factors Influencing Start-up Behaviors and Success at Venture Creation [J]. Journal of Business Venturing,1995, 10(5): 371-391.

[60] Georgine Fogel. An Analysis of Entrepreneurial Environment and Enterprise Development in Hungary [J]. Journal of Small Management, 2001, 39 (1): 103-109.

[61] Gilbert B. A., McDougall P. P. & Audretsch D. B. New Venture Growth: A Review and Extension [J]. Journal of Management,2006,32(6):18-33.

[62] Gioia, D. & Thomas, J. Identity, Image and Issue Interpretation: Sensemaking During Strategic Change in Academia [J]. Administrative Science Quarterly, 1996, 41(3):370-430.

[63] Gird, A. & Bagraim, J. J. The theory of planned behaviour as predictor of entrepreneurial intent amongst final-year university students. South African

Journal of Psychology, 2008(38): 711 - 724.

[64] Gist, M. E. & Mitchell, T. R. Self-efficacy: A theoretical Analysis of its Determinants and Malleability[J]. Academy of Management Review, 1992, 17(2): 183 - 211.

[65] Glaeser E. L. & Kerr W. R. Local Industrial Conditions and Entrepreneurship: How Much of the Spatial Distribution Can We Explain? [J]. Journal of Economics & Management Strategy, 2009, 18(3): 623 - 663.

[66] Gnyawali, D. R. & Fogel D. S. Environments for Entrepreneurship Development: Key Dimension and Research Implications [J]. Entrepreneurship Theory and Practice, 1994, 18(2): 5 - 21.

[67] Granovetter, M. Economic Action and Social Structure: The Problem of Embeddedness[J]. American Journal of Sociology, 1985, 91(3): 481 - 510.

[68] Grundsten, H. Entrepreneurial Intentions and the Entrepreneurial Environment [D]. Helsinki University of Technology, 2004.

[69] Hackler Darrene & Mayer Heikel Diversity. Entrepreneurship and the Urban Environment[J]. Journal of Urban Affairs, 2008, 30(3): 273 - 307.

[70] Hao Zhao, Seibert, S. E. & Hills, G. D. The Mediating Role of Self-efficacy in the Development of Entrepreneurial intentions [J]. Journal of Applied Psychology, 2005, 90(6): 1265 - 1272.

[71] Hills, G. E., Lumpkin, G. T. & Singh, R. P. Opportunity Recognition: Perceptions and Behaviours of Entrepreneurs [J]. Frontier of Entrepreneurship Research, 1997(17): 168 - 182.

[72] Hoang, H. & Antonicic, B. Network-based Research in Entrepreneurship: A Critical Review[J]. Journal of Business Venturing, 2003(18): 165 - 187.

[73] Hoang, H. & Antocic, B. Network-based Research in Entrepreneurship: A criticalreview[J]. Journal of Business Venturing, 2003, 18(2): 165 - 188.

[74] Jeffrey Pfeffer, Salancik, Gerald, The External Control of Organizations: A Resource Dependence Perspective [M]. Upper Saddle River, NJ: Pearson Education, 1978.

[75] Jung, D. I., Ehrlich, S. B. & De Noble, A. F. Entrepreneurial Self-efficacy and Its Relationship to Entrepreneurial Action: A Comparative Study Between the US and Korea[J]. International Management, 2001, 6(1): 41 - 53.

[76] Kilduff, M. & Tsai, W. Social Networks and Organizations [M].

London: Sage Publications, 2007.

[77] Kreiser Patrick M., Marino Louis D. & Mark Weaver K. The Impact of Environmental Hostility on the Dimensions of Entrepreneurial Orientation [M]. Academy of Management Proceedings, 2002.

[78] Krueger N. F. What Lies Beneath? The Experiential Essence of Entrepreneurial Thinking[J]. Entrepreneurship Theory and Practice, 2007, 31(1): 123 - 138.

[79] Krueger, N. F. & A. L. Carsrud. Entrepreneurial Intentions: Applying the Theory of Planned Behaviour[J]. Entrepreneurial and Regional Development, 1993, 5(4): 315 - 330.

[80] Krueger, N. F. & Brazeal, D. Entrepreneurial Potential and Potential Entrepreneurs[J]. Entrepreneurship Theory and Practice, 1994, 18(3): 91 - 104.

[81] Kshetri, N. Institutional Changes Affecting Entrepreneurship in China [J]. Journal of Development Entrepreneurship, 2007, 12(4): 415 - 432.

[82] Levie J. D. & Erkko A. A Theoretical Grounding and Test of the GEM Model[J]. Small Business Economics, 2008, 31(3): 235 - 263.

[83] Lin, W. B. A Comparative Study on the Trends of Entrepreneurial Behaviors of Enterprises in Different Strategies: Application of the Social Cognition Theory[J]. Expert Systems with Applications, 2006, 31(2): 207 - 220.

[84] Linán F., Chen Y. W. Development and Cross-Cultural Application of A Specific Instrument to Measure Entrepreneurial Intentions[J]. Entrepreneurship Theory and Practice, 2009, 33(3): 593 - 617.

[85] Lindsley, D. H., Brass, D. J. & Thomas, J. B. Efficacy-performance Spirals: A Multilevel Perspective[J]. Academy of Management Review, 1995, 20 (3): 645 - 678.

[86] Lumpkin, T. & Dess, G. Linking Two Dimensions of Entrepreneurial Orientation to Firm Performance: The moderating Role of Environment and Life Cycle[J]. Journal of Business Venturing, 2001, 16(5): 429 - 451.

[87] Luo, Y. D. Environment Strategy Performance Relations in Small Business in China: A case of Township and Village Enterprises in Southern China [J]. Journal of Small Business Management, 1999, 37(1): 37 - 52.

[88] Luthans, F. & Ibrayeva, E. S. Entrepreneurial Self-efficacy in Central Asian Transition Economies: Quantitative and Qualitative Analyses[J]. Journal of

International Business Studies,2006, 37(1): 92 -110.

[89] Luthans, F. & Youssef, C. M. Human, Social and Now Positive Psychological Capital Management: Investing in People for Competitive Advantage [J]. Organizational Dynamics, 2004, 33(2): 143 -160.

[90] Mai Thi Thanh Thai & Turkina, E. Macro-level Determinants of Formal Entrepreneurship Versus Informal Entrepreneurship [J]. Journal of Business Venturing, 2014, 29(7): 490 -510.

[91] McClelland, D. C. The Achieving Society[M]. Princeton, New Jersey: D. Van Nostrand, 1961.

[92] Michael Frese, Anouk Brantjes & Rogier Hoorn. Psychological Success Factors of Small Scale Businesses in Namibia: The Roles of Strategy Press, Entrepreneurial Orientation and the Environment [J]. Journal of Developmental Entrepreneurship, 2002, 3(7): 259.

[93] Mitchell, et al. The Central Question in Entrepreneurial Cognition Research 2007[J]. Entrepreneurship Theory and Practice, 2007, 31(1): 1 -27.

[94] Murphy, G. B., Trailer, J. W. & Hill, R. C. Measuring Performance in Entrepreneurship Research[J]. Journal of Business Venturing, 1996, 36(1):15 -23.

[95] Okamuro H. & Kobayashi N. The Impact of Regional Factors on the Start-up Ratio in Japan[J]. Journal of Small Business Management,2006,44(2): 310 -313.

[96] Ostgaard, T. & Birley, S. New Venture Growth and Personal Networks [M]. Journal of Business Research, 1996(36): 37 -50.

[97] Palich, L. & Bagby, R. Using Cognitive Theory to Explain Entrepreneurial Risk-taking: Challenging Conventional Wisdom [J]. Journal of Business Venturing, 1995, 10(6): 425 -438.

[98] Park S. H. & Luo Y. Guanxi and Organizational Dynamics: Organizational Networking in Chinese Firms[J]. Strategic ManagementJournal, 2001,22(5):455 -477.

[99] Patterson, M. G., et al. Validating the Organizational Climate Measure: Links to Managerial Practices, Productivity and Innovation[J]. Journal of Organizational Behavior, 2005, 26(4): 379 -408.

[100] Petrakis, P. E. Risk Perception, Risk Propensity and Entrepreneurial Behaviour: The Greek Case[J]. Journal of American Academy of Business, 2005, 7(1): 233 -242.

[101] Pretorius, M. Neiman, G. & Van Vuuren, J. Critical Evaluation of Two Models for Entrepreneurial Education-An Improved Model Through Integration [J]. International Journal of Educational Management, 2005, 19(4): 413-427.

[102] Saxenian, A. Silicon Valley's New Immigrant Entrepreneurs[M]. San Francisco: Public Policy Institute of California, 1999.

[103] Schneider, B., Salvaggio, A. N. & Subirats, M. Climate strength: A New Direction for Climate Research[J]. Journal of Applied Psychology, 2002, 87(2): 220-229.

[104] Scott, B. D. & Hoobler, J. M. Employee Turnover and Tacit Knowledge Diffusion: A Network Perspective[J]. Journal of Managerial Issues, 2003, 15(1): 50-64.

[105] Sequeira, J., Mueller, S. L. & McGee, J. E. The Influence of Social Ties and Self-efficacy in Forming Entrepreneurial Intentions and Motivating Nascent Behavior[J]. Journal of Developmental Entrepreneurship, 2007, 12(3): 275-293.

[106] Sexton, D. & Bowman-Upton N. Entrepreneurship: Creativity and Growth[M]. New York: Macmillan, 1991.

[107] Shane, S. A General Theory of Entrepreneurship: The individual Opportunity Nexus[M]. Aldershot, UK: Edward Elgar Publishing, 2003.

[108] Shane, V. S. The Promise of Entrepreneurship as A Field of Research [J]. Academy of Management Review, 2000, 25(1): 217-226.

[109] Shapero, A. & Sokol, L. Social Dimensions of Entrepreneurship[M]. Englewood Cliffs, NJ: Prentice Hall, 1982.

[110] Spilling O. R. The Entrepreneurial System: On Entrepreneurship in the Context of a Mega-event[J]. Journal of Business Research, 1996, 36(1): 91-103.

[111] Stajkovic, A. D. & Luthans, F. Self-efficacy and Work-related Performance: A Meta-analysis[J]. Psychological Bulletin, 1998, 124(2): 240-261.

[112] Tan, J. Culture, Nation and Entrepreneurial Strategic Orientations: Implications for an Emerging Economy[J]. Entrepreneurship: Theory and Practice, 2002, 26(4): 96-111.

[113] Tan, J. & Litschert, R. Environment-Strategy Relationship and its Performance Implications: An Empirical Study of the Chinese Electronic Industry [J]. Strategic Management Journal, 1994, 15(1): 1-20.

[114] Tan, J. Venturing in Turbulent Water: A Historical Perspective of

Economic Reform and Entrepreneurial Transformation [J]. Journal of Business Venturing, 2005, 20(5): 689-704.

[115] Tang, J. Environment Munificence for Entrepreneurs: Entrepreneurial Alertness and Commitment [J]. International of Entrepreneurial Behaviour & Research, 2008, 14(3): 43-62.

[116] Townsend D. M., Busenitz L. W. & Arthurs J. D. To start or Not to Start: Outcome and Ability Expectations in the Decision to Start a New Venture [J]. Journal of Business Venturing, 2010, 25(3): 192-202.

[117] Valliere D. Reconceptualizing Entrepreneurial Framework Conditions [J]. International Entrepreneurship and Management Journal, 2010, 6(1): 97-112.

[118] Venkatraman, N. & Ramanujam, V. Measurement of Business Performance in Strategy research: A Comparison of Approaches [J]. Academy of Management Review, 1986, 11(4): 801-814.

[119] Venkataraman, N. The Distinctive Domain of Entrepreneurship: Entrepreneurial Management [J]. Strategic Management Journal, 1990(11): 17-27.

[120] Vesper, K. H. New Venture Strategies [M]. New Jersey: Prentice Hall, 1990.

[121] Wall, T. D., et al. On the Validity of Subjective Measures of Company Performance [J]. Personnel Psychology, 2004, 57(1): 95-118.

[122] Ward, T. B. Cognition, Creativity, and Entrepreneurship [J]. Journal of Business Venturing, 2004, 19(2): 173-188.

[123] Wellman, B., et al. A Decade of Network Change: Turnover, Persistence and Stability in Personal Communities [J]. Social Networks, 1997(19): 27-50.

[124] Welter F. Contextualizing Entrepreneurship-Conceptual Challenges and Ways Forward [J]. Entrepreneurship Theory and Practice, 2011, 35(1): 165-185.

[125] Xin K. & Pearce J. L. Guanxi: Connections as Substitutes for Structural Support [J]. Academy of Management Journal, 1996, 39(6): 1641-1658.

[126] Zhao, H. & Seibert, S. E. The Mediating Role of Self-Efficacy in the Development of Entrepreneurial Intentions [J]. Journal of Applied Psychology, 2005 (90): 1265-1272.

[127] Zhao, H. & Seibert, S. E. The Big Five Personality Dimensions and Entrepreneurial Status: A Meta-analytical Review [J]. Journal of Applied Psychology, 2006(91): 259-271.

［128］Zhao，H.，Seibert，S. E. & Lumpkin，G. T. The Relationship of Personality to Entrepreneurial Intentions and Performance：A Meta-analytic Review［J］. Journal of Management，2009（4）：1－24.

［129］安树青. 生态学词典［M］. 哈尔滨：东北林业大学出版社，1994.

［130］埃里克·弗鲁博顿，鲁道夫·芮切特. 新制度经济学：一个交易费用分析范式［M］. 姜建强，罗长远，译. 上海：格致出版社·上海三联书店·上海人民出版社，2012.

［131］彼得·圣吉. 第五项修炼——学习型组织的艺术与实务［M］. 郭进隆，译. 上海：上海三联书店，1994.

［132］彼得·F. 德鲁克. 创新与创业精神［M］. 张炜，译. 上海：上海人民出版社，2002.

［133］陈晓红，王慧民. 我国不同地区的创业特征比较研究［J］. 中国软科学，2009（7）：115－123.

［134］陈钦约. 基于社会网络的企业家创业能力和创业绩效研究［D］. 天津：南开大学博士学位论文，2010.

［135］陈向明. 扎根理论的思路和方法［J］. 教育研究与实验，1999（4）：58－63.

［136］陈忠卫，李晶. 内部企业家精神理论研究述评［J］. 经济学动态，2005（1）：85－89.

［137］陈忠卫，李晶. 内部创业型企业文化的构建问题研究［J］. 研究与发展管理，2006，18（1）：66－71，85.

［138］陈忠卫，李晶. 内部创业型企业文化：内部创业与企业文化的耦合［J］. 科研管理，2008，29（2）：22－27.

［139］蔡莉，崔史国，史琳. 创业环境研究框架［J］. 吉林大学社会科学学报，2007，47（1）：50－56.

［140］崔启国. 基于网络视角的创业环境对新创企业绩效的影响研究［D］. 长春：吉林大学博士学位论文，2007.

［141］丁明磊，杨芳，王云峰. 试析创业自我效能感及其对创业意向的影响［J］. 外国经济与管理，2009，31（5）：1－7.

［142］傅首清. 区域创新网络与科技产业生态环境互动机制研究——以中关村海淀科技园为例［J］. 管理世界，2010（6）：8－27.

［143］高建，姜彦福，李习保，等. 全球创业观察中国报告（2007）——创业转型与就业效应［M］. 北京：清华大学出版社，2008.

[144] 高建,石书德.中国转型经济背景下创业地区差异的决定因素研究[J].科学学研究,2009,27(7):1011-1019.

[145] 高谋良,高静美.企业购并失败的元分析[J].经济管理,2009(1):173-179.

[146] 亨利·埃茨科威兹.三螺旋[M].周春彦,译.北京:东方出版社,2005.

[147] 何雨,石德生.社会调查中的"扎根理论"研究方法探讨[J].调研世界,2009(5):46-49.

[148] 侯杰泰,温忠麟,成子娟.结构方程模型及其应用[M].北京:教育科学出版社,2004.

[149] 黄海云,陈莉平.嵌入社会网络的集群结构及其优势[J].现代管理科学,2005(5):70-71.

[150] 黄学,刘洋,彭雪蓉.基于产业链视角的文化创意产业创新平台研究——以杭州市动漫产业为例[J].科学学与科学技术管理,2013,34(4):52-59.

[151] 黄芳铭.结构方程模式理论与应用[M].北京:中国税务出版社,2005.

[152] 胡玲玉,吴剑琳,古继宝.创业环境和创业自我效能对个体创业意向的影响[J].管理学报,2014,11(10):1484-1490.

[153] 杰弗瑞·菲弗,杰勒德·R.塞兰尼克.组织的外部控制:资源依赖观点[M].俞慧芸,译.台北:联经出版事业股份有限公司,2007.

[154] 简丹丹,段锦云,朱月龙.创业意向的构思测量、影响因素及理论模型[J].心理科学进展,2010,18(1):162-169.

[155] 姜飞月,郭本禹.从个体效能到集体效能——班杜拉自我效能理论的新发展[J].心理科学,2002,25(1):114-115.

[156] Kuratko, D. F. & Welsch, H. P. 创业成长战略[M].杨玉明,惠超,译.北京:清华大学出版社,2005.

[157] 卢现祥,朱巧玲.新制度经济学[M].北京:北京大学出版社,2007.

[158] 刘军.社会网络分析导论[M].北京:社会科学文献出版社,2004.

[159] 林南.社会资本——关于社会结构与行动的理论[M].上海:上海人民出版社,2005.

[160] 李广挺.基于扎根理论的滨海新区服务外包企业核心竞争力研究[D].天津:天津大学硕士学位论文,2012.

[161] 李晶,项保华.环境不确定性对公司创业影响机理——基于大气扰

动中飞行原理的模拟分析[J].研究与发展管理,2008,20(3):74-81.

[162] 李晶.组织创业气氛机制研究[M].北京:中国社会科学出版社,2010.

[163] 李晶.组织创业气氛及其对创业绩效影响机制研究[D].浙江大学博士学位论文,2008.

[164] 李华晶,张玉利,王秀峰,等.基于CPSED的创业活动影响因素实证研究[J].科学学研究,2012,30(3):417-424.

[165] 李雪灵,马文杰,任月峰,等.转型经济下我国创业制度环境变迁的实证研究[J].管理工程学报,2011,25(4):186-190.

[166] 林嵩.创业生态系统:概念发展与运行机制[J].中央财经大学学报,2011(4):58-62.

[167] 林嵩,刘小元.创业活动活跃程度先决变量:创业情境的视角[J].管理评论,2013,25(8):64-76.

[168] 林嵩,姜彦福.创业活动为何发生:创业倾向迁移的视角[J].中国工业经济,2012,28(6):94-106.

[160] 刘小平.自我效能感在企业情景中的应用[J].外国经济与管理,1999(9):12-16.

[170] 刘庆中.我国开发区创业环境与创业绩效的关系研究[D].吉林大学博士学位论文,2007.

[171] 卢纹岱.SPSS统计分析[M].北京:电子工业出版社,2002.

[172] 陆昌勤,凌文辁,方俐洛.管理自我效能感与一般自我效能感的关系[J].心理学报,2004,36(5):586-592.

[173] 柳俊,王求真,陈珲.基于内容分析法的电子商务模式分类研究[J].管理工程学报,2011,25(3):200-205.

[174] 买忆媛,甘智龙.我国典型地区创业环境对创业机会与创业能力实现的影响——基于GEM数据的实证研究[J].管理学报,2008,5(2):274-278.

[175] 马斌荣.医学科研中的统计方法[M].北京:科学出版社,2005.

[176] 马庆国.管理统计——数据获取、统计原理、SPSS工具与应用研究[M].北京:科学出版社,2002.

[177] 马鸿佳.创业环境、资源整合能力与过程对新创企业绩效的影响研究[D].长春:吉林大学博士学位论文,2008.

[178] 米歇尔·A.赫特,R.杜安·爱尔兰,S.米歇尔·坎普,等.战略型企业家[M].徐芬丽,佟博,李新东,等,译.北京:经济出版社,2002.

[179] 钱辉.生态位、因子互动与企业演化——企业生态位对企业成长影响的研究[D].浙江大学博士学位论文,2004

[180] 邱皓政.组织创新环境的概念建构与测量工具发展[C]//技术创造力研讨会论文集.台北:台湾政治大学出版社,2000.

[181] 尚玉昌.普通生态学[M].北京:北京大学出版社,2002.

[182] 孙儒泳,李庆芬,牛翠娟,等.基础生态学[M].北京:高等教育出版社,2002.

[183] 孙锐,王乃静,石金涛.中国背景下不同类型企业组织创新气氛差异实证研究[J].南开管理评论,2008,11(2):42-49.

[184] Anselm Strauss & Juliet Corbin.质性研究概论[M].徐宗国,译.台北:巨流图书公司,1997.

[185] B.F.斯金纳.科学与人类行为[M].谭力海,等,译.北京:华夏出版社,1989.

[186] 任旭林,王重鸣.基于认知观的创业机会评价研究[J].科研管理,2007,28(2):15-18.

[187] 荣泰生.企业研究方法[M].北京:中国税务出版社,2005.

[188] 石峰,赵锡斌.中国内地31个省(市、区)企业创业环境比较分析[J].湖南农业大学学报(社会科学版),2010,11(3):51-56.

[189] 田志龙,贺远琼,高海涛.中国企业非市场策略与行为研究[J].中国工业经济,2005(9):82-90.

[190] 吴晓波,张超群,王莹.社会网络、创业效能感与创业意向的关系研究[J].科研管理,2014,35(2):104-110.

[191] 王刚,赵松岭,张鹏云,等.关于生态位定义的探讨及生态位重叠计测公式改进的研究[J].生态学报,1984,4(2):119-127.

[192] 王缉慈,等.创新的空间:企业集群与区域发展[M].北京:北京大学出版社,2001.

[193] 王缉慈,等.超越集群:中国产业集群的理论探索[M].北京:科学出版社,2010.

[194] 王亮亮,彭晓东.国内外管理科学学科发展趋势研究——基于内容分析方法[J].科学学研究,2007,25(5):957-962.

[195] 王才康,胡中锋,刘勇.一般自我效能感量表的信度和效度研究[J].应用心理学,2001,7(1):37-40.

[196] 王伟毅,李乾文.环境不确定性与创业活动关系研究综述[J].外国

经济与管理,2007,29(3):53-58.

[197] 王雁飞,朱瑜.国外组织创新气氛研究概述[J].外国经济与管理,2005,27(8):26-32.

[198] 王益谊,席酉民,毕鹏程.组织环境的不确定性研究综述[J].管理工程学报,2005,19(1):46-50.

[199] 王重鸣.心理学研究方法[M].北京:人民教育出版社,2001.

[200] 万伦来.企业生态位及其评价方法研究[J].中国软科学,2004(1):73-78.

[201] 翁君奕.企业组织资本理论[M].北京:经济科学出版社,1999.

[202] 卫武,田志龙,刘晶.我国企业经营活动中的政治关联性研究[J].中国工业经济,2004(4):67-75.

[203] "新企业创业机理与成长模式研究"课题组,南开大学创业管理研究中心.中国创业活动透视报告——中国新生创业活动动态跟踪调研(CPSED)报告(2009-2011年)[M].北京:清华大学出版社,2012.

[204] 肖勇军.基于生态理论的科技园区创业环境对创业绩效影响的实证研究[D].长沙:中南大学博士学位论文,2012.

[205] 薛元昊,王重鸣.基于组织学习理论的企业知识产权策略研究[J].科学学研究,2014,32(2):250-256.

[206] 叶海明,王吟吟,张玉臣.基于系统理论的创业过程模型[J].科研管理,2011,32(11):123-130.

[207] 叶建国.创业效能感及其对创业绩效的影响研究[D].杭州:浙江大学硕士学位论文,2006.

[208] 杨林锋.组织内部情绪表现探索性研究[D].上海:复旦大学博士学位论文,2011.

[209] 姚梅芳.基于经典创业模型的生存型创业理论研究[D].长春:吉林大学博士学位论文,2007.

[210] 张文涛.基于组织生态理论的创业环境因子探析[J].首都经济贸易大学学报,2006(1):15-19.

[211] 张玉利.企业家型企业的创业与快速成长[M].天津:南开大学出版社,2003.

[212] 张玉利,陈寒松,李乾文.创业管理与传统管理的差异与融合[J].外国经济与管理,2004,26(5):2-7.

[213] 张玉利.创业研究现状探析及其在成果应用过程中的提升[J].外国

经济与管理,2010,32(1):1－7.

[214] 张钢,崔凯峰.地区创业水平:对我国31个地区的评价研究[J].科技管理研究,2009(10):131－134.

[215] 朱春全.生态位态势理论与扩充假说[J].生态学报,1997,17(3):324－332.

[216] 朱金凤,薛惠锋.公司特征与自愿性环境信息披露关系的实证研究——来自沪市A股制造业上市公司的经验数据[J].2008,27(5):58－63.

[217] 朱仁宏,曾楚宏,李孔岳.创业研究不同观点的剖析与发展趋势的把握[J].外国经济与管理,2008,30(5):22－27.

[218] 周静.基于扎根理论的集群式产业转移影响因素研究[D].湘潭:湖南科技大学硕士学位论文,2012.

[219] 周冬梅.创业资源获取与创业网络关系动态演化研究[D].成都:电子科技大学博士学位论文,2007.

[220] 钟卫东,孙大海,施立华.创业自我效能感、外部环境支持与初创科技企业绩效的关系——基于孵化器在孵企业的实证研究[J].南开管理评论,2007,10(5):68－74.